高等院校财经专业系列教材

U0593494

FINANCIAL ACCOUNTING
EXERCISE BOOK

中级财务会计
习题与解答

谢明香／主　编

周　莉／副主编

经济管理出版社
ECONOMY & MANAGEMENT PUBLISHING HOUSE

图书在版编目（CIP）数据

中级财务会计习题与解答/谢明香主编. —北京：经济管理出版社，2011.1

ISBN 978-7-5096-1275-0

Ⅰ.①中… Ⅱ.①谢… Ⅲ.①财务会计—解题 Ⅳ.①F234.4-44

中国版本图书馆 CIP 数据核字（2011）第 010023 号

出版发行：**经济管理出版社**

北京市海淀区北蜂窝 8 号中雅大厦 11 层

电话：(010)51915602　　　邮编：100038

印刷：北京交通印务实业公司　　　　　　经销：新华书店

组稿编辑：房宪鹏　　　　　　责任编辑：王　琼

技术编辑：杨国强　　　　　　责任校对：郭　佳

787mm×1092mm/16　　　　　15 印张　　　347 千字

2011 年 2 月第 1 版　　　　　2012 年 7 月第 2 次印刷

定价：28.00 元

书号：ISBN 978-7-5096-1275-0

前　言

本书是与《中级财务会计》(第2版)相配套的习题用书。

全书按照教材的原有章节顺序设计，共分为以下两个部分：

(1) 习题。包括单项选择题、多项选择题、判断题、计算及业务处理题等。

(2) 习题参考答案。

本书可作为全国普通高等院校会计学专业、财务管理专业本、专科学生学习《中级财务会计》(第2版) 的配套用书，也可作为广大财会人员职称考试的练习用书。

全书由谢明香进行统纂、修改和定稿。

本书参加编写的人员分工如下：谢明香：第一至第四章，第六至第十四章；周莉：第五、第八部分、第十五、第十六章，并负责部分章节习题的补校与增添。

尽管我们做了很大努力，力求避免习题中的任何疏漏和谬误之处，但由于考虑不周，加之水平有限，仍难免会存在个别错误和不当之处，恳请广大读者批评指正。

本书引用了许多资料，在此谨向有关的编者致以衷心的谢意。本书在编写和出版过程中，得到很多朋友的大力支持与帮助，在此表示衷心的感谢！

编　者

2010 年 12 月

目　录

第一章 总 论

第一部分 习 题

一、单项选择题

1. 会计是以（　　）作为主要计量单位。

A. 实物　　　　　B. 劳动　　　　　C. 货币　　　　　D. 实物和货币

2. 我国《企业会计准则——基本准则》规定，企业的会计核算应当以（　　）为基础。

A. 收付实现制　　B. 权责发生制　　C. 实地盘存制　　D. 永续盘存制

3. 下列各项中，能够引起负债和所有者权益同时发生变动的是（　　）。

A. 计提折旧

B. 分配现金股利

C. 计提长期债券投资利息

D. 以盈余公积弥补亏损

4. 在我国会计准则体系中居于指导性地位，为整个会计准则提供指导思想和理论基础，对具体会计核算行为具有指导作用的是（　　）。

A. 会计目标

B. 会计等式

C. 会计核算的一般原则

D. 基本会计准则

5. 下列各项中，体现谨慎性原则要求的是（　　）。

A. 无形资产摊销

B. 应收账款计提坏账准备

C. 存货采用历史成本计价

D. 当期销售收入与费用配比

6. 企业计提固定资产折旧所依据的是下列哪一会计核算的基本前提或一般原则（　　）。

A. 会计主体　　B. 持续经营　　C. 会计分期　　D. 重要性

7. 某企业资产总额为 200 万元，负债为 120 万元，在接受 50 万元投资后，所有者权益为（　　）。

A. 250 万元　　B. 170 万元　　C. 370 万元　　D. 130 万元

8. 某企业资产总额为 300 万元，负债为 50 万元，在用银行存款 50 万元购进原材料，并以 20 万元偿还借款后，该企业资产总额为（　　）。

 A. 120 万元 B. 350 万元 C. 320 万元 D. 280 万元

9. 下列各项中，能够使企业资产总额减少的是（　　）。

 A. 向银行借款   B. 从银行提现备用

 C. 以银行存款偿还短期借款 D. 接受投资者投入现金

10. 权责发生制和收付实现制等不同的记账基础和方法是建立在一个基本前提基础上的，这个前提是（　　）。

 A. 会计分期假设   B. 持续经营假设

 C. 货币计量假设   D. 会计主体假设

11. 资产按照现在购买相同或者相似资产所需支付的现金或现金等价物的金额计量，这是（　　）会计计量属性。

 A. 历史成本 B. 重置成本 C. 可变现净值 D. 公允价值

12. 确定会计核算空间范围的基本前提是（　　）。

 A. 会计主体 B. 持续经营 C. 货币计量 D. 会计分期

13. 企业将融资租入固定资产按自有固定资产的折旧方法计提折旧，遵循的是（　　）原则。

 A. 可比性 B. 重要性 C. 相关性 D. 实质重于形式

14. 发货付款销售方式下，确认的销售收入应计入销售期间的利润表，这体现的会计核算基本前提是（　　）。

 A. 持续经营 B. 会计主体 C. 货币计量 D. 会计分期

15. 企业提供的会计信息应有助于财务会计报告使用者对企业过去、现在或者未来的情况做出评价或者预测，这体现了会计核算质量要求的（　　）原则。

 A. 相关性 B. 可靠性 C. 可理解性 D. 可比性

二、多项选择题

1. 收入包括（　　）等日常活动形成的经济利益的总流入。

A. 销售商品 B. 接受捐赠 C. 提供劳务 D. 变卖固定资产

E. 他人使用本企业资产

2. 收入具有以下特点（　　）。

A. 收入能够导致企业所有者权益的增加

B. 收入表现为企业资产的增加或企业负债的减少

C. 收入是从企业日常生产经营活动中产生的

D. 收入不仅包括本企业经济利益的流入

E. 收入可能会导致企业负债的增加

3. 按照现行会计制度规定，应予资本化的支出项目有（　　）。

A. 购置固定资产途中保险费支出 B. 支付的土地出让金

C. 支付的办公费　　　　　　　　　　D. 支付职工工资

4. 按照权责发生制记账基础, 下列各项中属于本月费用的有 (　　)。

A. 以银行存款支付下个月的订购货款

B. 计算本月银行借款利息

C. 以现金支付本月固定资产的日常修理费用

D. 以银行存款支付本月水电费

5. 会计等式可以用公式表示为 (　　)。

A. 资产 = 负债 + 所有者权益　　　　　　B. 资产 = 负债 + 权益

C. 资产 = 负债 + 所有者权益 + (收入 – 费用)　D. 资产 = 权益

6. 下列组织可以作为一个会计主体进行核算的有 (　　)。

A. 企业生产车间　　　　　　　　　　B. 销售部门

C. 分公司　　　　　　　　　　　　　D. 合伙企业

E. 母公司及其子公司组成的企业集团

7. 下列资产中, 属于本企业资产范围的有 (　　)。

A. 融资租入设备　　　　　　　　　　B. 采用经营租赁方式租出设备

C. 经营租赁方式租入设备　　　　　　D. 拥有的土地使用权

8. 下列各项中, 符合谨慎性原则的有 (　　)。

A. 固定资产采用加速折旧　　　　　　B. 计提坏账准备

C. 固定资产计提减值准备　　　　　　D. 期末存货采用成本与市价孰低法计价

9. 资产具有以下哪几个方面的基本特征 (　　)。

A. 资产是由过去的交易或事项所形成的　B. 资产必须是投资者投入的

C. 资产是企业拥有或控制的　　　　　D. 资产预期能够给企业带来经济利益

E. 资产必须是有形的

10. 在我国会计实务中, 会计信息的使用者包括 (　　)。

A. 债权人　　　B. 企业内部报表使用者

C. 银行　　　　D. 政府主管部门　　　E. 投资者

11. 下列各项中, 属于会计基本职能的有 (　　)。

A. 进行会计核算　　　　　　　　　　B. 预测经济前景

C. 评价未来业绩　　　　　　　　　　D. 实施会计监督

12. 下列属于利得的是 (　　)。

A. 转让无形资产所有权　　　　　　　B. 出售原材料

C. 固定资产处置收入　　　　　　　　D. 转让无形资产使用权

13. 会计计量属性可以采用 (　　)。

A. 历史成本　　　B. 重置成本　　　　C. 可变现净值　　　D. 现值

E. 公允价值

14. 在有不确定因素情况下做出判断时, 下列事项符合谨慎性做法的是 (　　)。

A. 合理估计可能发生的损失和费用　　B. 充分估计可能取得的收益和利润

C. 不要高估资产和预计收益　　　　　　D. 设置秘密准备

15. 某工业企业的下列做法中，不违背会计核算可比性的有（　　）。

A. 鉴于某项固定资产已经改扩建，决定重新确定其折旧年限

B. 因预计发生年度亏损，将以前年度计提的存货跌价准备全部予以转回

C. 因客户的财务状况好转，将坏账准备的计提比例由应收账款余额的30%降为20%

D. 鉴于本期经营亏损，将已达到预定可使用状态的工程借款的利息支出予以资本化

三、判断题

1. 法律主体均可作为会计主体，但会计主体不一定是法律主体。　　　　　　（　　）

2. 所有者权益简称权益。　　　　　　（　　）

3. 会计主体是进行会计核算的基本前提。一家企业可以根据具体情况，确定一个或若干个会计主体，作为会计核算的基础。　　　　　　（　　）

4. 资产由固定资产和流动资产两部分构成。　　　　　　（　　）

5. 企业对于未来很可能发生的交易，应当合理地予以确认和计量。　　　　　　（　　）

6. 在负债金额既定的情况下，企业本期净资产的增加额就是企业当期实现的利润数额，净减少则是企业本期亏损额。　　　　　　（　　）

7. 负债一般有确切的偿还期限，而所有者权益在企业持续经营期间无需偿还，除非终止经营，不得减少所有者权益。　　　　　　（　　）

8. 谨慎性原则要求企业不仅要核算可能发生的收入，也要核算可能发生的费用和损失，以对未来的风险进行充分核算。　　　　　　（　　）

9. 会计核算上将以融资租赁方式租入的固定资产视为企业的资产，体现了实质重于形式的原则。　　　　　　（　　）

10. 企业一定期间发生亏损，则其所有者权益必定减少。　　　　　　（　　）

11. 财务会计是以提供历史的财务信息为主的企业经济信息系统。　　　　　　（　　）

12. 某一会计事项是否具有重要性，在很大程度上取决于会计人员的职业判断。对于某一会计事项，在某一企业具有重要性，在另一企业则不一定具有重要性。（　　）

13. 根据《企业会计准则——基本准则》的规定，我国境内企业必须以人民币作为记账本位币进行会计核算。　　　　　　（　　）

14. 对于某一会计主体来说，收入必然表现为一定时间内的现金流入，费用必然表现为一定时间内的现金流出。　　　　　　（　　）

15. 企业预期的经济业务所发生的债务，也应当作为负债处理。　　　　　　（　　）

16. 企业对融资租入的固定资产虽不拥有所有权，但能对其进行控制，因此将其作为本企业的固定资产核算。　　　　　　（　　）

17. "资产＝负债＋所有者权益"等式反映了企业一定期间的财务状况，是编制资产负债表的基础。　　　　　　（　　）

18. 谨慎性要求企业尽可能低估资产、少计收入。 （　　）

19. 只要能够给企业带来经济利益的收入，就应当确认为企业的资产。 （　　）

20. 由于不确定性的存在和应计、分配等程序的应用，以及一系列假定的存在和以权责发生制为确认的基础，财务会计和财务报表不允许会计人员进行估计与判断。
（　　）

第二部分　习题参考答案

一、单项选择题

1. C　　2. B　　3. B　　4.D　　5. B　　6. B　　7. D　　8. D　　9. C
10. B　　11. B　　12. A　　13. D　　14. D　　15. A

二、多项选择题

1. ACE　　2. ABC　　3. AB　　4. BCD　　5. ACD　　6. ABCDE
7. ABD　　8. ABCD　　9. ACD　　10. ABCDE　　11. AD　　12. AC
13. ABCDE　　14. AC　　15. AC

三、判断题

1. √　　2. ×　　3. √　　4. ×　　5. ×　　6. ×　　7. ×　　8. ×　　9. √
10. ×　　11. √　　12. √　　13. ×　　14. ×　　15. ×　　16. √　　17. ×　　18. ×
19. ×　　20. ×

第二章 货币资金

第一部分 习 题

一、单项选择题

1. 企业存放在银行的信用证存款，应通过（　）科目进行核算。
A. 其他货币资金　　　B. 库存现金　　　　　C. 银行存款　　　D. 其他应收款

2. 如果发现属于无法查明原因的现金短少，应贷记（　）。
A. 其他应付款　　　　B. 库存现金　　　　　C. 营业外收入　　D. 其他应收款
E. 待处理财产损溢

3. 企业支付的银行承兑汇票手续费应计入（　）科目。
A. 营业费用　　　　　B. 财务费用　　　　　C. 营业外支出　　D. 管理费用

4. 银行汇票的提示付款期限为自出票日起（　）。
A. 1 个月　　　　　　B. 2 个月　　　　　　C. 3 个月　　　　D. 6 个月

5. 月末，（　）的余额应与"库存现金"总账的余额核对相符。
A. "备用金"　　　　　　　　　　　　　　B. "库存现金日记账"
C. "银行存款"　　　　　　　　　　　　　D. "其他应收款"

6. 企业向银行申请办理银行汇票 10000 元，根据有关的凭证应作的会计分录是（　）。

A. 借：银行存款　　　　　　　　　　　　　10000
　　　贷：其他货币资金——银行汇票存款　　　　　10000

B. 借：其他货币资金——银行汇票存款　　　10000
　　　贷：银行存款　　　　　　　　　　　　　　　10000

C. 借：材料采购　　　　　　　　　　　　　10000
　　　贷：其他货币资金——银行汇票存款　　　　　10000

D. 借：材料采购　　　　　　　　　　　　　10000

　　　贷：银行存款　　　　　　　　　　　　　　　　10000

7. 商业汇票的付款期限由交易双方商定，但最长不得超过（　　）。

A. 3 个月　　　　　B. 6 个月　　　　　C. 9 个月　　　　　D. 1 年

8. 下列各种结算方式中，既可用于同城结算，又可用于异地结算的是（　　）。

A. 银行汇票结算方式　　　　　　　　B. 汇兑结算方式

C. 银行本票结算方式　　　　　　　　D. 委托收款结算方式

9. 下列项目中，不允许使用现金的是（　　）。

A. 向个人收购废旧物资　　　　　　　B. 支付个人劳动报酬

C. 出差借支差旅费　　　　　　　　　D. 购置固定资产

10. 无法查明原因的现金长款，经批准后应计入（　　）账户。

A. 营业外收入　　　B. 管理费用　　　C. 其他应付款　　　D. 其他应收款

11. 按照国家《银行账户管理办法》规定，企业的工资、奖金、津贴等的支取，只能通过（　　）。

A. 基本存款账户　　B. 一般存款账户　　C. 临时存款账户　　D.专用存款账户

12. 企业将款项委托银行汇往采购地银行，开立采购专户时，应借记的科目是（　　）。

A. "银行存款"科目　　　　　　　　B. "材料采购"科目

C. "其他货币资金"科目　　　　　　　D. "其他应收款"科目

13. 企业采购人员持银行汇票到外地办理款项支付结算后，根据有关凭证账单，应借记有关科目，贷记（　　）。

A. "银行存款"科目　　　　　　　　B. "应付票据——银行承兑汇票"科目

C. "应付票据——商业承兑汇票"科目　　D. "其他货币资金"科目

14. 在编制银行存款余额调节表时，因出票人存款不足而被对方银行退回的票据应当（　　）。

A. 减少银行对账单余额　　　　　　　B. 增加银行对账单余额

C. 减少银行存款日记账余额　　　　　　D. 增加银行存款日记账余额

15. 下列各项中，不属于"其他货币资金"科目核算内容的是（　　）。

A. 信用证存款　　　B. 外埠存款　　　C. 备用金　　　D. 银行汇票存款

16. 收款企业受理银行本票，经审核无误后，应连同进账单送交开户银行办理转账，同时借记"（　　）"科目。

A. 银行存款　　　　　　　　　　　B. 银行本票

C. 其他货币资金——银行本票　　　　　D. 银行本票存款

17. 企业一般不得从本单位的现金收入中直接支付现金，因特殊情况需要坐支现金的，应事先报经（　　）审查批准。

A. 开户银行　　　　　　　　　　　B. 本企业财务负责人

C. 税务部门　　　　　　　　　　　D. 上级主管部门

18. 对于银行已经入账而企业尚未入账的未达账项，我国企业应当（　　）。

A. 在编制"银行存款余额调节表"的同时入账

B. 待有关结算凭证到达后入账

C. 根据"银行对账单"记录的金额入账

D. 根据"银行存款余额调节表"和"银行对账单"自制原始凭证入账

19. 不包括在现金使用范围内的业务是（　　）。

A. 结算起点以下的零星支出　　　　　B. 向个人收购农副产品

C. 支付职工福利费　　　　　　　　　D. 支付银行借款利息

20. 企业可以保留的库存现金的限额由其开户银行核定，一般包含企业（　　）天的日常零星开支。

A. 1　　　　　B. 10　　　　　C. 5~10　　　　　D. 3~5

二、多项选择题

1. 下列哪些货币资金应作为"其他货币资金"核算（　　）。

A. 存出投资款　　　　　　　　　　B. 信用证保证金存款

C. 信用卡存款　　　　　　　　　　D. 收到的银行本票存款

2. 下列事项中，不符合银行结算纪律的是（　　）。

A. 考虑企业的未来现金收入，签发了一张远期支票

B. 在不影响企业自身业务的情况下，将账户暂时借给他人使用

C. 根据自身业务需要，企业可开立多个基本存款账户

D. 企业是否付款由其自主决定，不用考虑账户是否有足够的资金

3. 现金溢缺的会计核算涉及的科目有（　　）。

A. 待处理财产损溢　　　　　　　　B. 管理费用

C. 其他应收款　　　　　　　　　　D. 营业外收入

E. 营业外支出

4. 银行汇票适用于（　　）的商品交易。

A. 先发货后收款　　　　　　　　　B. 先收款后发货

C. 钱货两清　　　　　　　　　　　D. 所有

5. 导致企业账上银行存款的余额与银行账上企业存款的余额在同一日期不一致的情况有（　　）。

A. 银行已记作企业的存款增加，而企业尚未接到收款通知，尚未记账的款项

B. 银行已记作企业的存款减少，而企业尚未接到付款通知，尚未记账的款项

C. 企业已记作银行存款增加，而银行尚未办妥入账手续的款项

D. 企业已记作银行存款减少，而银行尚未支付入账的款项

6.《银行结算办法》中规定了银行结算纪律，即（　　）。

A. 不准出租、出借银行账户　　　　B. 不准签发空头支票和远期支票

C. 不准套取银行信用　　　　　　　D. 不准异地转账结算

7. 下列属于其他货币资金核算内容的是 （　　　）。

A. 库存现金　　　B. 银行存款　　　C. 信用卡存款　　　D. 银行汇票存款

8. 《现金管理暂行条例》规定可以使用现金的范围包括 （　　　）。

A. 发放职工工资　　　　　　　　B. 按规定支付的个人奖金

C. 个人劳务报酬　　　　　　　　D. 向个人收购农副产品

E. 经营性购货款

9. 下列银行支付结算方式中，按规定可背书转让的是 （　　　）。

A. 转账支票　　　B. 电汇　　　C. 银行本票　　　D. 银行汇票

10. 货币资金内容包括 （　　　）。

A. 库存现金　　　B. 银行存款　　　C. 其他货币资金　D. 其他应收款

11. 一般来说，货币资金的管理和控制应当遵循的原则是 （　　　）。

A. 严格职责分工　　　　　　　　B. 实行交易分开

C. 实施内部稽核　　　　　　　　D. 实施定期轮岗制度

E. 权责发生制

12. 会导致企业银行存款日记账余额大于银行对账单余额的是 （　　　）。

A. 企业已经收款入账，银行尚未收款入账的款项

B. 企业已经付款入账，银行尚未付款入账的款项

C. 银行已经收款入账，企业尚未收款入账的款项

D. 银行已经付款入账，企业尚未付款入账的款项

三、判断题

1. 商业汇票结算方式适用于企业先发货后收款或者双方约定延期付款的商品交易，同城异地均可使用，但购销双方必须订有购销合同。非商品交易的劳务供应不能采用这种结算方式。　　　　　　　　　　　　　　　　　　　　　　　　　　　　（　　　）

2. "库存现金"账户反映企业的库存现金，不包括企业内部各部门周转使用、由各部门保管的定额备用金。　　　　　　　　　　　　　　　　　　　　　　　　　（　　　）

3. 有外币现金的企业，应分别按人民币现金、外币现金设置"库存现金日记账"进行明细核算。　　　　　　　　　　　　　　　　　　　　　　　　　　　　　　　（　　　）

4. 托收承付结算方式，既适用于同城结算，也适用于异地结算。　　　　　（　　　）

5. 存出投资款是指企业已存入证券公司进行短期投资的资金。　　　　　　（　　　）

6. 商业承兑汇票由购货企业签发，并由购货企业承兑。　　　　　　　　　（　　　）

7. 企业采用代销、寄销或者赊销方式销售商品的款项，不得采用托收承付结算方式结算货款。　　　　　　　　　　　　　　　　　　　　　　　　　　　　　　　（　　　）

8. 坐支一般是被严格禁止的行为，但如果企业因特殊情况需要坐支现金的，可事先向开户银行提出申请，由开户银行核定其坐支的范围和限额。　　　　　　　　　（　　　）

9. 企业的各种存款都应该通过"银行存款"科目核算。　　　　　　　　　（　　　）

10. 企业在任何情况下，都不得从本企业的现金收入中直接坐支。　　　（　　）

11. 为了便于现金的管理，负责收款的出纳人员与负责记录的会计人员可以由一人担任。　　　（　　）

12. 企业与银行核对银行存款账目时，对已发现的未达账项，应当编制银行存款余额调节表进行调节，并进行相应的账务处理。　　　（　　）

13. 库存现金的清查包括出纳人员每日的清点核对和清查小组定期和不定期的清查。
　　　（　　）

14. 现金支出内部控制的一个重要原则是所有现金支出，无论金额大小，都应当采用支票支出。　　　（　　）

15. 出纳人员监管会计稽核工作。　　　（　　）

16. 每家企业可根据自身业务需要在银行开立多个基本存款账户。　　　（　　）

17. 企业以其出纳员的名义在银行开立了账户，存入单位资金。　　　（　　）

18. 企业内部各部门周转使用的备用金，应在"应收账款"科目核算。　　　（　　）

四、账务处理题

（一）库存现金

鑫达公司 20×8 年 10 月发生下列业务：

（1）从银行提现 3000 元备用。

（2）采购员王超预借差旅费 1000 元。

（3）发现现金短缺 200 元。

（4）采购员王超报销差旅费 1100 元，补付现金 100 元。

（5）经查，现金短缺责任人为出纳员王五，由其赔偿。

（6）车间职工万某报销差旅费 600 元，用现金付讫。

要求：根据上述经济业务，编制会计分录。

（二）银行存款

鑫达公司 20×8 年 10 月发生下列业务：

（1）企业销售产品一批，增值税发票上注明价款 300000 元，增值税额为 51000 元，货款已收存银行。

（2）企业销售产品一批，增值税发票上注明价款 500000 元，增值税额为 85000 元，收到客户交来的转账支票一张，金额为 585000 元，已办妥进账手续。

（3）签发支票 800000 元，用于支付前欠 B 公司货款。

（4）收到 A 公司的电汇单，A 公司支付前欠的货款 500000 元。

（5）用转账支票支付材料的运杂费 20000 元。

（6）用转账支票支付本月厂部水电费 10000 元。

（7）发放职工薪酬 500000 元。

（8）用转账支票支付本月车间排污费 100000 元。

中级财务会计

要求：根据上述资料，编制会计分录。

（三）其他货币资金

鑫达公司 20×8 年 10 月发生下列业务：

（1）企业向银行提交"银行汇票申请书"，并将 720000 元交存银行，取得银行汇票，交给采购员持往异地采购材料。

（2）采购员完成采购任务，发票上注明价款 600000 元，增值税额为 102000 元，材料未入库。

（3）收到银行退回的银行汇票多余款（18000 元）收账通知。

要求：根据上述资料，编制会计分录。

（四）银行存款余额调节表

1. 鸿运公司 20×9 年 6 月 30 日银行存款日记账余额是 265400 元，银行送来的对账单上本企业银行存款余额是 270420 元，经逐笔校对，发现以下四笔未达账项：

（1）企业 6 月 29 日送存转账支票 3800 元，企业已入账，银行尚未登入企业存款账。

（2）企业委托银行代收货款 6000 元，银行已经收到入账，企业尚未登账。

（3）企业 6 月 30 日开出转账支票一张，金额 3000 元，用于支付劳务费，但持票人尚未办理转账手续。

（4）银行支付企业委收的电话费 180 元，企业尚未接到付款通知。

要求：根据上述资料，编制"银行存款余额调节表"。

2. 大华公司 20×9 年 10 月 31 日银行存款日记账余额为 16478 元，银行对账单余额为 15125 元，经核对后，发现下列情况：

（1）公司 31 日开出的一张支票尚未兑现，金额为 728 元。

（2）月底银行代收货款 1695 元，存入公司账户，但公司尚未接到通知。

（3）银行收取公司手续费 65 元，但公司尚未接到付款通知。

（4）银行将天远公司所开支票 1117 元，误记入本公司账户。

（5）31 日公司收到丽达公司支票 2486 元，当日送存银行，但银行尚未入账。

（6）公司支付本月电费所开支票 654 元，在账上误记为 546 元。

要求：根据上述资料作必要的会计分录，并为该公司编制 10 月银行存款余额调节表。

第二部分　习题参考答案

一、单项选择题

| 1. A | 2. E | 3. B | 4. A | 5. B | 6. B | 7. B | 8. D | 9. D |
| 10. A | 11. A | 12. C | 13. D | 14. C | 15. C | 16. A | 17. A | 18. B |

19. D 　　 20. D

二、多项选择题

1. ABC 　　 2. ABCD 　　 3. ABCD 　　 4. BC 　　 5. ABCD 　　 6. ABC
7. CD 　　 8. ABCD 　　 9. ACD 　　 10. ABC 　　 11. ABCD 　　 12. AD

三、判断题

1. √ 　2. √ 　3. √ 　4. × 　5. × 　6. × 　7. √ 　8. √ 　9. ×
10. × 　11. × 　12. × 　13. √ 　14. × 　15. × 　16. × 　17. × 　18. ×

四、账务处理题

（一）库存现金
（1）借：库存现金　　　　　　　　　　　　　　　　3000
　　　贷：银行存款　　　　　　　　　　　　　　　　　　3000
（2）借：其他应收款——王超　　　　　　　　　　　1000
　　　贷：库存现金　　　　　　　　　　　　　　　　　　1000
（3）借：待处理财产损溢——待处理流动资产损溢　　200
　　　贷：库存现金　　　　　　　　　　　　　　　　　　200
（4）借：销售费用　　　　　　　　　　　　　　　　1100
　　　贷：其他应收款——王超　　　　　　　　　　　　　1000
　　　　　库存现金　　　　　　　　　　　　　　　　　　100
（5）借：其他应收款——王五　　　　　　　　　　　200
　　　贷：待处理财产损溢——待处理流动资产损溢　　　200
（6）借：制造费用　　　　　　　　　　　　　　　　600
　　　贷：库存现金　　　　　　　　　　　　　　　　　　600

（二）银行存款
（1）借：银行存款　　　　　　　　　　　　　　　351000
　　　贷：主营业务收入　　　　　　　　　　　　　　　300000
　　　　　应交税费——应交增值税（销项税额）　　　51000
（2）借：银行存款　　　　　　　　　　　　　　　585000
　　　贷：主营业务收入　　　　　　　　　　　　　　　500000
　　　　　应交税费——应交增值税（销项税额）　　　85000
（3）借：应付账款——B公司　　　　　　　　　　　800000
　　　贷：银行存款　　　　　　　　　　　　　　　　　800000

中级财务会计

（4）借：银行存款　　　　　　　　　　　500000

　　　贷：应收账款——A公司　　　　　　　　　500000

（5）借：材料采购　　　　　　　　　　　20000

　　　贷：银行存款　　　　　　　　　　　　　　20000

（6）借：管理费用　　　　　　　　　　　10000

　　　贷：银行存款　　　　　　　　　　　　　　10000

（7）借：应付职工薪酬　　　　　　　　　500000

　　　贷：银行存款　　　　　　　　　　　　　　500000

（8）借：制造费用　　　　　　　　　　　100000

　　　贷：银行存款　　　　　　　　　　　　　　100000

（三）其他货币资金

（1）借：其他货币资金——银行汇票存款　720000

　　　贷：银行存款　　　　　　　　　　　　　　720000

（2）借：材料采购　　　　　　　　　　　600000

　　　　应交税费——应交增值税（进项税额）102000

　　　贷：其他货币资金——银行汇票存款　　　　702000

（3）借：银行存款　　　　　　　　　　　18000

　　　贷：其他货币资金——银行汇票存款　　　　18000

（四）银行存款余额调节表

1. 银行存款余额调节表

银行存款余额调节表

编制单位：鸿运公司　　　　　　　20×9年6月30日　　　　　　　　　单位：元

项　目	金　额	项　目	金　额
银行日记账余额	265400	银行对账单余额	270420
加：行收企未收的货款	6000	加：企收行未收的货款	3800
减：行付企未付的电话费	180	减：企付行未付的劳务费	3000
调整后余额	271220	调整后余额	271220

2.（6）补记少计的电费108元：

借：管理费用　　　　　　　　　　　　　　　　108

　　贷：银行存款　　　　　　　　　　　　　　　　108

银行存款余额调节表

编制单位：大华公司　　　　　　　20×9年10月31日　　　　　　　　　单位：元

项　目	金　额	项　目	金　额
银行日记账余额	16478	银行对账单余额	15125
加：行收企未收的货款	1695	加：企收行未收的货款	2486
减：行付企未付的手续费	65	减：企付行未付的支票款	728
账上少付水电费	108	加：银行串户	1117
调整后余额	18000	调整后余额	18000

第三章　应收及预付款项

第一部分　习　题

一、单项选择题

1. 20×9 年 2 月 28 日签发的为期一个月的票据，其到期日为（　　）。
A. 3 月 29 日　　　B. 3 月 31 日　　　　　C. 3 月 30 日　　　D. 3 月 28 日

2. 如果贴现的应收票据是带息票据，应按实际收到的款项借记"银行存款"账户；按票据面额，贷记"应收票据"账户；按其差额借记或贷记"财务费用"账户，此差额指的是（　　）。
　　A. 票据的利息　　　　　　　　　　B. 票据的贴息
　　C. 票据的贴息与票据的利息之差　　D. 票据的面额与票据的贴息之差

3. 某企业于 4 月 16 日销售产品一批，应收账款为 100000 元，规定对方付款条件为 2/10、1/20、N/30，购货单位于 4 月 21 日付款。该企业实际收到的金额为（　　）元。
　　A. 100000　　　B. 90000　　　　　C. 98000　　　D. 80000

4. 预付账款不多的企业，可以不设"预付账款"科目，而将预付的款项计入（　　）。
　　A. "应付账款"科目的借方　　　　　B. "应付账款"科目的贷方
　　C. "应收账款"科目的借方　　　　　D. "应收账款"科目的贷方

5. 20×9 年 6 月 1 日，某企业销售商品收到面值 10000 元、票面利率 6%、期限 6 个月的商业汇票。10 月 1 日，该企业将上述票据拿到银行贴现，银行贴现率为 8%。该企业中期期末对票据计提利息 50 元。假定该企业与承兑企业不在同一票据交换区内，则票据贴现时影响 10 月的财务费用的金额为（　　）元。
　　A. −160.30　　　B. −10.30　　　　　C. −103.51　　　D. −153.51

6. 企业已贴现的带息商业承兑汇票，由于承兑人的银行账户不足支付，企业收到银行退回的应收票据和付款通知时，企业应按付款通知单的金额，编制会计分录（　　）。

A. 借记"应收票据"科目，贷记"短期借款"科目

B. 借记"应收账款"科目，贷记"银行存款"科目

C. 借记"应收票据"科目，贷记"应收账款"科目

D. 借记"应收票据"科目，贷记"应付账款"科目

7. 企业已贴现的不带息商业承兑汇票，由于承兑人的银行账户不足支付，银行将商业承兑汇票还给企业，并从贴现企业的银行账户中扣款，银行扣款的金额是（　　）。

A. 票据票面金额　　　　　　　　　B. 票据到期值

C. 票据贴现净值　　　　　　　　　D. 票据票面金额加上贴现利息

8. 下列应收、暂付款项中，不通过"其他应收款"科目核算的是（　　）。

A. 预付给企业内部各单位的备用金　　B. 应向运输部门索赔的材料短缺赔款

C. 应向职工收取的各种垫付款项　　　D. 应向购货方收取的代垫运杂费

9. 在采用总价法确认应收账款入账金额的情况下，销售方应将其给予客户的现金折扣计入（　　）。

A. 管理费用　　　B. 营业费用　　　C. 财务费用　　　D. 营业外支出

10. 20×9年7月3日，某企业持一张带息应收票据到银行贴现。该票据面值为1000000元，20×9年6月已计提利息1000元，尚未计提利息1200元，银行贴现息为900元，该应收票据贴现当期计入财务费用的金额为（　　）元。

A. -300　　　B. -100　　　C. -1300　　　D. 900

11. 销售产品一批，价目表标明售价（不含税）20000元，商业折扣条件为10%，现金折扣条件为5/10、3/20、N/30。客户于第25天付款。增值税税率为17%。总价法下，应收账款入账金额为（　　）元。

A. 21060　　　B. 23400　　　C. 20428.2　　　D. 18000

12. 某公司20×9年5月1日销售产品收到票据一张，面值40000元，年利率10%，半年期，该公司于8月1日贴现，贴现率为8%。该项业务发生后对20×9年8月的损益影响的金额是（　　）元。

A. 2000　　　B. 280　　　C. 1160　　　D. 667

13. 下列项目中，按照现行会计制度的规定，销售企业应当作为财务费用处理的是（　　）。

A. 销售方发生的现金折扣　　　　　B. 销售方发生的商业折扣

C. 购货方获得的销售折让　　　　　D. 购货方放弃的现金折扣

14. 下列说法中，不正确的是（　　）。

A. 签发商业汇票必须以合法的商品交易为基础，禁止签发无商品交易的汇票

B. 使用商业汇票的单位可以在银行开立账户，也可以不在银行开立账户

C. 商业汇票可以背书转让

D. 商业汇票的付款期限由交易双方商定，但最长不得超过6个月

15. 企业应按期计提坏账准备，对于已确认的坏账损失，应借记（　　）。

A. "管理费用"科目　　　　　　　B. "财务费用"科目

C. "坏账准备" 科目　　　　　　　　D. "资产减值损失" 科目

16. 甲公司将销售商品收到的银行承兑汇票背书转让给乙公司，用于支付购买原材料的价款，应贷记的科目是（　　）。

A. 应收账款　　B. 应收票据　　　　C. 应付票据　　　D. 银行存款

17. 20×9 年 4 月 16 日，甲公司销售商品一批，价款 400 万元，增值税额 68 万元，收到期限为 6 个月的商业承兑汇票一张，年利率 7%，则该票据到期时，甲公司收到的票款为（　　）万元。

A. 468　　　　　B. 484.38　　　　　C. 400　　　　　D. 414

18. 企业的应收票据在到期时，承兑人无力偿还票款的，应将其转入 "（　　）" 科目。

A. 应收账款　　B. 应付账款　　　　C. 其他应收款　　　D. 预收账款

19. 下列各项中，应计入 "坏账准备" 账户贷方的有（　　）。

A. 过去已确认并转销的坏账的收回　　B. 确认坏账损失

C. 转销无法支付的应收账款　　　　　D. 冲销多提的坏账准备

20. 某企业按年末应收账款余额的 5‰ 计提坏账准备，该企业年初 "坏账准备" 科目贷方余额为 5000 元，本年发生的坏账损失 3000 元，年末应收账款余额为 900000 元，该企业年末应提取的坏账准备金额是（　　）元。

A. 4500　　　　　B. 2500　　　　　C. 2000　　　　　D. –5000

21. 企业采用备抵法核算时，确认坏账损失的会计分录为（　　）。

A. 借：管理费用　　　　　　　　　　B. 借：营业外支出
　　　贷：应收账款　　　　　　　　　　　　贷：应收账款

C. 借：营业费用　　　　　　　　　　D. 借：坏账准备
　　　贷：应收账款　　　　　　　　　　　　贷：应收账款

22. 某企业采用备抵法核算坏账损失，按年末应收账款余额的 3‰ 提取坏账准备。年初坏账准备为贷方余额 2000 元，本年发生了坏账 3000 元，年末应收账款余额为 100000 元，则年末应计提的坏账准备为（　　）元。

A. 300　　　　　B. 1300　　　　　C. 0　　　　　D. 1000

23. 按照现行会计制度规定，下列票据中应作为应收票据核算的是（　　）。

A. 支票　　　　　B. 银行本票　　　　C. 商业汇票　　　D. 银行汇票

二、多项选择题

1. 某企业持有一张 90 天期限、面值 45000 元的商业承兑汇票，45 天后到银行贴现，贴现率为 12%，该业务会导致贴现月末的资产负债表中（　　）。

A. 货币资金项目增加数超过 45000 元　　B. 货币资金项目增加数低于 45000 元

C. 应收票据项目增加　　　　　　　　　　D. 应收票据项目减少

E. 附注 "已贴现的商业承兑汇票" 增加 45000 元

2. 按照现行制度规定，下列项目中可以记入"应收账款"账户的有 （　　）。

A. 产品销售价款　　　　　　　　　　B. 增值税销项税额

C. 商业折扣　　　　　　　　　　　　D. 代垫运杂费

E. 现金折扣

3. 企业采用备抵法核算坏账准备，估计坏账损失的方法有 （　　）。

A. 应收账款余额百分比法　　　　　　B. 账龄分析法

C. 年数总和法　　　　　　　　　　　D. 销货百分比法

4. 20×8 年 10 月 6 日收到带息商业汇票 1 张，票面金额为 50000 元，票面年利率为 8%，期限为 3 个月。该票据在 20×9 年 1 月 2 日贴现，贴现年利率为 10%（假设该企业与承兑企业在同一票据交换区）。则下列表述正确的有 （　　）。

A. 商业汇票的入账价值为 50000 元　　B. 票据到期日是 20×9 年 1 月 6 日

C. 贴现天数为 5 天　　　　　　　　　D. 票据到期值为 51000 元

5. 已贴现的商业承兑汇票到期，付款单位资金不足支付时，收款单位可能编制的会计处理为 （　　）。

A. 借：应收账款　　　　　　　　　　B. 借：应收账款

　　　贷：短期借款　　　　　　　　　　　贷：银行存款

C. 借：应收票据　　　　　　　　　　D. 不编制会计分录

　　　贷：银行存款

6. 按现行制度规定，不能用"应收票据"核算的票据包括 （　　）。

A. 银行本票　　　　　　　　　　　　B. 银行汇票

C. 商业承兑汇票　　　　　　　　　　D. 银行承兑汇票

7. 企业将无息应收票据贴现时，影响贴现利息计算的因素有 （　　）。

A. 票据的面值　　　　　　　　　　　B. 票据的期限

C. 企业持有的天数　　　　　　　　　D. 贴现利率

E. 票据的种类

8. 下列各项中，会影响应收账款账面价值的有 （　　）。

A. 收回前期应收账款　　　　　　　　B. 发生赊销商品的业务

C. 收回已转销的坏账　　　　　　　　D. 结转到期不能收回的票据

E. 按规定计提应收账款的坏账准备

9. 下列关于现金折扣与商业折扣的说法，正确的是 （　　）。

A. 商业折扣是指在商品标价上给予的扣除

B. 现金折扣是指债权人为鼓励债务人早日付款，而向债务人提供的债务扣除

C. 存在商业折扣的情况下，企业应收账款入账金额应按扣除商业折扣后的实际售价确认

D. 我国会计实务中采用总价法核算存在现金折扣的交易

E. 总价法是将未减去现金折扣前的金额作为实际售价，记做应收账款的入账价值

10. 下列项目中，哪些可以作为计提坏账准备的依据 （　　）。

A. 预付给供货单位的购货款　　　　　　　B. 存出保证金

C. 应收的赔款　　　　　　　　　　　　　D. 代购货单位垫付的运杂费

E. 采用商业汇票结算而付款单位到期后未能如期兑付的应收票据

11. 证明应收款项不能够收回或收回的可能性不大的确凿证据有（　　）。

A. 债务单位已撤销、破产

B. 债务单位资不抵债，现金流量严重不足

C. 发生严重自然灾害等导致停产而短时期无法偿债

D. 3 年以上的应收款项

12. 按现行会计制度规定，采用备抵法核算坏账损失的企业，下列各项中，不计提坏账准备的项目有（　　）。

A. 其他应收款　　　　　　　　　　　　　B. 预收账款

C. 预付账款　　　　　　　　　　　　　　D. 应付职工薪酬

13. 按现行会计制度规定，下列选项中正确的有（　　）。

A. 企业的预付账款，应按规定计提坏账准备

B. 企业持有的未到期应收票据，如有确凿证据证明不能够收回或收回的可能性不大时，不应将其账面余额转入应收账款，但应计提相应的坏账准备

C. 企业应当在期末分析各项应收款项的可收回性，并预计可能产生的坏账损失。对预计可能发生的坏账损失，计提坏账准备

D. 企业计提坏账准备的方法由企业自行确定。企业应当制定计提坏账准备的政策，明确计提坏账准备的范围、提取方法、账龄的划分和提取比例，按照法律、行政法规的规定报有关方备案，并备置于企业所在地

14. 按现行企业会计制度规定，下列各项应收款项中，不能全额计提坏账准备的有（　　）。

A. 当年发生的应收款项

B. 计划对应收款项进行重组

C. 与关联方发生的应收款项

D. 其他已逾期，但无确凿证据表明不能收回的应收款项

15. 下列项目中应记入"坏账准备"科目贷方的有（　　）。

A. 经批准转销的坏账

B. 收回过去已经确认并转销的坏账

C. 年末按应收账款余额的一定比例计提的坏账准备

D. 年末实际提取并列入利润表的坏账准备

16. 坏账核算的直接转销法的缺点在于（　　）。

A. 不符合配比原则　　　　　　　　　　　B. 虚增利润

C. 虚列应收账款价值　　　　　　　　　　D. 直接冲减应收账款的金额

三、判断题

1. 企业持未到期的带息应收票据向银行贴现，应按实际收到款项，借记"银行存款"科目；按票据面额，贷记"应收票据"科目；按贴现利息与票据到期利息的差额，借记或贷记"财务费用"。　　　　　　　　　　　　　　　　　　　　　（　　）

2. 带息应收票据贴现，其贴现息大于应收利息部分，计入贴现当期的损益。（　　）

3. 企业销售产品收到购货单位开出并承兑的汇票，不论应收票据是否带息，均按票据的票面金额登记入账。　　　　　　　　　　　　　　　　　　　　（　　）

4. 应收款项属于企业的一项金融资产。　　　　　　　　　　　　　　（　　）

5. 年末计提应收票据利息时，企业应增加应收票据的账面价值，并冲减当期财务费用。　　　　　　　　　　　　　　　　　　　　　　　　　　　　　（　　）

6. 企业支付的租入包装物押金，应通过"其他应收款"科目核算；收取的出租包装物押金，应通过"其他应付款"科目核算。　　　　　　　　　　　　　　（　　）

7. 按照我国会计实务中的做法，带息应收票据和不带息应收票据均按现值计价入账。　　　　　　　　　　　　　　　　　　　　　　　　　　　　　　（　　）

8. 企业的应收票据无论是带息票据，还是不带息票据，在年末资产负债表中均应以原账面价值反映。　　　　　　　　　　　　　　　　　　　　　　　　（　　）

9. 对于带息票据，应于中期期末和年度终了时，提取利息收入，增加当期财务费用和应收票据价值。　　　　　　　　　　　　　　　　　　　　　　　（　　）

10. 商业折扣和现金折扣都是企业销售收入的抵减项目。　　　　　　（　　）

11. 无论商业汇票是否带息，将其到银行贴现时取得的贴现净额一定小于票据的面值。　　　　　　　　　　　　　　　　　　　　　　　　　　　　　（　　）

12. 在我国的会计实务中，不带息应收票据贴现时，应将其贴现利息直接计入当期损益。　　　　　　　　　　　　　　　　　　　　　　　　　　　　　（　　）

13. 企业应向职工收取的暂付款项可在"应收账款"科目进行核算。（　　）

14. 预付款项不多的企业，可以将预付的款项直接计入"应付账款"的借方，不设置"预付账款"科目。但在编制会计报表时，要将"预付账款"和"应付账款"的金额分开列示。　　　　　　　　　　　　　　　　　　　　　　　　　　　（　　）

15. 企业采用应收账款余额百分比法计提坏账准备的，期末"坏账准备"科目余额应等于按应收账款余额的一定百分比计算的坏账准备金额。　　　　　　（　　）

16. 无息票据的贴现所得一定小于票据面值，而有息票据的贴现所得则不一定小于票据的账面价值。　　　　　　　　　　　　　　　　　　　　　　　（　　）

17. 企业取得应收票据时，无论是否带息，均应按其到期值入账。　　（　　）

18. 按照现行制度规定，企业的应收账款和应收票据均可提取坏账准备。（　　）

19. 无论采用直接转销法还是备抵法核算坏账损失，其坏账损失的确认条件都是相同的。　　　　　　　　　　　　　　　　　　　　　　　　　　　　　（　　）

20. 企业应根据其本身的情况，采用不同的方式，调查和了解债务单位其他方面的情况，在综合分析各种可能影响因素的基础上确定合理的坏账准备计提比例。　（　　）

21. 采用直接转销法和备抵法核算坏账损失，对当年损益的影响相同。　（　　）

22. 采用备抵法估计坏账损失符合谨慎原则的要求。　（　　）

四、账务处理题

（一）应收票据

某企业 20×4 年 10 月发生有关销售及票据业务如下：

（1）销售产品一批，价款为 500000 元，增值税额为 85000 元，收到客户交来的为期 3 个月的银行承兑汇票一张。

（2）将到期的银行承兑汇票 100000 元，送交开户银行办理委托收款手续，几天后，收到票款。

（3）销售产品一批，收到购货企业签发并承兑的为期 6 个月的商业承兑汇票 819000 元（增值税税率为 17%）。

（4）购货企业 D 公司签发并承兑的商业汇票 234000 元到期，不能如期付款。

（5）购货企业 M 公司交来由其签发并承兑的商业汇票 200000 元，抵付其所欠货款。

（6）将所收银行承兑汇票 600000 元，背书转让给供货企业 B 公司，作为预付材料的货款。

（7）企业由于资金紧张，将一张面额为 400000 元的商业承兑汇票提前 3 个月贴现，月贴现率为 7‰。

（8）企业已贴现的商业承兑汇票到期，因付款单位美颐公司无力承付，银行退回应收票据，又因企业户头资金不足，银行将其承兑金额 600000 元转为短期贷款。

要求：根据上述业务，编制会计分录。

（二）应收票据贴现

1. 甲企业于 20×9 年 2 月向 A 公司销售商品一批，售价为 500000 元，增值税为 85000 元，款项未收到；5 月 8 日，收到购货单位签发并承兑的商业承兑汇票一张，面值 585000 元，期限 6 个月。8 月 12 日，甲企业持该票据向银行申请贴现，贴现率为 9%，甲企业和 A 公司在同一票据交换区；11 月 8 日，甲企业收到银行通知，付款单位无力支付已贴现的商业承兑汇票票款，甲企业也无款支付，已将该贴现票据转作逾期贷款处理。

要求：根据上述经济业务进行计算，并编制有关会计分录。

2. 某企业于 20×4 年 11 月 26 日收到某客户当日签发并承兑的银行承兑汇票一张，金额为 5000000 元，年利率为 9%，3 个月到期，用于抵付前欠货款。20×4 年 12 月 26 日，将该票据向银行贴现，年贴现率为 6%。

要求：根据以上资料，计算票据到期价值与贴现金额，并编制 11 月 26 日和 12 月 26 日的会计分录。

(三) 应收票据和应收账款

甲公司 20×1 年发生如下经济业务：

(1) 3 月 1 日，销售 A 公司产品一批，价款为 50000 元，增值税为 8500 元，收到商业承兑汇票一张，面额 58500 元，出票日为 20×1 年 3 月 1 日，期限为 3 个月。

(2) 4 月 20 日，销售 B 公司商品一批，价款为 60000 元，增值税为 10200 元。现金折扣条件为 2/10、N/30。销售时用银行存款代垫运杂费 800 元。

(3) 5 月 20 日，收到 B 公司用银行存款支付的代垫运杂费 800 元，并收到 B 公司的一张面值为 70200 元，期限为 3 个月的商业承兑汇票。

(4) 6 月 1 日，因 A 公司银行存款不足，无法支付其签发的面值 58500 元，期限 3 个月，出票日为 3 月 1 日的商业承兑汇票 (参见第 (1) 小题)。

(5) 6 月 20 日，甲公司将 B 公司 5 月 20 日签发为期 3 个月的商业汇票 70200 元向银行贴现，银行年贴现率为 3%。

(6) 9 月 1 日，赊销给 C 公司商品一批，货款为 40000 元，增值税为 6800 元。11 月 1 日，收到 C 公司同日签发并承兑的期限为 6 个月的银行承兑汇票一张，面额为 46800 元。

要求：根据上述经济业务进行计算，并编制有关会计分录。

(四) 应收账款和预付账款

某企业 20×4 年 10 月末"应收账款"账户借方余额为 700000 元，"预付账款"账户借方余额为 400000 元，适用的增值税税率为 17%。11 月发生下列经济业务：

(1) 1 日，售出产品一批，含税价 93600 元，已办妥托收手续。

(2) 6 日，接到银行收款通知，上述款项全部收讫。

(3) 8 日，企业向 C 公司赊销产品一批，货款为 200000 元，增值税额为 34000 元。付款条件：2/10、1/20、N/30。

(4) 15 日，收到上述客户按规定交付的货款。

(5) 18 日，收到兴达公司前欠货款 80000 元，已存入银行。

(6) 20 日，预付新华工厂购料款 300000 元。

(7) 28 日，收到新华工厂发来的甲材料，增值税专用发票上注明价款为 250000 元，增值税额为 42500 元 (货款 20 日已预付)。

(8) 30 日，收到新华工厂退回多付的货款 7500 元。

要求：

(1) 根据以上业务编制会计分录。

(2) 登记"应收账款"、"预付账款"账户，并予结转。

(五) 其他应收款

某企业 20×4 年发生下列有关业务：

(1) 年初，行政处开始实行定额备用金制度，核定定额 2000 元，付给现金。

(2) 厂办主任李亚文到外地出差，预借旅费 1800 元，开出现金支票一张，让其到银行提现。

(3) 租入包装箱 10 个，付给中南商都包装箱押金 1000 元。

（4）李亚文回厂，报销差旅费 1680 元，余款退回现金。

（5）行政处报销印刷费等费用 1400 元。

（6）收到保险赔款 30000 元，已存入银行。

（7）收到中南商都退回押金 1000 元。

（8）年底，行政处报销费用 880 元，余款退回财务科。

要求：根据以上业务，编制会计分录。

（六）坏账准备

1. 某企业 20×3 年开始计提坏账准备，20×3 年年末应收账款余额为 130 万元，提取坏账准备的比例为 5‰。20×4 年，发生坏账损失 10000 元，其中 A 公司 8000 元，B 公司 2000 元，当年末"应收账款"账户的余额为 150 万元；20×5 年已核销的上年 A 公司应收账款 8000 元又重新收回，当年末"应收账款"账户的余额为 180 万元；20×6 年年末，"应收账款"账户余额为 200 万元。

要求：根据以上业务，计算每年应提取的坏账准备，并编制有关的会计分录。

2. 某企业 20×8 年年末科目余额表上列示的有关应收账款数额如下：

应收账款　　　　　　　1500000

坏账准备　　　　　　　　　7500

20×9 年发生下列经济业务：

（1）全年赊销产品总额 351 万元。

（2）收回客户前欠货款 400 万元。

（3）按规定转销坏账 8 万元。

（4）收到以前年度作为坏账转销的应收账款 5 万元，款项已存入银行。

（5）年末按应收账款余额的 5‰调整坏账准备。

要求：

（1）根据以上资料编制会计分录。

（2）计算本年度应提坏账准备，并予以调整。

3. A 公司采用"应收账款余额百分比法"核算坏账损失，坏账准备的提取比率为 5‰，20×8 年 12 月 1 日应收账款期初余额为 1000 万元，坏账准备贷方余额 8 万元；企业发生如下经济业务：

（1）12 月 15 日，销售给 B 公司商品 300 万元，增值税 51 万元。

（2）12 月 20 日，因产品质量问题，B 公司要求退回本月 15 日购买的部分商品，A 公司同意 B 公司退货并办理退货手续和开具红字增值税发票，A 公司收到 B 公司退回的商品 50 万元，增值税 8.5 万元。

（3）12 月 25 日，因红达公司破产所欠货款 10 万元不能收回，确认为坏账。

（4）12 月 28 日，收回前期已确认为大华公司坏账 5 万元，存入银行。

（5）收回前欠 D 公司货款 200 万元。

（6）20×8 年 12 月 31 日，计提坏账准备。

要求：根据上述经济业务进行计算，并编制有关会计分录。

 中级财务会计

第二部分　习题参考答案

一、单项选择题

1. B　　2. C　　3. C　　4. A　　5. C　　6. B　　7. A　　8. D　　9. C
10. A　 11. A　 12. C　 13. A　 14. B　 15. C　 16. B　 17. B　 18. A
19. A　 20. B　 21. D　 22. B　 23. C

其中：

5 题　票据利息 $= 10000 \times 6 \times (6\% \div 12) = 300$（元）

贴息 $= (10000 + 300) \times 64 \times (8\% \div 360) = 146.49$（元）

实得贴现款 $= 10000 + 300 - 146.49 = 10153.51$（元）

应收票据账面价值 10050 元

计入财务费用金额 $= 10050 - 10153.51 = -103.51$（元）

12 题　票据利息 $= 40000 \times 6 \times (10\% \div 12) = 2000$（元）

贴息 $= (40000 + 2000) \times 3 \times (8\% \div 12) = 840$（元）

计入财务费用金额 $= 840 - 2000 = -1160$（元）

影响损益的金额为 1160 元

17 题　票据利息 $= 468 \times 6 \times (7\% \div 12) = 16.38$（万元）

票据到期值 $= 468 + 16.38 = 484.38$（万元）

二、多项选择题

1. BDE　　2. ABDE　　3. ABD　　4. ABD　　5. AB　　6. AB
7. ABCD　 8. ABDE　 9. ABCD　 10. ABCDE　 11. ABCD　 12. BD
13. ABCD　 14. ABCD　 15. BCD　 16. ABC

三、判断题

1. ×　　2. ×　　3. √　　4. √　　5. √　　6. √　　7. ×　　8. ×　　9. ×
10. ×　 11. ×　 12. √　 13. ×　 14. √　 15. ×　 16. √　 17. ×　 18. √
19. √　 20. √　 21. ×　 22. √

四、账务处理题

(一) 应收票据

(1) 借：应收票据　　　　　　　　　　　　　　　585000
　　　　贷：主营业务收入　　　　　　　　　　　　　　　500000
　　　　　　应交税费——应交增值税（销项税额）　　　　85000

(2) 借：银行存款　　　　　　　　　　　　　　　100000
　　　　贷：应收票据　　　　　　　　　　　　　　　　100000

(3) 借：应收票据　　　　　　　　　　　　　　　819000
　　　　贷：主营业务收入　　　　　　　　　　　　　　　700000
　　　　　　应交税费——应交增值税（销项税额）　　　119000

(4) 借：应收账款——D公司　　　　　　　　　　234000
　　　　贷：应收票据　　　　　　　　　　　　　　　　234000

(5) 借：应收票据　　　　　　　　　　　　　　　200000
　　　　贷：应收账款——M公司　　　　　　　　　　200000

(6) 借：预付账款——B公司（或应付账款——B公司）600000
　　　　贷：应收票据　　　　　　　　　　　　　　　　600000

(7) 银行预扣贴息=400000×3×7‰=8400（元）
实得贴现款=400000-8400=391600（元）

　　　　借：银行存款　　　　　　　　　　　　　　391600
　　　　　　财务费用　　　　　　　　　　　　　　8400
　　　　　　贷：应收票据　　　　　　　　　　　　　　400000

(8) 借：应收账款——美颐公司　　　　　　　　　600000
　　　　贷：短期借款　　　　　　　　　　　　　　　　600000

(二) 应收票据贴现

1. 20×9年2月：

借：应收账款——A公司　　　　　　　　　　　　585000
　　贷：主营业务收入　　　　　　　　　　　　　　　500000
　　　　应交税费——应交增值税（销项税额）　　　　85000

5月8日：

借：应收票据　　　　　　　　　　　　　　　　585000
　　贷：应收账款——A公司　　　　　　　　　　　585000

8月12日贴现：

票据到期值=585000（元）

银行预扣贴息=585000×（9%÷360）×88=12870（元）

实得贴现款=585000-12870=572130（元）

借：银行存款   572130

  财务费用   12870

    贷：应收票据   585000

11 月 8 日：

借：应收账款——A 公司   585000

    贷：短期借款   585000

2. 票据利息 $= 5000000 \times 3 \times (9\% \div 12) = 112500$（元）

  票据到期值 $= 5000000 + 112500 = 5112500$（元）

  银行预扣贴息 $= 5075000 \times 2 \times (6\% \div 12) = 51125$（元）

  实得贴现款 $= 5112500 - 51125 = 5061375$（元）

11 月 26 日，收到票据时：

借：应收票据   5000000

    贷：应收账款   5000000

12 月 26 日贴现：

借：银行存款   5061375

    贷：应收票据   5000000

      财务费用   61375

（三）应收票据和应收账款

（1）借：应收票据——A 公司   58500

    贷：主营业务收入   50000

      应交税费——应交增值税（销项税额） 8500

（2）借：应收账款——B 公司   71000

    贷：主营业务收入   60000

      应交税费——应交增值税（销项税额） 10200

      银行存款   800

（3）借：银行存款   800

    贷：应收账款——B 公司   800

   借：应收票据   70200

    贷：应收账款——B 公司   70200

（4）借：应收账款——A 公司   58500

    贷：应收票据   58500

（5）票据到期值 $= 70200$（元）

银行预扣贴息 $= 70200 \times (3\% \div 12) \times 2 = 351$（元）

实得贴现款 $= 70200 - 351 = 69849$（元）

借：银行存款   69849

  财务费用   351

    贷：应收票据   70200

(6) 9 月 1 日：

借：应收账款——C 公司 46800

　　贷：主营业务收入 40000

　　　　应交税费——应交增值税（销项税额）6800

11 月 1 日：

借：应收票据 46800

　　贷：应收账款——C 公司 46800

（四）应收账款和预付账款

(1) 借：应收账款 93600

　　　贷：主营业务收入 80000

　　　　　应交税费——应交增值税（销项税额）13600

(2) 借：银行存款 93600

　　　贷：应收账款 93600

(3) 借：应收账款——C 公司 234000

　　　贷：主营业务收入 200000

　　　　　应交税费——应交增值税（销项税额）34000

(4) 假设对增值税不折扣，分录如下：

借：银行存款 230000

　　财务费用 4000

　　　贷：应收账款——C 公司 234000

假设对增值税折扣，分录如下：

借：银行存款 229320

　　财务费用 4680

　　　贷：应收账款——C 公司 234000

(5) 借：银行存款 80000

　　　贷：应收账款——兴达公司 80000

(6) 借：预付账款——新华工厂 300000

　　　贷：银行存款 300000

(7) 借：材料采购 250000

　　　应交税费——应交增值税（进项税额）42500

　　　贷：预付账款——新华工厂 292500

(8) 借：银行存款 7500

　　　贷：预付账款——新华工厂 7500

预付账款			
期初余额：	400000		
		（7）292500	
（6）300000		（8）7500	
本期发生额：	300000	本期发生额：	300000
期末余额：	400000		

应收账款			
期初余额：	700000		
（1）93600		（2）93600	
（3）234000		（4）234000	
		（5）80000	
本期发生额：	327600	本期发生额：	407600
期末余额：	620000		

（五）其他应收款

（1）借：其他应收款——行政处 2000
   贷：库存现金 2000

（2）借：其他应收款——李亚文 1800
   贷：银行存款 1800

（3）借：其他应收款——中南商都 1000
   贷：银行存款 1000

（4）借：管理费用 1680
   库存现金 120
   贷：其他应收款——李亚文 1800

（5）借：管理费用 1400
   贷：库存现金 1400

（6）借：银行存款 30000
   贷：其他应收款——××保险公司 30000

（7）借：银行存款 1000
   贷：其他应收款——中南商都 1000

（8）借：管理费用 880
   库存现金 1120
   贷：其他应收款——行政处 2000

（六）坏账准备

1.（1）20×3年年末应提坏账准备 130万×5‰=6500（元）

   借：资产减值损失 6500
    贷：坏账准备 6500

（2）核销坏账：

   借：坏账准备 10000
    贷：应收账款——A公司 8000
        ——B公司 2000

（3）20×4年年末坏账准备应保留的余额为：150万×5‰=7500（元）

   20×4年应提坏账准备：150万×5‰-（6500-10000）=11000（元）

   借：资产减值损失 11000

```
        贷：坏账准备                                    11000
（4）借：应收账款——A 公司              8000
        贷：坏账准备                                     8000
    借：银行存款                         8000
        贷：应收账款——A 公司                           8000
```

（5）20×5 年年末坏账准备应保留的余额为：180 万 × 5‰ = 9000（元）

　　20×5 年应提坏账准备：180 万 × 5‰ – （7500 + 8000）= –6500（元）

```
    借：坏账准备                         6500
        贷：资产减值损失                                 6500
```

（6）20×6 年年末坏账准备应保留的余额为：200 万 × 5‰ = 10000（元）

　　20×6 年应提坏账准备为：200 万 × 5‰ – 9000 = 1000（元）

```
    借：资产减值损失                     1000
        贷：坏账准备                                     1000
```

2. 编制的会计分录如下：

```
（1）借：应收账款                      3510000
        贷：主营业务收入                               3000000
            应交税费——应交增值税（销项税额）          510000
（2）借：银行存款                      4000000
        贷：应收账款                                  4000000
（3）借：坏账准备                        80000
        贷：应收账款                                    80000
（4）借：应收账款                        50000
        贷：坏账准备                                    50000
    借：银行存款                        50000
        贷：应收账款                                    50000
```

（5）年末应收账款余额为：1500000 + 3510000 – 4000000 – 80000 = 930000（元）

　　20×9 年坏账准备应保留的余额为：930000 × 5‰ = 4650（元）

　　20×9 年应提坏账准备：930000 × 5‰ – （7500 – 80000 + 50000）= 27150（元）

```
    借：资产减值损失                    27150
        贷：坏账准备                                    27150
```

```
3.（1）借：应收账款——B 公司         3510000
         贷：主营业务收入                              3000000
             应交税费——应交增值税（销项税额）         510000
（2）借：主营业务收入                   500000
        应交税费——应交增值税（销项税额）   85000
        贷：应收账款——B 公司                          585000
（3）借：坏账准备                      100000
```

    贷：应收账款——红达公司   100000
（4）借：应收账款——大华公司   50000
        贷：坏账准备   50000
    借：银行存款   50000
        贷：应收账款——大华公司   50000
（5）借：银行存款   2000000
        贷：应收账款——D 公司   2000000
（6）应收账款年末余额 = 1000 万 + 351 万 - 58.5 万 - 10 万 - 200 万 = 1082.5（万元）
    年末坏账准备应保留余额 = 10825000 × 5‰ = 54125（元）
    应提坏账准备 = 54125 - (80000 - 100000 + 50000) = 24125（元）
    借：资产减值损失   24125
        贷：坏账准备   24125

第四章 存 货

第一部分 习 题

一、单项选择题

1. 企业发生盘盈的存货，经有关部门批准后，应该（　　）。
A. 作为其他业务收入处理　　　　　B. 作为营业外收入处理
C. 冲减管理费用　　　　　　　　　D. 冲减其他业务成本

2. 按现行企业会计制度规定，在成本与可变现净值孰低法下，对成本与可变现净值进行比较确定当期存货跌价准备金额时，一般应（　　）。
A. 分别单个存货项目进行比较　　　B. 分别存货类别进行比较
C. 按全部存货进行比较　　　　　　D. 企业根据实际情况做出选择

3. 工业企业出租包装物收取的租金应当（　　）。
A. 计入其他业务收入　　　　　　　B. 计入主营业务收入
C. 计入营业外收入　　　　　　　　D. 冲减管理费用

4. 工业企业出借包装物摊销价值应计入（　　）。
A. 销售费用　　　B. 管理费用　　　C. 其他业务成本　　D. 营业外支出

5. 下列物品属于包装物核算范围的有（　　）。
A. 一次性使用的包装材料
B. 用于储存和保管产品、材料不对外出售的包装物
C. 生产加工用于出售的包装物
D. 出租给购买单位使用的包装物

6. 下列各项支出中，不计入存货成本的是（　　）。
A. 可以抵扣的增值税进项税额　　　B. 入库前的挑选整理费用
C. 购买存货而发生的运输费　　　　D. 购买存货而支付的进口关税

7. 某企业原材料采用计划成本核算，20×9 年 6 月 1 日"材料成本差异"科目的借

方余额为 4000 元，"原材料"科目余额为 250000 元。本月购入原材料实际成本 475000 元，计划成本 425000 元；本月发出原材料计划成本 100000 元，则该企业 20×9 年 6 月 30 日原材料实际成本为（   ）元。

    A. 621000   B. 614185   C. 577400   D. 575000

8. 通过盘存先确定期末存货的数量，然后推算出本期发出存货的数量，这种方法称为（   ）。

    A. 永续盘存制   B. 实地盘存制   C. 权责发生制   D. 收付实现制

9. 材料采购途中的合理损耗，应计入（   ）。

    A. 管理费用   B. 由运输部门赔偿   C. 材料采购成本 D. 营业外支出

10. 存货是企业的重要流动资产，在进行存货的核算时，确认存货的时间为（   ）。

    A. 支付货款的时间   B. 收到货物的时间

    C. 取得其产权的时间   D. 签订购货合同的时间

11. 因自然灾害发生的库存商品净盘亏，应计入的会计科目是（   ）。

    A. 营业外支出   B. 生产成本   C. 管理费用   D. 其他应收款

12. 存货范围的确认，应以企业对存货是否（   ）为依据。

    A. 实际收到   B. 支付货款

    C. 具有法定所有权   D. 交付定金或签订合同

13. 某企业月末计算出的材料成本差异率为−4%，本月材料领用情况为：生产车间 100000 元，车间管理部门 20000 元，企业管理部门 30000 元。有关结转发出材料负担材料成本差异的会计分录为（   ）。

    A. 借：生产成本   4000
          制造费用   800
          管理费用   1200
            贷：材料成本差异   6000

    B. 借：生产成本   4000（红字）
          制造费用   800（红字）
          管理费用   1200（红字）
            贷：材料成本差异   6000（红字）

    C. 借：材料成本差异   6000
            贷：生产成本   4000
              制造费用   800
              管理费用   1200

    D. 借：材料成本差异   6000（红字）
            贷：生产成本   4000（红字）
              制造费用   800（红字）
              管理费用   1200（红字）

14. 不受发出存货计价方法影响的是（   ）。

A. 生产成本　　　B. 销售成本　　　C. 所得税　　　D. 存货入账价值

15. 某企业 20×9 年 1 月 1 日结存存货为 200 件，单价为 50 元；1 月 10 日购进 200 件，单价为 60 元；1 月 20 日售出 200 件。该企业对期末存货采用加权平均法计价，则本月发出存货的成本为（　　）元。

A. 11000　　　B. 12000　　　C. 10000　　　D. 9000

16. 按计划成本进行日常材料核算的企业，对于月末尚未收到发票账单，但材料已收到并入库的业务，应当（　　）。

A. 暂不作账务处理，待单据收到时再记账

B. 按计划成本暂估入账，计入"原材料"科目

C. 按计划成本暂估入账，计入"材料采购"科目

D. 按合同价格入账，计入"材料采购"和"材料成本差异"科目

17. 某工业企业 20×9 年 1 月 1 日甲材料账面实际成本 90000 元，结存数 500 吨；1 月 2 日购进甲材料 500 吨，每吨实际单价 200 元；1 月 15 日购进甲材料 300 吨，每吨实际单价 180 元；1 月 4 日和 20 日各发出甲材料 100 吨。如该企业按移动平均法计算发出甲材料的实际成本，则 20×9 年 1 月 31 日甲材料账面余额为（　　）元。

A. 206452　　　B. 208000　　　C. 206000　　　D. 206250

18. 某工业企业为增值税一般纳税企业，材料按计划成本核算，甲材料计划单位成本为每千克 35 元。企业购入甲材料 500 千克，增值税专用发票上注明的材料价款为 17600 元，增值税额为 2992 元。企业验收入库时实收 490 千克，短缺的 10 千克为运输途中合理损耗。该批入库材料的材料成本差异为（　　）元。

A. 450　　　B. 100　　　C. 3442　　　D. 3092

19. 某增值税一般纳税企业因暴雨毁损库存原材料一批，该批原材料总买价为 10000 元，收回残料价值 400 元，保险公司赔偿 5600 元，该企业购入材料的增值税率为 17%，该批毁损原材料造成的非正常损失净额是（　　）元。

A. 4000　　　B. 9600　　　C. 4400　　　D. 5700

20. 某企业委托外单位加工材料一批，该批委托加工材料为消费税应税消费品（非金银饰品）。该批材料收回后，直接用于销售。该企业应于提货时，将受托单位代扣代缴的消费税计入（　　）。

A. "委托加工物资"科目借方

B. "应交税费——应交消费税"科目借方

C. "应交税费——应交消费税"科目贷方

D. "营业税金及附加"科目借方

21. 材料按计划成本计价核算的企业，下列项目中应计入"材料采购"科目贷方的是（　　）。

A. 材料买价　　　　　　　　B. 采购材料的运杂费

C. 结转入库材料的超支差异　　　　D. 结转入库材料的节约差异

22. 某增值税一般纳税企业购进农产品一批，支付买价 12000 元，装卸费 1000 元，

入库前挑选整理费 400 元。该批农产品的采购成本为（ ）元。

    A. 12000   B. 11840   C. 13000   D. 13400

23. 在出借包装物采用一次摊销的情况下，出借包装物报废时收回的残料价值应冲减的是（ ）。

    A. 制造费用   B. 其他业务成本   C. 包装物成本   D. 销售费用

24. 在物价持续上涨的情况下，下列各种计价方法中，使期末存货价值最大的是（ ）。

    A. 先进先出法   B. 后进先出法

    C. 加权平均法   D. 移动加权平均法

25. 某工业企业在进行存货清查时发现的存货实存数大于账面数的差额，在调增该存货账面价值的同时，应（ ）。

    A. 作为营业外收入处理   B. 作为待处理财产损溢处理

    C. 作冲减管理费用处理   D. 作冲减制造费用处理

26. 下列各项中，不属于存货范围的有（ ）。

    A. 尚在加工中的在产品

    B. 委托加工物资

    C. 购货单位已交款并已开出提货单，而尚未提走的货物

    D. 款项已支付，而尚未运达企业的存货

27. 对于企业月末未收到结算凭证但购入原材料已入库的处理方法为（ ）。

    A. 按估计成本借记"原材料"科目，按估计成本计算的增值税借记"应交税费——应交增值税（进项税额）"科目，贷记"应付账款"科目

    B. 不做账

    C. 按估计成本借记"原材料"科目，按估计成本计算的增值税借记"应交税费——应交增值税（进项税额）"科目，贷记"应付账款"科目，下月初用红字冲回

    D. 按估计成本借记"原材料"科目，贷记"应付账款"科目，下月初用红字冲回

28. 某一般纳税企业购进材料一批，取得的增值税专用发票上注明材料价款为20000 元，增值税为 3400 元，另外支付运输部门运费 1500 元，支付装卸费 300 元，税法规定的运费的增值税扣除率为 7%，该批材料的采购成本为（ ）元。

    A. 20000   B. 23400   C. 21695   D. 23600

29. 对下列存货盘亏或毁损事项进行处理时，企业不应计入管理费用的是（ ）。

    A. 由于定额内损耗造成的存货盘亏净损失

    B. 由于核算差错造成的存货盘亏净损失

    C. 由于自然灾害造成的存货毁损净损失

    D. 由于收发计量原因造成的存货盘亏净损失

30. 企业进行材料清查时，对于盘亏的材料，应先计入"待处理财产损溢"账户，待期末报批准后，对于应由过失人赔偿的损失计入（ ）科目。

    A. 管理费用   B. 其他应收款   C. 营业外支出   D. 销售费用

31. 甲公司 8 月 1 日 A 材料结存 100 件，单价 5 元；8 月 6 日发出 A 材料 20 件；8 月 12 日购进 A 材料 320 件，单价 3 元；8 月 23 日发出 A 材料 100 件。该公司对 A 材料采用移动加权平均法计价，8 月末 A 材料的实际成本为（　　）元。

    A. 1010　　　　　　B. 1020　　　　　　C. 1360　　　　　　D. 1060

32. 在物价持续下跌的情况下，发出存货采用（　　）更能体现谨慎性原则。

    A. 移动加权平均法　　　　　　　　B. 月末一次加权平均法

    C. 个别计价法　　　　　　　　　　D. 先进先出法

33. 企业为增值税一般纳税人，从外地购入原材料 5000 吨，收到增值税专用发票上注明的售价为每吨 100 元，增值税税款 85000 元。另发生运输费 2000 元（可按 7%抵扣增值税），装卸费 1000 元，途中保险费为 800 元。原材料运到后验收数量为 4997 吨，短缺 3 吨（属于合理损耗），则该原材料的入账价值为（　　）元。

    A. 512160　　　　B. 509000　　　　C. 503360　　　　D. 503660

34. 某增值税一般纳税企业因意外灾害毁损库存原材料一批，该批原材料实际总买价为 15000 元，收回残料价值 550 元，保险公司赔偿 7800 元。购入该批原材料的增值税税率为 17%。该批毁损原材料造成的非常损失净额为（　　）元。

    A. 6100　　　　　B. 6000　　　　　C. 4000　　　　　D. 9200

35. "成本与可变现净值孰低法"中的成本是指（　　）。

    A. 现行成本　　B. 重置成本　　C. 计划成本　　D. 历史成本

36. 在运用存货的"成本与可变现净值孰低法"时，当存货的可变现净值低于成本时，用（　　）确定的期末存货成本最低。

    A. 单项比较法　　B. 分类比较法　　C. 总额比较法　　D. 三种方法都有可能

37. 下列存货计价方法中，不以实际成本计价为基础的是（　　）。

    A. 先进先出法　　　　　　　　　　B. 成本与可变现净值孰低法

    C. 移动加权平均法　　　　　　　　D. 后进先出法

38. 成本与可变现净值孰低法是（　　）在存货会计上的具体运用。

    A. 历史成本原则　　　　　　　　　B. 谨慎原则

    C. 配比原则　　　　　　　　　　　D. 权责发生制原则

39. 计算存货可变现净值时，不应从预计销售收入中扣除的项目是（　　）。

    A. 销售过程中发生的税金　　　　　B. 存货的账面成本

    C. 销售过程中发生的销售费用　　　D. 出售前进一步加工的加工费用

40. 某股份有限公司对期末存货采用成本与可变现净值孰低法计价。20×8 年 12 月 31 日库存自制半成品的实际成本为 20 万元，预计进一步加工所需费用为 8 万元，预计销售费用及税金为 4 万元。该半成品加工完成后的产品预计销售价格为 30 万元。20×8 年 12 月 31 日该项存货应计提的跌价准备为（　　）万元。

    A. 0　　　　　　B. 10　　　　　　C. 8　　　　　　D. 2

二、多项选择题

1. 企业存货发生盘盈或盘亏，应先计入"待处理财产损溢"科目，待报经批准后，分别转入（　　）。

　　A. 营业外支出　　　B. 营业外收入　　　C. 管理费用　　　D. 其他应收款

　　E. 财务费用

2. 委托加工物资收回后，用于连续生产应税消费品的，其委托加工材料的实际成本一般包括（　　）。

　　A. 代扣代交的消费税　　　　　　　B. 委托加工费用

　　C. 支付的往返运杂费　　　　　　　D. 支付的增值税

　　E. 加工中耗用物资的实际成本

3. 下列项目中，应计入材料采购成本的有（　　）。

　　A. 购货价格　　　　　　　　　　　B. 运输途中的合理损耗

　　C. 一般纳税人购入材料支付的增值税　D. 进口关税

　　E. 采购材料的保险费

4. "材料成本差异"科目贷方登记（　　）。

　　A. 实际成本小于计划成本的差异额　　B. 实际成本大于计划成本的差异额

　　C. 发出材料负担的超支差异　　　　　D. 发出材料负担的节约差异

5. 下列各项中，应作为包装物进行核算和管理的有（　　）。

　　A. 随同产品出售不单独计价的包装物

　　B. 出租和出借给购买单位使用的包装物

　　C. 用于储存和保管产品而不对外出售的包装物

　　D. 各种包装材料

6. 下列各项中，应作为销售费用处理的有（　　）。

　　A. 出借包装物的摊销价值

　　B. 出租包装物的摊销价值

　　C. 随同产品出售单独计价的包装物的成本

　　D. 随同产品出售不单独计价的包装物的成本

7. 下列存货的盘亏或毁损损失，报经批准后，应转作管理费用的有（　　）。

　　A. 保管中产生的定额内自然损耗　　　B. 自然灾害所造成的毁损净损失

　　C. 管理不善所造成的毁损净损失　　　D. 收发差错所造成的短缺净损失

8. 企业会计制度规定，工业生产企业发出存货的日常核算可以采用（　　）。

　　A. 实际成本法　　　B. 计划成本法　　　C. 毛利率法　　　D. 售价金额核算法

9. 下列各项费用中，应计入一般纳税企业（制造业）存货成本的有（　　）。

　　A. 购入存货运输过程中的保险费用　　B. 采购人员的工资费用

　　C. 入库前的挑选整理费　　　　　　　D. 购入存货发生的包装费

10. 构成制造企业外购材料实际成本的有（　　）。

A. 买价　　　　　　　　　　　B. 运输途中合理损耗

C. 入库前的整理挑选费用　　　　D. 一般纳税人支付的增值税

11. 经确认为一般纳税人的企业，其采购货物支付的增值税计入货物采购成本的是（　　）。

A. 用于非应纳增值税项目的货物

B. 用于免征增值税项目的货物

C. 被确定依 3%的征收率计缴增值税的货物

D. 未能取得增值税专用发票或完税凭证的货物

12. 存货包括（　　）。

A. 原材料　　　　B. 库存商品　　　　C. 低值易耗品　　　D. 有价证券

13. 原材料按计划成本核算需设置的科目有（　　）。

A. 原材料　　　　B. 在途物资　　　　C. 材料采购　　　　D. 材料成本差异

14. 委托加工物资的入账价值按实际成本计算包括（　　）。

A. 加工用材料成本　　　　　　　B. 加工费

C. 增值税　　　　　　　　　　　D. 运杂费

15. 下列费用应当在发生时计入当期损益，不计入存货成本的有（　　）。

A. 非正常消耗的直接材料、直接人工和制造费用

B. 已验收入库原材料发生的仓储费用

C. 生产过程中为达到下一个生产阶段所必需的仓储费用

D. 企业提供劳务发生的直接人工和其他直接费用以及可归属的间接费用

E. 不能归属于使存货达到目前场所和状态的其他支出

16. 某增值税一般纳税企业委托外单位将 A 货物加工成 B 货物，B 货物为应税消费品，B 货物收回后用于连续生产应税消费品甲产品。该货物委托加工中发生的下列支出中，计入 B 货物成本的有（　　）。

A. A 货物的实际成本　　　　　　B. 增值税专用发票上注明的加工费

C. 增值税专用发票上注明的增值税　D. 受托单位代收代缴的消费税

17. 一般纳税企业委托其他单位加工材料收回后直接对外销售的，其发生的下列支出中应计入委托加工材料成本的有（　　）。

A. 加工费　　　　　　　　　　　B. 增值税

C. 加工材料的实际成本　　　　　D. 消费税

18. 企业期末存货成本如果计价过高，可能会引起（　　）。

A. 当期利润增加　　　　　　　　B. 当期销售收入增加

C. 当期所得税增加　　　　　　　D. 当期所有者权益增加

19. 下列项目中影响当期营业利润的有（　　）。

A. 自然灾害造成的原材料净损失

B. 生产领用的包装物的成本

C. 随同商品出售但不单独计价的包装物的成本

D. 企业原材料发生减值

20. 表明存货的可变现净值为零的情形包括 （　　）。

A. 已霉烂变质的存货

B. 已过期且无转让价值的存货

C. 生产中已不再需要，并且已无使用价值和转让价值的存货

D. 该存货的市场价格持续下跌，并且在可预见的未来无回升的希望

E. 企业使用该项原材料生产的产品的成本大于产品的销售价格

三、判断题

1. 在判断存货范围的时候，我们应当本着"实质重于形式"的原则，既要以法定所有权为依据，又要以存货的放置地点为确认标准。　　　　　　　　　　　　（　　）

2. 企业应以物品存放地点为依据确定存货的范围。　　　　　　　　　　　（　　）

3. 采用实地盘存制核算，由于是倒挤成本，从而使非正常原因引起的存货短缺，全部挤进耗用或销售成本之内，削弱了对存货的控制。　　　　　　　　　　　　（　　）

4. 委托外单位加工完成的存货，以实际耗用的原材料或者半成品成本、加工费用以及按规定应计入成本的税金作为实际成本，而与此相关的运输费、装卸费和保险费等，则直接计入当期损益。　　　　　　　　　　　　　　　　　　　　　　（　　）

5. 在物价波动的情况下，采用先进先出法确定的期末存货成本比较接近当前的成本水平。　　　　　　　　　　　　　　　　　　　　　　　　　　　　　　（　　）

6. 企业购入存货负担的价内税均应计入存货的成本，而负担的价外税则均不构成存货的成本。　　　　　　　　　　　　　　　　　　　　　　　　　　　　　（　　）

7. 一家企业只能选择一种发出存货的计价方法，而且一旦确定存货的计价方法，就不要轻易改变。　　　　　　　　　　　　　　　　　　　　　　　　　　　（　　）

8. 企业在购入存货时，取得的现金折扣不应从成本当中扣除，而应作为理财收益，冲减当期财务费用。　　　　　　　　　　　　　　　　　　　　　　　　　（　　）

9. 企业进行材料采购的核算时，对于材料已到、结算凭证未到、货款尚未支付的采购业务，为了简化核算，月份中间可不进行总分类核算，收到发票账单时，再进行总分类核算。　　　　　　　　　　　　　　　　　　　　　　　　　　　　　（　　）

10. 一般纳税企业购进生产用原材料时，按照税法的有关规定，可以按支付的外地运杂费的一定比例计算增值税进项税额，该进项税额应计入购进材料的采购成本中。
　　　　　　　　　　　　　　　　　　　　　　　　　　　　　　　　（　　）

11. 随同产品出售不单独计价的包装物，应于包装物发出时作为包装费用，计入产品销售成本。　　　　　　　　　　　　　　　　　　　　　　　　　　　　（　　）

12. 工业企业的专用工具（如专用模具），从其性质上看属于企业的劳动资料，但为了简化核算，可以将其视同存货进行核算和管理。　　　　　　　　　　　　（　　）

13. 企业单独作为商品产品的自制包装物，应作为库存商品核算，不属于包装物核算的范围。（　　）

14. 小规模纳税企业采购物资支付的增值税，如果取得了增值税专用发票，应作为进项税核算；未能取得增值税专用发票的，则应计入所购货物的成本。（　　）

15. 企业采购存货时支付的增值税不得计入存货成本。（　　）

16. 采用计划成本进行材料日常核算时，月末分摊材料成本差异时，无论是节约还是超支，均计入"材料成本差异"科目的贷方。（　　）

17. 存货计价方法在各期都可任意选择。（　　）

18. 购入材料在运输途中发生的合理损耗不需单独进行账务处理。（　　）

19. 盘盈的存货，按规定手续报经批准后，可冲减营业外支出。（　　）

20. 无论企业对存货采用实际成本核算，还是采用计划成本核算，在编制资产负债表时，资产负债表上的存货项目反映的都是存货的实际成本。（　　）

21. 各种包装材料如纸、绳、铁丝等，应在"原材料"科目核算。（　　）

22. 自然灾害造成的原材料净损失应该计入原材料的入账价值。（　　）

23. 企业采用计划成本法核算原材料，除单位成本发生较大变动外，为了保持计划成本的相对稳定，年度内一般不作调整。（　　）

24. 某企业本月月初库存原材料计划成本 50000 元，材料成本差异借方余额 1000 元，本月购进原材料计划成本 300000 元，实际成本 292000 元。则本月材料成本差异率为超支 2%。（　　）

25. 发出材料应负担的成本差异，通常按月分摊或者在季末甚至年末一次分摊。（　　）

26. 如果期末存货的可变现净值低于成本，则必须确认存货跌价损失。（　　）

27. 企业期末存货的价值，采用"成本与可变现净值孰低法"计价中的"可变现净值"是指同类存货的市场售价。（　　）

28. 存货以出售为目的，这是存货区别于固定资产的最显著特质之一。（　　）

四、计算及账务处理题

（一）存货按实际成本计价

某企业为增值税一般纳税人，存货按实际成本计价，20×5 年 8 月发生下列经济业务：

（1）购入甲材料一批，增值税专用发票上注明甲材料的买价为 200000 元，增值税额为 34000 元。货款已用电汇支付，材料未到。

（2）购入乙材料一批，增值税专用发票上注明乙材料的买价为 500000 元，增值税额为 85000 元。货款已于上月预付。同时，用转账支票支付材料运杂费 2000 元，材料已验收入库。

（3）领用钢辊，实际成本 2000 元。

（4）领用随同产品出售不单独计价的包装袋 100 个，每个实际成本 3 元。

（5）购入钢辊，增值税专用发票上注明其买价为 100000 元，增值税额为 17000 元，对方包送货，钢辊已验收入库，货款未付。

要求：根据上述资料，编制会计分录。

（二）存货按计划成本计价

1. 美伊公司为增值税一般纳税人，存货按计划成本计价，20×5 年 8 月发生下列经济业务：

（1）5 日，签发银行汇票 400000 元用于购买甲材料，增值税专用发票上注明甲材料的买价为 300000 元，增值税额为 51000 元。对方代运运杂费 20000 元。甲材料已验收入库，其计划成本为 310000 元，同时收到银行转来银行汇票余款 29000 元收账通知。

（2）16 日，采购乙材料，增值税专用发票上注明乙材料的买价为 200000 元，增值税额为 34000 元。货款已用电汇支付，材料未到。

（3）25 日，收到丙材料，但未收到结算凭证，货款未付；月末，仍未收到结算凭证。按暂估价 80000 元暂估入库。

（4）本月生产领用甲材料 200000 元，成本差异率为 -3%。

要求：根据上述资料，编制会计分录。

2. 美达公司为制造业企业，是增值税一般纳税人，材料按计划成本计价核算。甲材料计划单位成本为每千克 10 元。该企业 20×9 年 4 月有关资料如下：

"原材料"账户月初借方余额 20000 元，"材料成本差异"账户月初借方余额 470 元，"材料采购"账户月初借方余额 40000 元（上述账户核算的均为甲材料）。

（1）4 月 5 日，企业上月已付款购入的甲材料 4040 千克如数收到，已验收入库。

（2）4 月 20 日，从外地 A 公司购入甲材料 8000 千克，增值税专用发票注明的材料价款为 80000 元，增值税额为 13600 元；公路运费 1000 元（运费的增值税按 7% 计算扣除），企业已用银行存款支付各种款项，材料尚未到达。

（3）4 月 25 日，从 A 公司购入的甲材料到达，验收入库时发现短缺 40 千克，经查明为途中定额的自然损耗。按实收数量验收入库。

（4）4 月 30 日，汇总本月发料凭证，本月共发出甲材料 7000 千克，全部用于产品生产。

要求：根据上述业务编制相关的会计分录，并计算本月发生的增值税进项税额、本月材料成本差异率、本月发出材料应负担的成本差异。

（三）委托加工物资

1. 甲企业委托乙企业加工材料一批（属于应税消费品）。甲材料成本为 400000 元，支付的加工费为 230000 元（不含增值税），消费税税率为 10%；甲材料加工完成后成为乙材料验收入库，用于生产应税消费品，加工费用等已经支付。双方适用的增值税税率为 17%。甲企业按实际成本对原材料进行日常核算。

要求：根据上述资料，做出有关账务处理。

2. 某企业为增值税一般纳税人，存货按实际成本计价，20×5 年 8 月发生下列经济业务：

（1）发出材料 400000 元，委托 B 公司加工。

（2）支付 B 公司加工费 100000 元、增值税 17000 元、消费税 30000 元，款项用转账支票付清。

收回的材料 40%用于直接销售，60%用于连续生产应税消费品。

要求：根据上述资料，编制会计分录。

（四）存货期末计量——成本与可变现净值孰低法

1. M 企业采用"成本与可变现净值孰低法"进行期末存货计价。20×6 年年末存货的账面成本为 200000 元，可变现净值为 190000 元，应计提的存货跌价准备为 10000 元。假设 20×7 年年末存货的种类和数量未发生变化（下同），且存货的可变现净值为 180000 元；20×8 年年末存货的可变现净值为 194000 元；20×9 年年末存货的可变现净值为 202000 元。

要求：分别做出以上各年末存货的账务处理。

2. 东方公司对存货采用单项计提存货跌价准备，20×7 年年末关于计提存货跌价准备的资料如下：

（1）库存商品甲，账面余额为 350 万元，已计提存货跌价准备 20 万元。按照一般市场价格预计售价为 380 万元，预计销售费用和相关税金为 10 万元。

（2）库存商品乙，账面余额为 500 万元，未计提存货跌价准备。库存商品乙中，有 40%已签订销售合同，合同价款为 230 万元；另 60%未签订合同，按照一般市场价格预计销售价格为 280 万元。库存商品乙的预计销售费用和税金为 25 万元。

（3）库存材料丙因改变生产结构，导致无法使用，准备对外销售。丙材料的账面余额为 120 万元，预计销售价格为 120 万元，预计销售费用及相关税金为 5 万元，未计提跌价准备。

（4）库存材料丁 20 吨，每吨实际成本 1600 元。全部 20 吨丁材料用于生产 A 产品 10 件，加工成 A 产品每件加工成本还需要 2000 元，A 产品每件市场售价为 5000 元，现有 8 件已签订销售合同，合同规定每件为 4500 元，假定销售税费均为销售价格的 10%。丁材料未计提存货跌价准备。

要求：计算上述存货的期末可变现净值和应计提的跌价准备，并进行相应的账务处理。

第二部分　习题参考答案

一、单项选择题

1. C	2. A	3. A	4. A	5. D	6. A	7. A	8. B	9. C
10. C	11. A	12. C	13. B	14. D	15. A	16. B	17. D	18. A
19. D	20. A	21. C	22. B	23. D	24. A	25. B	26. C	27. D
28. C	29. C	30. B	31. B	32. D	33. D	34. D	35. D	36. A
37. B	38. B	39. B	40. D					

其中：

7 题　材料成本差异率 $= 4000 + (475000 - 425000) \div (250000 + 425000) \times 100\% = 8\%$

　　　6 月 30 日实际成本 $= (250000 + 425000 - 100000) \times (1 + 8\%) = 621000$（元）

15 题　加权平均单价 $= (200 \times 50 + 200 \times 60) \div (200 + 200) = 55$（元/件）

　　　本月发出存货的成本 $= 200 \times 55 = 11000$（元）

17 题　1 月 2 日购进甲材料后的平均单位成本 $= (90000 + 500 \times 200) \div (500 + 500) = 190$（元/吨）

　　　1 月 4 日发出甲材料的成本 $= 100 \times 190 = 19000$（元）

　　　1 月 4 日结存甲材料的成本 $= (90000 + 500 \times 200) - 19000 = 171000$（元）

　　　1 月 15 日购进甲材料后的平均单位成本 $= (171000 + 300 \times 180) \div (900 + 300) = 187.50$（元/吨）

　　　1 月 20 日发出甲材料的成本 $= 100 \times 187.50 = 18750$（元）

　　　1 月 20 日结存甲材料的成本 $= (171000 + 300 \times 180) - 18750 = 206250$（元）

　　　1 月 31 日结存甲材料的成本 $= 206250$（元）

18 题　入库材料的计划成本 $= 490 \times 35 = 17150$（元）

　　　入库材料的成本差异 $= 17600 - 17150 = 450$（元）

33 题　原材料的入账价值 $= 5000 \times 100 + 2000 \times (1 - 7\%) + 1000 + 800 = 503660$（元）

34 题　$15000 \times (1 + 17\%) - 550 - 7800 = 9200$（元）

二、多项选择题

1. ACD	2. BCE	3. ABDE	4. ACD	5. AB	6. AD
7. ACD	8. AB	9. ACD	10. ABC	11. ABCD	12. ABC
13. ACD	14. ABD	15. ABE	16. AB	17. ACD	18. ACD

19. CD   20. ABC

三、判断题

1. ×   2. ×   3. √   4. ×   5. ×   6. ×   7. √   8. √   9. ×
10. ×   11. ×   12. √   13. √   14. ×   15. ×   16. √   17. ×   18. √
19. ×   20. √   21. √   22. ×   23. √   24. ×   25. ×   26. ×   27. ×
28. √

四、计算及账务处理题

（一）存货按实际成本计价

（1）借：在途物资——甲材料   200000
　　　　应交税费——应交增值税（进项税额）   34000
　　　　　贷：银行存款   234000
（2）借：原材料——乙材料   500000
　　　　应交税费——应交增值税（进项税额）   85000
　　　　　贷：预付账款   585000
　　　借：原材料——乙材料   2000
　　　　　贷：银行存款   2000
（3）借：制造费用   2000
　　　　　贷：低值易耗品（或周转材料）   2000
（4）借：销售费用   300
　　　　　贷：包装物   300
（5）借：低值易耗品（或周转材料）   100000
　　　　应交税费——应交增值税（进项税额）   17000
　　　　　贷：应付账款   117000

（二）存货按计划成本计价

1. 美伊公司的账务处理如下：
（1）借：其他货币资金——银行汇票存款   400000
　　　　　贷：银行存款   400000
　　　借：材料采购——甲材料   320000
　　　　应交税费——应交增值税（进项税额）   51000
　　　　　贷：其他货币资金——银行汇票存款   371000
　　　借：原材料——甲材料   310000
　　　　　贷：材料采购——甲材料   310000
　　　借：材料成本差异   10000

          贷：材料采购——甲材料　　　　　　　　　　　　　　10000

    借：银行存款　　　　　　　　　　29000

          贷：其他货币资金——银行汇票存款　　　　　　　　29000

（2）借：材料采购——乙材料　　　　200000

       应交税费——应交增值税（进项税额）　34000

       贷：银行存款　　　　　　　　　　　　　　　　　234000

（3）25 日，收料时不做账务处理

月末，暂估入库：

    借：原材料——丙材料　　　　　　80000

       贷：应付账款——暂估应付账款　　　　　　　　　80000

（4）借：生产成本　　　　　　　　　200000

       贷：原材料——甲材料　　　　　　　　　　　　　200000

    借：生产成本　　　　　　　　　　6000（红字）

       贷：材料成本差异　　　　　　　　　　　　6000（红字）

2. 美达公司的账务处理如下：

（1）借：原材料——甲材料　　　　　40400

       贷：材料采购——甲材料　　　　　　　　　　　　40400

    借：材料采购——甲材料　　　　　400

       贷：材料成本差异　　　　　　　　　　　　　　　400

（2）借：材料采购——甲材料　　　　80930

       应交税费——应交增值税（进项税额）　13670

       贷：银行存款　　　　　　　　　　　　　　　　　94600

（3）借：原材料——甲材料　　　　　79600

       贷：材料采购——甲材料　　　　　　　　　　　　79600

    借：材料成本差异　　　　　　　　1330

       贷：材料采购——甲材料　　　　　　　　　　　　1330

（4）借：生产成本　　　　　　　　　70000

       贷：原材料——甲材料　　　　　　　　　　　　　70000

本月增值税进项税额＝13600＋1000×7%＝13670（元）

材料成本差异率＝（470－400＋1330）÷（20000＋40400＋79600）×100%＝1%

本月发出材料应负担的成本差异＝70000×1%＝700（元）

    借：生产成本　　　　　　　　　　700

       贷：材料成本差异　　　　　　　　　　　　　　　700

（三）委托加工物资

1. 借：委托加工物资　　　　　　　　400000

       贷：原材料——甲材料　　　　　　　　　　　　　400000

    借：委托加工物资　　　　　　　　230000

	应交税费——应交消费税	23000	
	——应交增值税（进项税额）	39100	
	贷：银行存款		292100
	借：原材料——乙材料	630000	
	贷：委托加工物资		630000

2. 借：委托加工物资 400000
       贷：原材料 400000
      借：委托加工物资 112000
      应交税费——应交增值税（进项税额） 17000
      应交税费——应交消费税 18000
       贷：银行存款 147000

（四）存货期末计量——成本与可变现净值孰低

1. （1）20×6 年年末：
借：资产减值损失 10000
  贷：存货跌价准备 10000
（2）20×7 年年末：
借：资产减值损失 10000
  贷：存货跌价准备 10000
（3）20×8 年年末：
借：存货跌价准备 14000
  贷：资产减值损失 14000
（4）20×9 年年末：
借：存货跌价准备 6000
  贷：资产减值损失 6000

2. （1）库存商品甲：
可变现净值 = 3800000 − 100000 = 3700000（元）
库存商品甲的成本为 3500000 元，因此应将原计提的存货跌价准备 200000 元转回。
借：存货跌价准备 200000
  贷：资产减值损失 200000
（2）库存商品乙：
有合同部分的可变现净值 = 2300000 − 250000×40% = 2200000（元）
有合同部分的成本 = 5000000×40% = 2000000（元）
因为可变现净值高于成本，不计提存货跌价准备。
无合同部分的可变现净值 = 2800000 − 250000×60% = 2650000（元）
无合同部分的成本 = 5000000×60% = 3000000（元）
因可变现净值低于成本 350000 元，须计提存货跌价准备 350000 元。
借：资产减值损失 350000

　　　　　贷：存货跌价准备　　　　　　　　　　　　　　　350000

（3）库存材料丙：

可变现净值＝1200000－50000＝1150000（元）

材料成本为1200000元，须计提50000元的跌价准备。

借：资产减值损失　　　　　　　　　　　　　50000

　　　　　贷：存货跌价准备　　　　　　　　　　　　　　　50000

（4）库存材料丁：

有合同的A产品可变现净值＝4500×（1－10%）×8＝32400（元）

无合同的A产品可变现净值＝5000×（1－10%）×2＝9000（元）

有合同的A产品成本＝1600×20/10×8＋2000×8＝41600（元）

无合同的A产品成本＝1600×20/10×2＋2000×2＝10400（元）

　　由于有合同和无合同的A产品的可变现净值都低于成本，说明有合同和无合同的A产品耗用的丁材料均发生了减值。

　　有合同的A产品耗用的丁材料的可变现净值＝4500×（1－10%）×8－2000×8＝16400（元）

　　有合同的A产品耗用的丁材料的成本＝20×1600×（8/10）＝25600（元）

　　有合同部分的丁材料须计提跌价准备9200元。

　　无合同的A产品耗用的丁材料的可变现净值＝5000×（1－10%）×2－2000×2＝5000（元）

　　无合同部分的丁材料成本＝20×1600×（2/10）＝6400（元）

　　无合同部分的丁材料须计提跌价准备1400元。

　　故丁材料须计提跌价准备10600元。

借：资产减值损失　　　　　　　　　　　　　10600

　　　　　贷：存货跌价准备　　　　　　　　　　　　　　　10600

第五章 投 资

第一部分 习 题

一、单项选择题

1. 下列各项中，应反映在交易性金融资产的初始计量金额中的有（　　）。
A. 债券的买入价
B. 支付的手续费
C. 支付的印花税
D. 已到付息期但尚未领取的利息

2. 下列投资中，不应作为长期股权投资核算的是（　　）。
A. 对子公司的投资
B. 对联营企业和合营企业的投资
C. 在活跃市场中没有报价、公允价值无法可靠计量的没有重大影响的权益性投资
D. 在活跃市场中有报价、公允价值能可靠计量的没有重大影响的权益性投资

3. 某企业于 20×8 年 6 月 1 日以银行存款取得甲公司 10% 的股份，并准备长期持有。甲公司当年实现净利润 600000 元（假定利润均衡实现），20×9 年 5 月 20 日宣告分配上年现金股利 240000 元，该企业当年应确认的投资收益为（　　）元。
A. 24000　　　B. 35000　　　C. 21000　　　D. 3000

4. 20×9 年 2 月 1 日，甲公司支付 800 万元取得一项股权投资作为交易性金融资产核算，支付价款中包括已宣告尚未领取的现金股利 20 万元，另支付交易费用 5 万元。甲公司该项交易性金融资产的入账价值为（　　）万元。
A. 780　　　B. 785　　　C. 800　　　D. 805

5. 下列金融资产中，应作为可供出售金融资产核算的是（　　）。
A. 企业从二级市场购入准备随时出售的普通股票
B. 企业购入没有公开报价且不准备随时变现的某公司 5% 的股权
C. 企业购入有公开报价但不准备随时变现的某公司 5% 的流通股票
D. 企业购入有意图和能力持有至到期的公司债券

6. 下列情况, 长期股权投资应当采用权益法核算的是 (　　)。

A. 短期持有被投资企业的股权

B. 长期持有被投资企业的股权, 并能施加重大影响

C. 与其他企业共同控制被投资企业

D. 长期持有被投资企业的股权, 但对被投资企业无重大影响

7. 在长期股权投资的权益法下, 被投资企业发生的下列事项中, 会引起投资企业 "长期股权投资" 的账面价值和 "投资收益" 都减少的是 (　　)。

A. 发生亏损　　　　　　　　B. 对外捐赠资产

C. 资产评估减值　　　　　　D. 向投资者分配股利

8. 某公司购入甲上市公司股票 180 万股, 并划分为交易性金融资产, 共支付款项 2830 万元, 其中包括已宣告但尚未发放的现金股利 126 万元。另支付相关交易费用 4 万元。该项交易性金融资产的入账价值为 (　　) 万元。

A. 2700　　　　B. 2704　　　　C. 2830　　　　D. 2834

9. 甲公司以 2000 万元取得乙公司 30% 的股权, 取得投资时被投资单位可辨认净资产的公允价值为 6000 万元。如甲公司能够对乙公司施加重大影响, 则甲公司计入长期股权投资的金额为 (　　) 万元。

A. 2000　　　　B. 1800　　　　C. 4000　　　　D. 6000

10. 采用权益法核算时, 不影响投资企业 "长期股权投资" 科目变动的是 (　　)。

A. 被投资企业宣告分配现金股利　　　B. 被投资企业法定财产重估增值

C. 被投资企业接受资产捐赠　　　　　D. 被投资企业提取盈余公积

11. 采用成本法核算时, 收到被投资单位分派的属于投资前产生的累积净利润的分配额, 应冲减 "(　　)" 科目。

A. 投资收益　　B. 长期股权投资　　C. 营业外收入　　D. 其他业务收入

12. 20×9 年 6 月 20 日, 甲公司以每股 1.3 元购进某股票 200 万股, 划分为交易性金融资产。6 月 30 日, 该股票市价为每股 1.1 元; 11 月 1 日, 以每股 1.4 元的价格全部出售该股票。假定不考虑相关税费, 甲公司出售该金融资产形成的投资收益为 (　　) 万元。

A. -20　　　　B. 20　　　　C. 10　　　　D. -10

13. 甲公司对乙公司进行投资, 持股比例为 70%。截至 20×8 年年末该项长期股权投资账户余额为 650 万元, 20×9 年年末该项投资的减值准备余额为 20 万元, 乙公司 20×9 年发生亏损 1000 万元。20×9 年年末甲公司 "长期股权投资" 的账面价值应为 (　　) 万元。

A. 0　　　　B. 630　　　　C. 20　　　　D. -20

14. 甲公司 20×9 年 1 月 1 日从乙公司购入其持有的 B 公司 10% 的股份 (B 公司为非上市公司), 甲公司以银行存款支付买价 520 万元, 同时支付相关税费 5 万元。甲公司购入 B 公司股份后准备长期持有, B 公司 20×9 年 1 月 1 日的所有者权益账面价值总额为 5000 万元, B 公司可辨认净资产的公允价值为 5500 万元。则甲公司应确认的长期

股权投资初始投资成本为（ ）万元。

 A. 520   B. 525   C. 500   D. 550

15. 企业长期债券投资按期计提的利息应当（ ）。

 A. 冲减应收利息   B. 冲减长期债权投资的账面价值

 C. 确认为投资收益   D. 计入当期财务费用

16. 20×8 年年初甲公司购入乙公司 30%的股权，成本为 60 万元；20×8 年年末长期股权投资的可收回金额为 50 万元，故计提了长期股权投资减值准备 10 万元；20×9 年年末该项长期股权投资的可收回金额为 70 万元，则 20×9 年年末甲公司应恢复长期股权投资减值准备（ ）万元。

 A. 10   B. 20   C. 30   D. 0

17. 甲企业持有乙公司 30%的股权，甲企业对乙公司的投资按权益法核算，乙公司宣告发放股票股利时，甲企业应当（ ）。

 A. 计入"应收股利"科目   B. 计入"长期股权投资"科目的贷方

 C. 计入"长期股权投资"科目的借方 D. 不做账务处理

18. 甲公司购入某上市公司 2%的普通股份，暂不准备随时变现，甲公司应将该项投资划分为（ ）。

 A. 交易性金融资产   B. 持有至到期投资

 C. 长期股权投资   D. 可供出售金融资产

19. 甲公司与乙公司共同出资设立丙公司，按甲乙双方协议，丙公司的总经理由甲公司委派，董事长由乙公司委派，各方的出资比例均为 50%，股东按出资比例行使表决权。在这种情况下，（ ）。

 A. 甲公司采用权益法核算该长期股权投资，乙公司采用成本法核算

 B. 甲公司采用成本法核算该长期股权投资，乙公司采用权益法核算

 C. 甲公司和乙公司均采用成本法核算该长期股权投资

 D. 甲公司和乙公司均采用权益法核算该长期股权投资

20. 下列各项中不属于金融资产的是（ ）。

 A. 库存现金 B. 应收账款 C. 基金投资 D. 存货

21. 甲公司出资 1000 万元，取得乙公司 80%的控股权，假如购买股权时乙公司的账面净资产价值为 1500 万元，甲乙公司合并前后同受一方控制，则甲公司确认的长期股权投资成本为（ ）万元。

 A. 1000   B. 1500   C. 800   D. 1200

22. 长期股权投资采用权益法核算时，在持股比例不变的情况下，被投资单位除净损益以外所有者权益的增加，企业按持股比例计算应享有的份额，借记的科目是（ ）。

 A. 长期股权投资——股权投资准备 B. 资本公积——其他资本公积

 C. 长期股权投资——其他权益变动 D. 长期股权投资——损益调整

23. 下列情况中，对被投资企业的股权投资应继续采用权益法核算的是（ ）。

A. 被投资企业依照法律程序进行清理整顿

B. 被投资企业向投资企业转移资金的能力受到限制

C. 计划近期内出售被投资企业的全部股份

D. 被投资企业经营范围发生重大变化

24. 出售采用权益法核算的长期股权投资时，按处置长期股权投资的投资成本比例结转原计入资本公积的金额，转入的会计科目是（　　）。

A. 资本公积　　　　　　　　　B. 长期股权投资——投资成本

C. 投资收益　　　　　　　　　D. 资本公积——其他资本公积

25. 股份有限公司取得长期股权投资时支付的下列款项中，不得计入其初始投资成本的是（　　）。

A. 购买价款　　　B. 税金　　　C. 手续费　　　D. 资产评估费

26. 投资企业确认被投资单位发生的净亏损，在长期股权投资账面价值减至零后，如果存在其他实质上构成对被投资单位净投资的长期权益，应（　　）。

A. 冲减长期股权投资　　　　　B. 计入预计负债

C. 冲减长期应收款　　　　　　D. 计入营业外支出

27. 采用权益法核算长期股权投资时，对于被投资企业因外币资本折算引起所有者权益的增加，投资企业应按所享有的表决权资本的比例计算应享有的份额，将其计入（　　）。

A. 资本公积　　　B. 其他业务收入　　　C. 投资收益　　　D. 营业外收入

28. 甲企业采用权益法核算长期股权投资，被投资企业发生的下列事项中，甲企业的长期投资和投资收益都增加的是（　　）。

A. 实现税后利润　　　　　　　B. 向投资者分派利润

C. 收到捐赠的固定资产　　　　D. 法定财产重估增值

29. 某企业股权投资采用权益法核算，企业收到购买股票后被投资企业宣告发放的股利时，应借记"银行存款"科目，贷记"（　　）"科目。

A. 投资收益　　　B. 本年利润　　　C. 长期股权投资　　　D. 应收股利

30. 企业于12月31日购入A公司股票20000股，每股面值1元，并准备随时变现。A公司已于12月20日宣告分派股利，每股0.2元，企业以银行存款支付股票价款24000元，另以现金支付手续费等400元。该股票的实际成本为（　　）元。

A. 20400　　　B. 23600　　　C. 20000　　　D. 24000

31. 采用成本法核算时，收到被投资单位分派的属于投资前累计盈余的分配额，应该（　　）。

A. 冲减投资成本　　　　　　　B. 增加投资收益

C. 计入利润分配　　　　　　　D. 增加其他业务收入

32. 下列关于持有至到期投资的表述不正确的是（　　）。

A. 持有至到期投资具有到期日固定且回收金额固定或可确定、企业有明确意图持有至到期、企业有能力持有至到期的特点

B. 持有至到期投资在初始确认时按照公允价值计量，相关交易费用计入当期损益

C. 企业应当采用实际利率法，按摊余成本对持有至到期投资进行后续计量

D. 处置持有至到期投资时，应将所取得价款与持有至到期投资账面价值之间的差额计入当期损益

33. 关于交易性金融资产的计量，下列说法中正确的是（　　）。

A. 应当按取得该金融资产的公允价值和相关交易费用之和作为初始确认金额

B. 资产负债表日，企业应将金融资产的公允价值变动计入所有者权益

C. 处置该金融资产时，其公允价值与初始入账金额之间的差额确认为投资收益，不调整公允价值变动损益

D. 应按取得该金融资产时的公允价值作为初始确认金额，相关交易费用在发生时计入当期损益

34. 投资者投入的长期股权投资，如果合同或协议约定价值是公允的，应当按照（　　）作为初始投资成本。

A. 投资合同或协议约定的价值　　　　　B. 账面价值

C. 公允价值　　　　　　　　　　　　　D. 市场价值

35. 未发生减值的持有至到期投资如为分期付息、一次还本债券投资，应于资产负债表日按票面利率计算确定的应收未收利息，借记"应收利息"科目；按持有至到期投资期初摊余成本和实际利率计算确定的利息收入，贷记"投资收益"科目；按其差额，借记或贷记"（　　）"科目。

A. 持有至到期投资——利息调整　　　　B. 持有至到期投资——成本

C. 持有至到期投资——应计利息　　　　D. 持有至到期投资——债券溢折价

36. 企业购入的股票，实际支付的价款中包含的已宣告而尚未领取的现金股利，应计入（　　）。

A. 投资成本　　　B. 当期损益　　　　C. 应收项目　　　D. 股票溢价

37. 采用权益法核算时，因被投资企业除净利润（或净亏损）以外所引起的所有者权益的增加，投资企业应按持股比例计算应享有的份额，增加长期股权投资的账面价值，同时应增加（　　）。

A. 实收资本　　　B. 负债　　　　　　C. 投资收益　　　D. 资本公积

38. 持有交易性金融资产期间被投资单位宣告发放现金股利或在资产负债表日按债券票面利率计算利息时，借记"应收股利"或"应收利息"科目，贷记"（　　）"科目。

A. 交易性金融资产　　　　　　　　　　B. 投资收益

C. 公允价值变动损益　　　　　　　　　D. 短期投资

二、多项选择题

1. 按照投资的性质分类，投资可以分为（　　）。

A. 权益性投资　　　B. 债权性投资　　　　C. 单独性投资　　　D. 混合性投资

2. 下列项目，在采用权益法核算的情况下，需要调整"长期股权投资"科目的有（　　）。

A. 被投资企业实现盈利或发生亏损

B. 被投资企业增资扩股而增加的资本溢价

C. 被投资企业外币资本折算所引起的所有者权益的变动

D. 被投资企业接受捐赠资产

3. 下列各项中，应确认投资收益的事项有（　　）。

A. 交易性金融资产在持有期间获得现金股利

B. 交易性金融资产在资产负债表日的公允价值大于账面价值的差额

C. 持有至到期投资在持有期间按摊余成本和实际利率计算确认的利息收入

D. 可供出售债券在持有期间按摊余成本和实际利率计算确认的利息收入

4. 下列各项中，不应计入交易性金融资产取得成本的是（　　）。

A. 支付的交易费用

B. 购入股票时支付的已宣告发放但尚未领取的现金股利

C. 支付的不含应收股利的购买价款

D. 支付的已到付息期但尚未领取的利息

5. 关于持有至到期投资，下列说法中正确的有（　　）。

A. 相关交易费用应当计入初始确认金额

B. 应当按照公允价值进行初始计量，相关交易费用应当直接计入当期损益

C. 应当采用实际利率法，按摊余成本进行后续计量

D. 在终止确认、发生减值或摊销时产生的利得或损失，应当计入当期损益

6. 企业持有至到期投资的特点包括（　　）。

A. 有能力持有至到期

B. 到期日固定、回收金额固定或可确定

C. 有明确意图持有至到期

D. 发生市场利率变化、流动性需要变化时，将出售该金融资产

7. 下列情况中，长期股权投资应当采用成本法核算的有（　　）。

A. 持股比例为 25%，并有重大影响

B. 持股比例为 75%，能够控制

C. 持股比例为 50%，并有共同控制

D. 持股比例为 5%，且无重大影响

8. 长期股权投资采用权益法核算的，应当设置的明细科目有（　　）。

A. 成本　　　　　B. 股权投资差额　　　　C. 损益调整　　　　D. 其他权益变动

9. 下列各项中，投资方不应确认投资收益的事项有（　　）。

A. 采用权益法核算长期股权投资，被投资方实现的净利润

B. 采用权益法核算长期股权投资，被投资方因发生资本溢价而增加的资本公积

C. 采用权益法核算长期股权投资，被投资方宣告分派现金股利

D. 采用成本法核算长期股权投资，被投资方宣告分派的属于投资后实现的现金股利

10. 企业按成本法核算时，下列事项中不会引起长期股权投资账面价值变动的有（ ）。

A. 被投资单位以资本公积转增资本

B. 被投资单位当年发生严重亏损

C. 被投资单位宣告分派的属于投资前实现的现金股利

D. 被投资单位接受资产捐赠

11. 企业购入债券作为长期投资时，可能借记的账户有（ ）。

A. 持有至到期投资　　　　　　B. 应收利息

C. 应收账款　　　　　　　　　D. 应收票据

12. 企业处置长期股权投资时，正确的处理方法有（ ）。

A. 处置长期股权投资，其账面价值与实际取得价款的差额，应当记入投资收益

B. 处置长期股权投资，其账面价值与实际取得价款的差额，应当记入营业外收入

C. 采用权益法核算的长期股权投资，因被投资单位除净损益以外所有者权益的其他变动而计入所有者权益的，处置该项投资时应将原计入所有者权益的部分按相应比例转入投资收益

D. 采用权益法核算的长期股权投资，因被投资单位除净损益以外所有者权益的其他变动而计入所有者权益的，处置该项投资时应将原计入所有者权益的部分全部转入营业外收入

13. 下列情形中，根据企业会计准则规定，甲公司应对持有的乙公司长期股权投资采用成本法核算的有（ ）。

A. 甲公司能够任免乙公司董事会的多数成员

B. 甲公司能够决定乙公司的财务和经营政策

C. 甲公司在乙公司董事会中拥有55%的表决权

D. 甲公司与丙公司共同决定乙公司的财务和经营政策

14. 在金融资产的计量中，下列表述正确的有（ ）。

A. 交易性金融资产按照公允价值计量，发生的相关交易费用直接计入当期损益

B. 可供出售金融资产初始计量时按照公允价值和发生的相关交易费用确认初始入账金额

C. 持有至到期投资初始计量时按照公允价值计量，发生的相关交易费用计入投资收益

D. 交易性金融资产和可供出售金融资产按照公允价值进行后续计量

15. 根据现行企业会计准则规定，采用成本法核算以下正确的处理方法有（ ）。

A. 长期股权投资应当按照初始投资成本计价

B. 追加或收回投资应当调整长期股权投资的成本

C. 被投资单位宣告分派现金股利或利润，确认为当期投资收益

D. 根据被投资单位实现的净利润计算应享有的份额，调整长期股权投资账面价值

16. 下列可供出售金融资产的表述中，正确的有 （   ）。

A. 可供出售的金融资产发生的减值损失应计入当期损益

B. 可供出售金融资产的公允价值变动应计入当期损益

C. 取得可供出售金融资产发生的交易费用应直接计入资本公积

D. 处置可供出售金融资产时，以前期间因公允价值变动计入资本公积的金额应转入当期损益

17. 根据企业会计准则规定，长期股权投资采用成本法核算时，下列各项可能会引起长期股权投资账面价值变动的有 （   ）。

A. 追加投资   B. 减少投资

C. 被投资单位实现净利润   D. 被投资单位宣告发放现金股利

18. 下列支出项目中，不应计入长期股权投资的初始成本的有 （   ）。

A. 支付的买价   B. 支付的有关税金、手续费

C. 为取得投资发生的评估、审计费   D. 为取得投资发生的咨询费

19. 下列项目中，投资企业不应确认投资收益的有 （   ）。

A. 取得交易性金融资产持有期间获得的现金股利

B. 成本法下分得的属于投资前被投资单位累积盈余分派的现金股利

C. 权益法下收到的被投资单位分派的现金股利

D. 被投资单位宣告发放股票股利

20. 采用权益法核算长期股权投资，下列事项中应确认投资损益的事项有 （   ）。

A. 被投资企业实现净利润   B. 被投资企业发生外币折算差额

C. 被投资企业宣告发放现金股利   D. 被投资企业发生亏损

21. 下列项目中应计入持有至到期投资初始成本的有 （   ）。

A. 债券面值

B. 债券溢价或折价

C. 买价中包含的已到付息期但尚未领取的债券利息

D. 支付的价款中包含的未到付息期的应计债券利息

22. 采用权益法核算长期股权投资，下列事项中需要调整"长期股权投资"账面价值的事项有 （   ）。

A. 被投资企业实现净利润   B. 被投资企业发生外币折算差额

C. 被投资企业宣告发放现金股利   D. 被投资企业提取盈余公积

23. 根据企业会计准则的规定，下列提法中不正确的有 （   ）。

A. 长期债权投资应按初始投资成本入账

B. 长期债权投资可以采用权益法核算

C. 长期债权投资溢价不能采用实际利率法摊销

D. 长期债券投资处置时可以不结转相关的减值准备

24. 下列情况中，股份有限公司的长期股权投资应中止采用权益法，改按成本法核算的有 （   ）。

A. 被投资企业依法律程序进行清理整顿

B. 被投资企业已宣告破产

C. 被投资企业向投资企业转移资金的能力受到限制

D. 被投资企业的经营方针发生重大变动

E. 被投资企业发生严重亏损

25. 企业采用权益法核算时，应计入"投资收益"科目的是（　　）。

A. 受资企业宣告分派现金股利　　　　　B. 处置长期股权投资的损益

C. 受资企业发生亏损　　　　　　　　　D. 受资企业实现净利润

26. 下面说法正确的是（　　）。

A. 当债券的票面利率高于市场利率时，发行单位会折价发行债券

B. 当债券的票面利率高于市场利率时，发行单位会溢价发行债券

C. 当债券的票面利率低于市场利率时，发行单位会折价发行债券

D. 当债券的票面利率低于市场利率时，发行单位会溢价发行债券

三、判断题

1. 企业在初始确认时将某项金融资产划分为以公允价值计量且其变动计入当期损益的金融资产后，视情况变化可以将其重分类为其他类金融资产。（　　）

2. 企业为取得持有至到期投资发生的交易费用应计入当期损益，不应计入其初始确认金额。（　　）

3. 收到购买交易性金融资产时支付的价款中包含的已到付息期尚未领取的利息，应计入当期损益。（　　）

4. 在权益法下，被投资单位宣告发放股票股利时，投资企业应按享有的金额调整长期股权投资的账面价值，并确认投资收益。（　　）

5. 金融资产在初始确认时分为交易性金融资产、持有至到期投资、贷款和应收款项及可供出售金融资产。上述分类一经确定，不得变更。（　　）

6. 持有时间是否准备超过一年，是划分短期投资和长期投资的一般标准，而不是绝对标准。（　　）

7. 企业持有交易性金融资产期间取得的债券利息或现金股利应当冲减该金融资产的账面价值。（　　）

8. 企业购买债券进行长期投资时所发生的溢价或折价应在债券的发行日至到期日之间予以摊销。（　　）

9. 按照现行会计准则，企业对持有至到期投资初始确认金额与到期日金额之间的差额既可以采用实际利率法进行摊销，也可采用直线法进行摊销。（　　）

10. 处置持有至到期投资时，应将实际收到的金额与其账面价值的差额计入资本公积。（　　）

11. 购入的股权投资因其没有固定的到期日，不符合持有至到期投资的条件，不能

划分为持有至到期投资。 （　　）

12. 采用权益法核算时，当被投资企业发生盈亏、接受捐赠以及发生资本汇率折算差额，投资企业应于会计期末按投资比例相应调整长期股权投资的账面价值，同时借记或贷记"投资收益"科目。 （　　）

13. 采用权益法对长期股权投资进行核算时，被投资单位提取法定盈余公积时，投资企业也应做相应的会计处理。 （　　）

14. 长期股权投资取得时的成本是指取得长期股权投资时支付的全部价款，包括所发生的评估、审计、咨询等费用。 （　　）

15. 采用成本法核算长期股权投资时，收到的利润或现金股利均直接计入当期损益。 （　　）

16. 初始或追加长期股权投资时，不论采用成本法还是权益法均应按照初始或追加投资时的投资成本增加长期股权投资的账面价值。 （　　）

17. 作为长期投资的债券投资，其折价或溢价在债券到期前分期计入投资收益，分摊折价减少投资收益，分摊溢价增加投资收益。 （　　）

18. 无论是长期股权投资核算的成本法，还是权益法，均应在实际收到利润时确认投资收益。 （　　）

19. 按照企业会计准则规定，无论是短期债券投资，还是长期债券投资，其入账价值均相同。 （　　）

20. 现金股利和股票股利都是被投资企业给投资企业的报酬，因此，投资企业均应确认收益。 （　　）

21. 企业购入作为交易性金融资产的股票，实际支付的价款中包含的已宣告但尚未领取的现金股利应计入交易性金融资产，待实际收到时冲减交易性金融资产。 （　　）

22. 成本法下，在被投资单位发生盈亏时，投资企业并不做账务处理；但被投资单位宣告分配现金股利时，投资方应将分得的现金股利确认为投资收益。 （　　）

23. 短期股权投资和长期股权投资的核算方法应当相同。 （　　）

24. 企业购买股票所发生的相关税金、手续费，不论是短期投资还是长期投资均应计入投资成本。 （　　）

25. 按照现行企业会计准则规定，企业取得交易性金融资产持有期间的现金股利或利息均应确认为当期的投资收益。 （　　）

26. 企业处置交易性金融资产时，应同时结转已计提的跌价准备。 （　　）

27. 持有至到期投资应按期计提利息，各期所计提的利息也就是各期应确认的投资收益。 （　　）

28. 现行会计制度规定，长期股权投资的减值准备应按个别投资项目计算确定。 （　　）

29. 企业处置已计提减值准备的长期股权投资，应同时结转已计提的减值准备。 （　　）

30. 企业取得的长期或短期投资，均应当按照实际支付的价款确认为初始投资成本。

（　）

31. 资产负债表日，对于持有至到期投资为分期付息、一次还本债券投资的，应按票面利率计算确定的应收未收利息，借记"持有至到期投资——应计利息"科目。

（　）

32. 长期股票投资的入账价值与短期股票投资的入账价值基本相同，但是，长期股票投资成本中包括已宣布发放但尚未支付的现金股利。　　　　　　（　）

33. 企业购入债券进行短期投资，若所支付的价款中包括应计利息，其应计利息均应从投资成本中扣除，作为应收利息处理。　　　　　　　　　　（　）

34. 长期股权投资应于实际收到现金股利或利息时，冲减投资成本。　（　）

35. 采用权益法核算的长期股权投资的初始投资成本大于投资时应享有被投资单位可辨认净资产公允价值份额的，其差额计入长期股权投资。　　　　（　）

四、账务处理题

（一）交易性金融资产

1. 20×9 年 3 月 1 日，甲公司购入乙公司股票，市场价值 1500 万元，甲公司将其划分为交易性金融资产，支付价款 1550 万元。其中，包含乙公司已宣告但尚未发放的现金股利 50 万元，另支付交易费用 10 万元。20×9 年 3 月 15 日，甲公司收到该现金股利 50 万元；20×9 年 6 月 30 日，该股票的市价为 1520 万元；20×9 年 9 月 10 日，甲公司出售了所持有的乙公司的股票，售价为 1600 万元。

要求：做出甲公司的账务处理。

2. 20×8 年 1 月 10 日，甲公司购入丙公司发行的公司债券，该笔债券于 20×7 年 7 月 1 日发行，面值 2500 万元，票面利率为 4%，债券利息按年支付。甲公司将其划分为交易性金融资产，支付价款 2600 万元（其中包含已宣告发放的债券利息 50 万元），另支付交易费用 30 万元。20×8 年 2 月 6 日，甲公司收到该笔债券利息 50 万元。20×9 年 2 月 10 日，甲公司收到债券利息 100 万元。

要求：做出甲公司的账务处理。

3. 资料承 2，假定 20×8 年 6 月 30 日，甲公司购买的该笔债券的市价为 2580 万元；20×8 年 12 月 31 日，甲公司购买的该笔债券市价为 2560 万元。

要求：做出甲公司的账务处理。

4. 某企业 20×4 年发生有关短期投资的业务如下：

（1）1 月 1 日，购入能上市交易的股票 1000 股，每股面值 100 元，购入价格每股 105 元，其中包括已宣告而尚未支取的现金股利 5 元。另支付手续费等相关费用 500 元。3 月 1 日，收到未支取的股利 5000 元。8 月 3 日，该企业将其中的 500 股出售，售价为每股 110 元。

（2）1 月 1 日，以银行存款 7000 元购入 A 公司上一年度 5 月 1 日发行的债券 65 张，每张面值为 100 元，并准备随时变现。

（3）3月1日，购入B公司发行的股票10000股，每股买价3元，另支付手续费等相关费用800元。

（4）9月5日，收到B公司分派的现金股利2000元。

（5）9月15日，以8000元的价款出售A公司的全部债券（参见第（2）小题）。

（6）10月8日，出售B公司发行的股票5000股，每股售价4元。

要求：根据以上资料，编制会计分录。

（二）可供出售金融资产

甲公司于20×8年7月13日从二级市场购入股票1000000股，每股市价15元，手续费30000元；初始确认时，该股票划分为可供出售金融资产。甲公司至20×8年12月31日仍持有该股票。该股票当时的市价为16元。20×9年2月1日，甲公司将该股票售出，售价为每股13元，另支付交易费用13000元。

要求：假定不考虑其他因素，做出甲公司的账务处理。

（三）持有至到期投资

1. 2009年1月1日，甲公司从活跃市场购买了一项乙公司5年期债券，划分为持有至到期投资。债券本金1100万元，公允价值961万元（含交易费用10万元），到期还本、分期付息，每年1月5日按照票面利率3%支付利息。假定实际利率为6%。

要求：做出甲公司的相关账务处理。

2. 企业按面值购入成林公司当日发行的债券120000元、3年期、年利率12%，到期一次还本付息。根据管理层计划，该债券准备持有至到期。

要求：编制相关会计分录。

3. 华丰公司20×9年1月1日购入江山公司当日发行的面值为80000元的债券，购入债券的价格为83000元、3年期、票面利率为12%，该债券每年付息一次，最后一年归还本金并付最后一年利息。假设华丰公司按年计算利息。

要求：编制相关会计分录（溢价摊销采用直线法）。

（四）长期股权投资的成本法

1. 甲企业20×9年4月2日购入A公司股份50000股，每股价格6元，另支付相关税费5000元。甲企业占A公司有表决权资本的3%，并准备长期持有。A公司于20×9年5月2日宣告分派20×8年度的现金股利，每股0.1元。

要求：做出甲企业的账务处理。

2. 甲公司2009年1月1日，以银行存款购入乙公司15%的股份，并准备长期持有。初始投资成本120000元，采用成本法核算。乙公司于20×9年5月2日宣告分派2008年度的现金股利40000元。假设乙公司2009年实现净利润50000元；2010年5月1日乙公司宣告分派现金股利30000元，当年乙公司实现净利润20000元；2011年5月1日乙公司宣告分派现金股利35000元，当年乙公司实现净利润6000元。

要求：做出甲公司的账务处理。

3. C公司于20×7年初购入D公司发行的普通股股票共计10000股，每股面值100元，并支付经纪人手续费3000元。D公司共发行25000股普通股票。20×7年D公司实现净利润 500000 元，当年按每股面值的 5% 发放现金股利，C 公司收到现金股利 50000 元。20×8 年 D 公司发生亏损 50000 元。假设 C 公司对 D 公司能够实施控制。

要求：做出 C 公司的账务处理。

（五）长期股权投资的权益法

A 公司 20×7 年 5 月 1 日，以 700 万元投资于 B 公司，占 B 公司所有者权益的 30%。取得投资时 B 公司可辨认净资产的公允价值为 2800 万元。A 公司对 B 公司实施共同控制。

要求：做出 A 公司的账务处理。

第二部分 习题参考答案

一、单项选择题

1. A	2. D	3. A	4. A	5. C	6. B	7. A	8. B	9. A
10. D	11. B	12. B	13. B	14. B	15. C	16. D	17. D	18. D
19. D	20. D	21. D	22. C	23. D	24. C	25. D	26. C	27. A
28. A	29. C	30. C	31. A	32. B	33. D	34. A	35. A	36. C
37. D	38. B							

二、多项选择题

1. ABD	2. ABCD	3. ACD	4. ABD	5. ACD	6. ABC
7. BD	8. ACD	9. BC	10. ABD	11. AB	12. AC
13. ABC	14. ABD	15. AB	16. AD	17. ABD	18. CD
19. BCD	20. AD	21. ABD	22. ABC	23. BCD	24.ABC
25. BCD	26. BC				

三、判断题

1. ×	2. ×	3. ×	4. ×	5. ×	6. √	7. ×	8. ×	9. ×
10. ×	11. √	12. ×	13. ×	14. ×	15. ×	16. √	17. ×	18. ×
19. ×	20. ×	21. ×	22. ×	23. ×	24. ×	25. √	26. ×	27. ×
28. √	29. √	30. ×	31. ×	32. ×	33. ×	34. ×	35. ×	

四、账务处理题

（一）交易性金融资产

1.（1）20×9年3月1日，购入时：

借：交易性金融资产——成本 15000000
　　应收股利 500000
　　投资收益 100000
　　贷：银行存款 15600000

（2）20×9年3月15日，收到现金股利：

借：银行存款 500000
　　贷：应收股利 500000

（3）20×9年6月30日，确认该股票的公允价值变动损益：

借：交易性金融资产——公允价值变动 200000
　　贷：公允价值变动损益 200000

（4）20×9年9月10日，出售该股票时：

借：银行存款 16000000
　　贷：交易性金融资产——成本 15000000
　　　　　　　　　　　　——公允价值变动 200000
　　　　投资收益 800000

同时，

借：公允价值变动损益 200000
　　贷：投资收益 200000

2.（1）20×8年1月10日，购入丙公司的公司债券时：

借：交易性金融资产——成本 25500000
　　应收利息 500000
　　投资收益 300000
　　贷：银行存款 26300000

（2）20×8年2月6日，收到购买价款中包含的已宣告发放的债券利息时：

借：银行存款 500000
　　贷：应收利息 500000

（3）20×8年12月31日，确认丙公司的公司债券利息时：

借：应收利息 1000000
　　贷：投资收益 1000000

（4）20×9年2月10日，收到持有丙公司的公司债券利息时：

借：银行存款 1000000
　　贷：应收利息 1000000

3.（1）20×8 年 6 月 30 日，确认该笔债券的公允价值变动损益时：

借：交易性金融资产——公允价值变动　　　300000

　　贷：公允价值变动损益　　　　　　　　　　　　300000

（2）20×8 年 12 月 31 日，确认该笔债券的公允价值变动损益时：

借：公允价值变动损益　　　　　　　　　　200000

　　贷：交易性金融资产——公允价值变动　　　　　200000

4.（1）1 月 1 日：

借：交易性金融资产　　　　　　　　　　100000

　　应收股利　　　　　　　　　　　　　　5000

　　投资收益　　　　　　　　　　　　　　500

　　贷：银行存款　　　　　　　　　　　　　　105500

3 月 1 日：

借：银行存款　　　　　　　　　　　　　5000

　　贷：应收股利　　　　　　　　　　　　　　5000

8 月 3 日：

借：银行存款　　　　　　　　　　　　　55000

　　贷：交易性金融资产　　　　　　　　　　　50000

　　　　投资收益　　　　　　　　　　　　　5000

（2）借：交易性金融资产　　　　　　　　　7000

　　　　贷：银行存款　　　　　　　　　　　　　7000

（3）借：交易性金融资产　　　　　　　　　30000

　　　　投资收益　　　　　　　　　　　　800

　　　　贷：银行存款　　　　　　　　　　　　　30800

（4）借：银行存款　　　　　　　　　　　　2000

　　　　贷：投资收益　　　　　　　　　　　　　2000

（5）借：银行存款　　　　　　　　　　　　8000

　　　　贷：交易性金融资产　　　　　　　　　　7000

　　　　　　投资收益　　　　　　　　　　　1000

（6）借：银行存款　　　　　　　　　　　　20000

　　　　贷：交易性金融资产　　　　　　　　　　15000

　　　　　　投资收益　　　　　　　　　　　5000

（二）可供出售金融资产

（1）20×8 年 7 月 13 日，购入股票：

借：可供出售金融资产——成本　　　　15030000

　　贷：银行存款　　　　　　　　　　　　　15030000

（2）20×8 年 12 月 31 日，确认股票价格变动：

借：可供出售金融资产——公允价值变动　　970000

　　　　贷：资本公积——其他资本公积　　　　　　　970000

（3）20×9年2月1日，出售股票：

　　借：银行存款　　　　　　　　　　　12987000

　　　　资本公积——其他资本公积　　　　970000

　　　　投资收益　　　　　　　　　　　　2043000

　　　　贷：可供出售金融资产——成本　　　　　15030000

　　　　　　　　　　　　——公允价值变动　　　　970000

（三）持有至到期投资

1.（1）2009年1月1日购买债券时：

　　借：持有至到期投资——成本　　　　　　1100

　　　　贷：银行存款　　　　　　　　　　　　　961

　　　　　　持有至到期投资——利息调整　　　　139

2009年12月31日确认投资收益：

　　借：应收利息　　　　　　　　　　　　33

　　　　持有至到期投资——利息调整　　24.66

　　　　贷：投资收益　　　　　　　　　　　57.66

（2）2010年收到利息和确认投资收益：

　　借：银行存款　　　　　　　　　　　　33

　　　　贷：应收利息　　　　　　　　　　　　33

　　借：应收利息　　　　　　　　　　　　33

　　　　持有至到期投资——利息调整　　26.14

　　　　贷：投资收益　　　　　　　　　　　59.14

（3）2011年收到利息和确认投资收益：

　　借：银行存款　　　　　　　　　　　　33

　　　　贷：应收利息　　　　　　　　　　　　33

　　借：应收利息　　　　　　　　　　　　33

　　　　持有至到期投资——利息调整　　27.71

　　　　贷：投资收益　　　　　　　　　　　60.71

（4）2012年收到利息和确认投资收益：

　　借：银行存款　　　　　　　　　　　　33

　　　　贷：应收利息　　　　　　　　　　　　33

　　借：应收利息　　　　　　　　　　　　33

　　　　持有至到期投资——利息调整　　29.37

　　　　贷：投资收益　　　　　　　　　　　62.37

（5）2013年收到本金、最后一期利息和确认投资收益：

　　借：应收利息　　　　　　　　　　　　33

　　　　持有至到期投资——利息调整　　31.12

贷：投资收益	64.12
借：银行存款	33
贷：应收利息	33
借：银行存款	1100
贷：持有至到期投资——成本	1100

2. 购入时：

借：持有至到期投资——成本　　　　120000
　　贷：银行存款　　　　　　　　　　　　　120000

每年计提利息，分录为：

借：持有至到期投资——应计利息　　14400（120000×1×12%）
　　贷：投资收益　　　　　　　　　　　　　14400

到期收回本息时：

借：银行存款　　　　　　　　　　　163200
　　贷：持有至到期投资——成本　　　　　　120000
　　　　持有至到期投资——应计利息　　　　43200

3. 购入债券时的会计分录：

借：持有至到期投资——成本　　　　80000
　　　　　　　　　——利息调整　　3000
　　贷：银行存款　　　　　　　　　　　　　83000

每年计算利息，摊销债券溢价，确认投资收益：

借：应收利息　　　　　　　　　　　9600
　　贷：投资收益　　　　　　　　　　　　　8600
　　　　持有至到期投资——利息调整　　　　1000

各年收到债券利息（除最后一次付息外）：

借：银行存款　　　　　　　　　　　9600
　　贷：应收利息　　　　　　　　　　　　　9600

到期还本并收到最后一次利息：

借：银行存款　　　　　　　　　　　89600
　　贷：持有至到期投资——成本　　　　　　80000
　　　　应收利息　　　　　　　　　　　　　9600

（四）长期股权投资的成本法

1.（1）甲企业购入 A 公司股票时：
　　借：长期股权投资——A 公司　　　305000
　　　　贷：银行存款　　　　　　　　　　　305000

（2）A 公司宣告发放现金股利时：
　　借：应收股利　　　　　　　　　5000
　　　　贷：长期股权投资　　　　　　　　　5000

2.（1）甲公司初始投资时：

　　借：长期股权投资——乙公司 120000

　　　　贷：银行存款 120000

（2）2009 年乙公司宣告分派现金股利时：

　　借：应收股利 6000

　　　　贷：长期股权投资 6000

（3）2010 年乙公司宣告分派现金股利时：

　　借：应收股利 4500

　　　　长期股权投资 3000

　　　　贷：投资收益 7500

（4）2011 年乙公司宣告分派现金股利时：

　　借：应收股利 5250

　　　　贷：投资收益 3000

　　　　　　长期股权投资 2250

3. C 公司采用成本法核算。

（1）借：长期股权投资——成本 1003000

　　　　贷：银行存款 1003000

（2）20×7 年年末：

　　借：应收股利 50000

　　　　贷：投资收益 50000

　　借：银行存款 50000

　　　　贷：应收股利 50000

（五）长期股权投资的权益法

A 公司采用权益法核算。

借：长期股权投资——成本 7000000

　　贷：银行存款 7000000

借：长期股权投资——成本 1400000

　　贷：营业外收入 1400000

第六章　固定资产

第一部分　习　题

一、单项选择题

1. 企业以人民币借款购建固定资产，发生的借款利息应（　　）。

A. 全部计入发生当期的财务费用

B. 全部计入固定资产的购建成本

C. 符合资本化条件的计入固定资产的购建成本，否则计入当期费用

D. 在固定资产交付以前计入固定资产购建成本，以后计入财务费用

2. 下列固定资产中，应计提折旧的是（　　）。

A. 季节性停用的设备　　　　　　　B. 当月交付使用的设备

C. 未提足折旧前报废的设备　　　　D. 已提足折旧继续使用的设备

3. 企业采用出包方式购建固定资产，按合同规定预付的工程款，应通过"（　　）"科目核算。

A. 预付账款　　B. 应付账款　　　C. 其他应付款　　D. 在建工程

4. 在理论上，计算固定资产折旧的过程中先不考虑其净残值的折旧方法是（　　）。

A. 平均年限法　　B. 工作量法　　　C. 年数总和法　　D. 双倍余额递减法

5. 某工业企业对生产车间现有的某设备进行改建，该设备账面原价 250000 元，累计折旧 70000。在改建过程中发生的各项支出共 50000 元，拆除部分零件的变价收入为 10000 元。该设备改建后的原价为（　　）元。

A. 220000　　　B. 290000　　　　C. 310000　　　D. 240000

6. 企业自营建造固定资产工程完工后，剩余的工程用料转作存货（增值税在抵扣期内），应编制如下会计分录（　　）。

A. 借：生产成本（红字）

　　　贷：原材料（红字）

B. 借：原材料
　　　应交税费——应交增值税（进项税额）
　　　　贷：工程物资

C. 借：在建工程——工程物资
　　　　贷：在建工程——自营工程

D. 借：原材料
　　　　贷：其他业务收入

7. 设备的安装费应列为（　　）。

A. 开办费用　　　B. 设备成本　　　　　C. 管理费用　　　D. 制造费用

8. 某企业 20×8 年 1 月购进全新设备一台，增值税普通发票上注明买价 480000 元。发生运杂费 40000 元，该设备预计使用年限 10 年，预计净残值 12000 元。企业按双倍余额递减法计提折旧。两年后，企业将该台设备以 400000 元的价格出售。出售该台设备给企业增加的当期利润总额为（　　）元。

A. 88000　　　　B. 67200　　　　　C. 554880　　　　D. 594880

9. 以一个逐期递减的基数乘以一个固定的折旧率计算各期固定资产应提折旧额的方法是（　　）。

A. 平均年限法　　B. 工作量法　　　　C. 年数总和法　　D. 双倍余额递减法

10. 非正常报废的固定资产应（　　）。

A. 通过"待处理财产损溢"科目核算　　B. 通过"固定资产清理"科目核算

C. 通过"在建工程"科目核算　　　　　D. 通过"管理费用"科目核算

11. 固定资产改良过程中发生的变价净收入，除应借记"银行存款"等科目以外，应贷记"（　　）"科目。

A. 其他业务收入　　　　　　　　　　B. 在建工程

C. 营业外收入　　　　　　　　　　　D. 固定资产清理

12. 下列哪种计算固定资产折旧方法的年折旧率是不一致且递减的（　　）。

A. 平均年限法　　　　　　　　　　　B. 工作量法

C. 年数总和法　　　　　　　　　　　D. 双倍余额递减法

13. 某项固定资产的原值为 120000 元，预计使用年限为 5 年，预计净残值为 12000 元，则按年数总和法计算的第 4 年的折旧额为（　　）元。

A. 28800　　　　B. 21600　　　　　C. 14400　　　　D. 15600

14. 某企业出售一建筑物，账面原价 2100000 元，已使用两年，已提折旧 210000 元，出售时发生清理费用 21000 元，出售价格 2058000 元。销售不动产的营业税税率为 5%，该企业出售此建筑物发生的净损益为（　　）元。

A. 45150　　　　B. 44100　　　　　C. 147000　　　　D. 168000

15. 下列不应计入固定资产价值的项目是（　　）。

A. 购置固定资产发生的运杂费

B. 购置固定资产发生的包装费

C. 购置固定资产发生的应负担的借款利息

D. 购置固定资产发生的出差人员的差旅费

16. 在下列固定资产中，属于不计提折旧的固定资产是（　　）。

A. 暂停使用的房屋　　　　　　　　B. 以经营租赁方式租入的固定资产

C. 大修理停用的设备　　　　　　　D. 以经营租赁方式租出的设备

17. 当期发生的下列事项中，影响当期损益的有（　　）。

A. 在建工程试运营过程中所取得的收入

B. 工程项目达到预定可使用状态后全部报废所发生的损失

C. 在建工程领用本企业生产的商品应交的增值税

D. 购买固定资产所支付的耕地占用税

18. 企业融资租入的固定资产在交付使用时，应（　　）。

A. 进行备查登记　　　　　　　　　B. 计入固定资产

C. 计入其他长期资产　　　　　　　D. 计入融资租赁资产

19. 企业自营建造固定资产工程尚未完工时，盘盈的工程用料，应作如下会计分录（　　）。

A. 借：生产成本（红字）

　　　贷：原材料（红字）

B. 借：原材料

　　　贷：在建工程——自营工程

C. 借：工程物资

　　　贷：在建工程——自营工程

D. 借：原材料

　　　贷：其他业务收入

20. 固定资产原值为100000元，预计残值为5000元，预计使用年限为5年，则双倍余额递减法开始使用后的第5年末固定资产账面净值为（　　）元。

A. 0　　　　　　B. 5000　　　　　　C. 10000　　　　　　D. 8000

21. 某企业对账面原价为100万元，累计折旧为60万元的某一固定资产进行清理。清理时发生清理费用5万元，清理收入80万元（按5%的营业税率缴纳营业税，其他税费略）。该固定资产清理净收入为（　　）万元。

A. 80　　　　　　B. 75　　　　　　C. 35　　　　　　D. 31

22. 某企业对生产线进行扩建。该生产线原值1000万元，已提折旧300万元。扩建生产线时发生支出800万元，同时在扩建时处理废料发生变价收入50万元。扩建完成后该生产线的入账原值应为（　　）万元。

A. 1750　　　　　　B. 1800　　　　　　C. 1500　　　　　　D. 1450

23. 某项固定资产的原值为160000元，预计使用年限为5年，预计净残值为16000元，则按年数总和法计算的第4年的折旧额为（　　）元。

A. 19200　　　　　　B. 20800　　　　　　C. 28800　　　　　　D. 38400

24. 某工业企业采用经营租赁方式租出设备一台，该设备计提的折旧费应计入（   ）。

    A. 生产成本   B. 制造费用   C. 管理费用   D. 其他业务成本

25. 下列选项中，应包括在资产负债表中"固定资产"科目内的是（   ）。

    A. 经营租赁租入的固定资产   B. 经营租赁租出的固定资产

    C. 尚未清理完毕的固定资产   D. 待安装固定资产

26. 某公司接受其他单位投入的房屋一处，投出单位的账面价值 90 万元，已提折旧 20 万元。经双方议定的价值为 80 万元。接受投资公司的会计分录为（   ）。

    A. 借：固定资产   90

         贷：累计折旧   10

              实收资本   80

    B. 借：固定资产   80

         贷：实收资本   80

    C. 借：固定资产   80

         贷：累计折旧   20

              实收资本   60

    D. 借：固定资产   100

         贷：累计折旧   20

              实收资本   80

27. 下列各项支出中，不应作为资本性支出的是（   ）。

    A. 购入固定资产的运杂费   B. 租入固定资产的改良支出

    C. 固定资产日常修理费   D. 固定资产交付使用前的利息支出

28. 和平均年限法相比，采用年数总和法对固定资产计提折旧将使（   ）。

    A. 计提折旧的初期，企业利润减少，固定资产净值减少

    B. 计提折旧的初期，企业利润减少，固定资产原值减少

    C. 计提折旧的后期，企业利润减少，固定资产净值减少

    D. 计提折旧的后期，企业利润减少，固定资产原值减少

29. 固定资产报废清理后发生的净损失，应计入（   ）。

    A. 投资损失   B. 管理费用   C. 营业外支出   D. 其他业务成本

30. 盘盈的固定资产，在报经批准后，应计入（   ）。

    A. 其他业务收入   B. 管理费用   C. 营业外收入   D. 以前年度损益调整

31. 下列项目中应计入固定资产成本的有（   ）。

    A. 达到预定可使用状态后发生的专门借款利息

    B. 达到预定可使用状态前由于自然灾害造成的工程毁损净损失

    C. 进行日常修理发生的人工费用

    D. 安装过程中领用的原材料

32. 下列固定资产中，当月应计提折旧的是（   ）。

A. 当月经营租入的固定资产　　　B. 已提足折旧继续使用的设备

C. 当月以融资租赁方式租入设备　　D. 大修理停用的设备

33. 甲公司对某生产设备进行改良，该设备原价为 500 万元，已提折旧 200 万元，改良中发生各项支出共计 50 万元。改良时被替换部分的账面价值为 20 万元。则该项固定资产改良后的入账价值为（　　）万元。

A. 350　　　　B. 370　　　　C. 530　　　　D. 550

34. 下列各项，不应通过"固定资产清理"科目核算的有（　　）。

A. 出售的固定资产　　　　　　B. 盘亏的固定资产

C. 报废的固定资产　　　　　　D. 毁损的固定资产

二、多项选择题

1. 有关固定资产业务中所发生的下列费用中，不属于资本性支出的有（　　）。

A. 固定资产改良工程支出　　　B. 固定资产经常修理所发生的费用

C. 固定资产清理费用　　　　　D. 经营性租入固定资产所支付的租金

E. 融资租入的固定资产所支付的租赁费

2. 双倍余额递减法和年数总和法这两种计算固定资产累计折旧的方法的共同点有（　　）。

A. 属于加速折旧法　　　　　　B. 每期折旧率固定

C. 前期折旧高，后期折旧低　　D. 不考虑净残值

E. 不考虑预计使用年限

3. 下列固定资产中应计提折旧的有（　　）。

A. 房屋及建筑物　　　　　　　B. 专用机器设备

C. 未提足折旧提前报废的固定资产　　D. 以经营方式租入的固定资产

4. 下列哪些是我国规定的固定资产的折旧方法并且年折旧率是固定的（　　）。

A. 平均年限法　　　　　　　　B. 年数总和法

C. 双倍余额递减法　　　　　　D. 工作量法

5. 下列哪些为固定资产发生的支出应确认为固定资产改良支出（　　）。

A. 使固定资产的生产能力提高

B. 能使产品质量提高或使生产成本降低

C. 使固定资产的使用年限延长

D. 使产品品种、性能、规格等发生良好的变化

6. 下列各项构成一般纳税企业固定资产价值的有（　　）。

A. 支付的关税　　　　　　　　B. 建造期间发生的借款利息

C. 支付的耕地占用税　　　　　D. 生产产品领用原材料

7. 下列项目中按规定允许对已入账的固定资产原始价值进行调整的有（　　）。

A. 将固定资产的一部分拆除　　B. 盘盈的固定资产

C. 根据实际价值调整原来的暂估价值　　D. 发现原记固定资产价值有错误

8. 影响固定资产折旧的主要因素有（　　）。

A. 固定资产的预计使用年限　　　　　　B. 固定资产的原价

C. 固定资产的预计净残值　　　　　　　D. 固定资产的使用部门

E. 领导人的决策

9. 下列支出中，应计入"固定资产清理"科目借方的有（　　）。

A. 因出售闲置厂房应缴纳的营业税

B. 因改建车间用房而支付的拆除费用

C. 因出售设备而代买方单位垫付的运杂费

D. 支付清理固定资产人员的工资

E. 因自然灾害遭受毁损的固定资产账面净值

10. 采用自营方式建造固定资产的情况下，下列项目中应计入固定资产取得成本的有（　　）。

A. 工程项目领用工程物资

B. 工程人员工资

C. 工程领用本企业的库存原材料的实际成本

D. 生产车间为工程提供的水、电等费用

11. 各年提取固定资产折旧时，均需要考虑固定资产净残值的折旧方法是（　　）。

A. 直线法　　　　B. 双倍余额递减法　　　C. 工作量法　　　D. 年数总和法

12. 下列项目中，构成固定资产清理净损益的是（　　）。

A. 盘亏固定资产的原值与累计折旧的差额

B. 报废固定资产发生的清理费用

C. 毁损固定资产的变价收入

D. 自然灾害造成的固定资产损失的保险赔偿款

13. 企业的下列固定资产中，应计提折旧的是（　　）。

A. 经营租入的设备　　　　　　　　　　B. 融资租入的设备

C. 闲置的房屋　　　　　　　　　　　　D. 大修理停用的设备

14. 下列固定资产中，不需要计提折旧的是（　　）。

A. 季节性停用的机器设备　　　　　　　B. 已提足折旧继续使用的固定资产

C. 以经营租赁方式租出的设备　　　　　D. 以经营租赁方式租入的设备

15. 购入的固定资产，其入账价值包括（　　）。

A. 买价　　　　　　　　　　　　　　　B. 运杂费

C. 运输途中保险费　　　　　　　　　　D. 安装成本

E. 交付使用后借款利息

16. 下列事项中，不能对固定资产账面价值进行调整的有（　　）。

A. 企业对经营租入固定资产改良

B. 国有企业改组为股份制企业对固定资产评估增值

C. 对固定资产进行大修理

D. 确定原暂估入账固定资产的实际成本

E. 固定资产改扩建

17. 固定资产报废会计处理中，最终的损益应作为（　　）处理。

A. 其他业务成本　　　　　　　　B. 营业外收入

C. 其他业务收入　　　　　　　　D. 营业外支出

E. 管理费用

18. 下列哪些固定资产在购建时需计入"在建工程"科目（　　）。

A. 不需安装的固定资产　　　　　B. 固定资产的改扩建

C. 需安装的固定资产　　　　　　D. 固定资产的日常修理

19. 下列项目中影响折旧因素的有（　　）。

A. 固定资产的使用寿命　　　　　B. 固定资产的减值准备

C. 固定资产的净残值　　　　　　D. 固定资产的原价

20. 下列固定资产不应计提折旧的有（　　）。

A. 经营租入的固定资产　　　　　B. 已提足折旧继续使用的固定资产

C. 未提足折旧提前报废的固定资产　　D. 当月增加的固定资产

三、判断题

1. 加速折旧法是指采用一定的数学方法以缩短固定资产的折旧年限，从而达到加速折旧的目的。（　　）

2. 在原有固定资产基础上进行改建、扩建的，应将改建、扩建过程中发生的各项支出计入改建、扩建后的固定资产原价，对于改建、扩建过程中所取得的变价收入，应作为固定资产清理净收益转入营业外收入。（　　）

3. 历史成本之所以成为固定资产的基本计价标准，是因为它具有客观性和可验证性的特点，同时它也是计提固定资产折旧的依据。（　　）

4. 固定资产计提折旧时，当月增加的固定资产，当月不提折旧，从下月起计提折旧；当月减少的固定资产，当月照提折旧，从下月起停止计提折旧。（　　）

5. 企业在采用平均年限法计提固定资产折旧时，是按照月初在用固定资产的账面原值乘以确定的月折旧率计算的。（　　）

6. 就固定资产的整个使用过程看，加速折旧法与其他折旧方法相比，并没有增加折旧总额，也没有缩短折旧年限，对利润总额也没有影响。（　　）

7. 年折旧额相等的固定资产折旧计算方法是直线法，年折旧额不相等的固定资产折旧计算方法是加速折旧法。（　　）

8. 双倍余额递减法在计算固定资产折旧（前期）过程中是不考虑净残值的。它根据每期期初固定资产账面余额和双倍的直线法折旧率计算固定资产折旧，在折旧年限到期以前两年内，将固定资产净值平均摊销。（　　）

9. 企业租入的固定资产，不管租赁期限长短，其发生的租赁费用，均应通过长期待摊费用，分期计入损益。　　　　　　　　　　　　　　　　　　　　　（　　）

10. 企业出租的固定资产由于是其他单位在用，因此企业不应计提折旧，而应由使用单位计提折旧。　　　　　　　　　　　　　　　　　　　　　　　　　　（　　）

11. 采用个别折旧率计提折旧时，某项固定资产无论采用哪种折旧方法计提折旧，其累计提取的折旧额不应超过该项固定资产应计提的折旧总额。　　　　　　（　　）

12. 固定资产正常报废与非正常报废的会计处理基本相同。　　　　　　　（　　）

13. 企业自行建造的固定资产，如尚未办理竣工决算等移交手续即投入了使用，可先按估计价值记账，待确定实际价值后，再进行调整。　　　　　　　　　　（　　）

14. 工作量法计提折旧的特点是每年提取的折旧额相等。　　　　　　　　（　　）

15. 企业的在建工程凡发生建造中断，中断期间发生的工程借款利息应一律计入当期损益。　　　　　　　　　　　　　　　　　　　　　　　　　　　　　　（　　）

16. 按照现行会计制度的规定，企业已提足折旧的固定资产，即使仍然使用也不再提取折旧；未提足折旧提前报废的固定资产，必须补提折旧，直至提足折旧为止。
　　　　　　　　　　　　　　　　　　　　　　　　　　　　　　　　　（　　）

17. 按现行会计制度规定，企业出包工程的预付工程价款，在"预付账款"科目核算。　　　　　　　　　　　　　　　　　　　　　　　　　　　　　　　（　　）

18. 企业租入的固定资产都应计提折旧，租出的固定资产都不应计提折旧。（　　）

19. 固定资产改良支出属于收益性支出，不增加固定资产的价值，而计入期间费用。
　　　　　　　　　　　　　　　　　　　　　　　　　　　　　　　　　（　　）

20. 向其他单位投资转出的固定资产仍可为企业创造投资收益，故仍应计提折旧。
　　　　　　　　　　　　　　　　　　　　　　　　　　　　　　　　　（　　）

21. 只要使用年限超过一年的劳动资料都可作为固定资产。　　　　　　　（　　）

22. 固定资产出售、报废、毁损以及盘亏，均应通过"固定资产清理"科目，计算出处置固定资产的净损益后，转入本年利润。　　　　　　　　　　　　　　（　　）

23. 对于购建固定资产发生的利息支出，在竣工决算前发生的，应予资本化，将其计入固定资产的购建成本；在竣工决算后发生的，则应作为当期费用处理。（　　）

24. 固定资产存在弃置义务的，应在取得固定资产时，按预计弃置费用的现值，借记"固定资产"科目，贷记"应付账款"科目。　　　　　　　　　　　　　（　　）

四、账务处理题

（一）外购等增加的固定资产

M公司发生下列业务：

（1）20×9年5月购入无须安装仪器一台，增值税专用发票上注明买价50000元，增值税额8500元。运杂费600元，签发转账支票支付货款、运费、包装费。

（2）购入机器一台，签发转账支票，支付货款及运费330000元，由供货单位包安装，设备安装完毕投入使用。

（3）购入机器一台，以银行汇票支付货款及运费 460000 元，出包安装工程合同规定，全部安装价款 40000 元，出包时以转账支票预付 20000 元，月底机器安装完工，验收后投入使用，以转账支票支付其余部分安装费。

（4）外单位以旧设备投资，对方账面原价为 500000 元，已提折旧 80000 元，双方协议作价 400000 元。

（5）从甲企业购入旧卡车一辆，其账面原价为 45000 元，已提折旧 10000 元，双方协商价为 30000 元。货款以转账支票支付。

（6）以融资租赁方式租入设备一台，最低租赁付款额为 239000 元，租赁资产总额小于企业资产总额的 30%，租赁公司安装调试完毕并交付使用。

（7）购入设备一台，价款 300000 元，包装及运杂费 10000 元，设备运到交付安装，开出转账支票，支付设备价款、包装及运杂费。

（8）上述设备安装耗用原材料 3000 元，应计安装人员劳务费 5000 元。

（9）上述设备安装完毕，交付使用。

（10）购入汽车一辆，企业以 23000 元支付货款，200 元支付运杂费。变卖单位原价为 34000 元，已使用 6 年，月分类折旧率 1%。

要求：编制 M 公司的会计分录。

（二）自行建造的固定资产

某企业 20×9 年某月发生如下在建工程业务：

（1）自建一个新车间，以银行存款 5800000 元购入建筑及设备，当即交付工程使用。

（2）上述工程安装领用本企业商品产品成本为 300000 元，对外售价为 500000 元，适用的增值税税率为 17%。

（3）分配给在建工程应负担职工薪酬 800000 元。

（4）工程安装发生水电费用和其他零星开支共计 130000 元，全部以银行存款付清。

（5）至工程完工交付使用前为止，新车间工程的贷款利息共计 280000 元。

（6）新车间竣工，经验收合格并交付使用，结转新车间基建工程成本。

（7）企业将铸造车间扩建任务出包给甲承包公司，按规定向甲承包公司预付工程价款为 800000 元。

（8）通过银行补付铸造车间扩建工程价款 1200000 元。

（9）将一幢新建厂房的工程出包给 N 企业承建，按规定先向承包单位预付工程价款 300000 元，工程完工后，收到承包单位的有关工程结算单据，补付工程款 129000 元，工程完工经验收后交付使用。

要求：根据上述资料，编制会计分录。

（三）固定资产的盘点

（1）盘盈机器一台，类似资产市价为 130000 元，估计五成新，月底经批准转销盘盈。

（2）盘亏仪器一台，账面原价 7200 元，已提折旧 3200 元，月底经批准转销盘亏。

（3）在财产清查中发现没有入账的设备一台，其市价为 20000 元，估计折旧额为

6000元，已报批转销。

（4）盘盈设备两台，其重置价值300000元，估计已提折旧250000元；盘亏设备一台，原价130000元，已提折旧30000元，列账待查。

（5）上述盘盈、盘亏设备均已申报审批。

要求：根据上述资料，编制会计分录。

（四）固定资产的清理

（1）丙企业因发生水灾而毁损仓库一座，该仓库原值400000元，已提折旧100000元（未提减值准备）。其残料估计价值5000元，残料已入库。发生的清理费用2000元，以现金支付。经保险公司核定应赔偿损失150000元，赔款尚未收到。该仓库已清理完毕。

（2）将一台不需要的机器出售，作价5000元，收到款项存入银行，设备账面原价10000元，已提折旧3000元，拆卸中耗用人工费200元，用现金付讫。

（3）一台设备到期正常报废，原价40000元，已提折旧39000元，清理过程中以银行存款支付清理费540元，取得变价收入370元已存入银行。

（4）一辆汽车提前报废，原值200000元，月折旧率0.8%，预计使用10年，实际使用8年零10个月（不含报废月份），清理过程中用库存现金支付清理费150元，残料作价270元入库。

（5）变卖钻床一台，原价13000元，已提折旧额7800元，实收价款5500元。

（6）报废五台设备，其原价850000元，已提折旧730000元，残值变卖收入23000元，已收存银行，发生清理费用10000元，以现金支付。

（7）铸造车间发生火灾烧毁固定资产380000元，已提折旧150000元，灾后回收残料价值37000元，保险公司赔款180000元，用银行存款支付清理费用1000元，已清理完毕。

要求：根据上述资料，做出相应的会计处理。

（五）固定资产的综合处理

1. 某企业购买设备一台，增值税普通发票上注明价款为500000元，支付运杂费6400元，均以银行存款支付。该设备直接交付安装，安装时领用生产用材料20000元，用现金支票支付安装人员劳务费5000元。安装工程完工，交付使用。该设备预计使用10年，净残值率为5%，企业采用直线法计提折旧。该设备于交付使用后第六年年初出售，售价300000元，支付清理费2000元，均以银行存款收支，已清理完毕。

2. 本月基本生产车间固定资产日常维护修理领用备品、备件10000元。

3. 某车间固定资产的经常修理费用如下：耗用原材料500元，应计提修理人员劳务费100元，以现金支付修理零星开支800元。

要求：

（1）根据资料1编制有关固定资产购入、计提折旧和变卖的会计分录。

（2）根据资料2、3编制固定资产修理的会计分录。

五、计算题

某企业 20×9 年 7 月发生如下有关固定资产折旧和修理的业务：

（1）固定资产的月分类折旧率为：运输设备 1%、机器设备 0.5%、厂房 0.3%。

（2）6 月份厂部购入汽车一辆，原价为 30000 元，基本生产车间售出钻床一台，原值 12000 元。

（3）7 月份基本生产车间变卖磨床一台，原值 9000 元。

（4）6 月份应计提折旧的固定资产总值为 1247 万元。其中：基本生产车间的机器设备为 20 万元，基本生产车间的厂房原价为 1000 万元；辅助生产车间的运输设备为 10 万元，机器设备 10 万元，辅助生产车间的厂房原价 100 万元；企业管理部门的运输设备为 7 万元，厂房为 100 万元。

（5）基本生产车间某项固定资产原值 640000 元，预计净残值 40000 元，预计其工作总时数为 1000000 小时，本月工作 500 小时。

（6）基本生产车间某项固定资产原值 500000 元，预计净残值 20000 元，预计使用期限为 5 年。

（7）基本生产车间某项机器，原值 15000 元，预计净残值 500 元，估计使用 5 年。

（8）基本生产车间某项设备的原值为 80000 元，预计净残值收入为 2000 元，预计使用年限为 5 年。

（9）某企业进口一条生产线，安装完毕后，固定资产原值为 400000 元，预计使用年限 5 年，预计净残值 16400 元。

要求：

（1）根据资料（1）~（4）计算 7 月份应提折旧额，编制 7 月份有关提取折旧的会计分录。

（2）根据资料（5），用工作量法计算该项固定资产本月折旧额。

（3）根据资料（6）~（8），分别用年数总和法、平均年限法和双倍余额递减法，计算该项固定资产的各年折旧额。

（4）根据资料（9），按照双倍余额递减法，计算该项固定资产每年的折旧额。

第二部分　习题参考答案

一、单项选择题

1. C　　2. A　　3. D　　4. D　　5. B　　6. B　　7. B　　8. B　　9. D

10. B	11. B	12. C	13. C	14. B	15. D	16. B	17. B	18. B
19. C	20. B	21. D	22. A	23. A	24. D	25. B	26. B	27. C
28. A	29. C	30. D	31. D	32. D	33. C	34. B		

二、多项选择题

1. BD	2. AC	3. AB	4. AD	5. ABCD	6. ABC
7. ACD	8. ABC	9. ADE	10. ABCD	11. ACD	12. BCD
13. BCD	14. BD	15. ABCD	16. AC	17. BD	18. BC
19. ABCD	20. ABCD				

三、判断题

1. ×	2. ×	3. √	4. √	5. ×	6. ×	7. ×	8. √	9. ×
10. ×	11. √	12. √	13. √	14. ×	15. ×	16. ×	17. ×	18. ×
19. ×	20. ×	21. ×	22. ×	23. ×	24. ×			

四、账务处理题

（一）外购等增加的固定资产

（1）借：固定资产　　　　　　　　　　　　　　　50600

　　　　应交税费——应交增值税（进项税额）　　8500

　　　　　贷：银行存款　　　　　　　　　　　　　　　　59100

（2）借：固定资产　　　　　　　　　　　　　　　330000

　　　　　贷：银行存款　　　　　　　　　　　　　　　　330000

（3）借：其他货币资金　　　　　　　　　　　　　460000

　　　　　贷：银行存款　　　　　　　　　　　　　　　　460000

　　　借：在建工程　　　　　　　　　　　　　　　460000

　　　　　贷：其他货币资金　　　　　　　　　　　　　　460000

　　　借：在建工程　　　　　　　　　　　　　　　20000

　　　　　贷：银行存款　　　　　　　　　　　　　　　　20000

　　　借：在建工程　　　　　　　　　　　　　　　20000

　　　　　贷：银行存款　　　　　　　　　　　　　　　　20000

　　　借：固定资产　　　　　　　　　　　　　　　500000

　　　　　贷：在建工程　　　　　　　　　　　　　　　　500000

（4）借：固定资产　　　　　　　　　　　　　　　400000

　　　　　贷：实收资本　　　　　　　　　　　　　　　　400000

（5）借：固定资产 30000
　　　贷：银行存款 30000
（6）借：固定资产——融资租入固定资产 239000
　　　贷：长期应付款——应付融资租赁费 239000
（7）借：在建工程 310000
　　　贷：银行存款 310000
（8）借：在建工程 8000
　　　贷：原材料 3000
　　　　　其他应付款 5000
（9）借：固定资产 318000
　　　贷：在建工程 318000
（10）借：固定资产 23200
　　　　贷：银行存款 23200

（二）自行建造的固定资产

（1）借：工程物资 5800000
　　　贷：银行存款 5800000
　　借：在建工程——新车间工程 5800000
　　　贷：工程物资 5800000
（2）借：在建工程——新车间工程 585000
　　　贷：主营业务收入 500000
　　　　　应交税费——应交增值税（销项税额） 85000
（3）借：在建工程——新车间工程 800000
　　　贷：应付职工薪酬 800000
（4）借：在建工程——新车间工程 130000
　　　贷：银行存款 130000
（5）借：在建工程——新车间工程 280000
　　　贷：应付利息 280000
（6）借：固定资产 7595000
　　　贷：在建工程——新车间工程 7595000
（7）借：在建工程——铸造车间扩建工程 800000
　　　贷：银行存款 800000
（8）借：在建工程——铸造车间扩建工程 1200000
　　　贷：银行存款 1200000
（9）借：在建工程 300000
　　　贷：银行存款 300000
　　借：在建工程 129000
　　　贷：银行存款 129000

```
            借：固定资产                          429000
               贷：在建工程                                    429000
```

（三）固定资产的盘点

```
（1）借：固定资产                          65000
        贷：待处理财产损溢——待处理固定资产损溢           65000
      借：待处理财产损溢——待处理固定资产损溢  65000
        贷：以前年度损益调整                            65000
（2）借：待处理财产损溢——待处理固定资产损溢   4000
      累计折旧                            3200
        贷：固定资产                                    7200
      借：营业外支出                       4000
        贷：待处理财产损溢——待处理固定资产损溢           4000
（3）借：固定资产                          14000
        贷：待处理财产损溢——待处理固定资产损溢          14000
      借：待处理财产损溢——待处理固定资产损溢  14000
        贷：以前年度损益调整                            14000
（4）盘盈：
      借：固定资产                         50000
        贷：待处理财产损溢——待处理固定资产损溢          50000
    盘亏：
      借：待处理财产损溢——待处理固定资产损溢  100000
      累计折旧                           30000
        贷：固定资产                                   130000
（5）盘盈：
      借：待处理财产损溢——待处理固定资产损溢  50000
        贷：以前年度损益调整                            50000
    盘亏：
      借：营业外支出                      100000
        贷：待处理财产损溢——待处理固定资产损溢         100000
```

（四）固定资产的清理

```
（1）借：固定资产清理                      300000
      累计折旧                         100000
        贷：固定资产                                  400000
      借：原材料                          5000
        贷：固定资产清理                                5000
      借：固定资产清理                     2000
        贷：库存现金                                    2000
```

　　　　贷：固定资产　　　　　　　　　　　　　　　　531400
　　借：银行存款　　　　　　　　　　300000
　　　　贷：固定资产清理　　　　　　　　　　　　　　300000
　　借：固定资产清理　　　　　　　　　2000
　　　　贷：银行存款　　　　　　　　　　　　　　　　　2000
　　借：固定资产清理　　　　　　　　　19015
　　　　贷：营业外收入　　　　　　　　　　　　　　　　19015
2. 借：制造费用　　　　　　　　　　　10000
　　　贷：原材料　　　　　　　　　　　　　　　　　　10000
3. 借：制造费用——修理费　　　　　　1400
　　　贷：原材料　　　　　　　　　　　　　　　　　　　500
　　　　　其他应付款　　　　　　　　　　　　　　　　　100
　　　　　库存现金　　　　　　　　　　　　　　　　　　800

五、计算题

1. 根据第（1）~（4）小题资料：
　　基本生产车间应提折旧 = $(200000 - 12000) \times 0.5\% + 10000000 \times 0.3\% = 30940$（元）
　　辅助生产车间应提折旧 = $100000 \times 1\% + 100000 \times 0.5\% + 1000000 \times 0.3\% = 4500$（元）
　　企管部门应提折旧 = $(70000 + 30000) \times 1\% + 1000000 \times 0.3\% = 4000$（元）
　　借：制造费用——折旧费（基本生产）　　30940
　　　　　　　　——折旧费（辅助生产）　　 4500
　　　　管理费用——折旧费　　　　　　　　 4000
　　　　贷：累计折旧　　　　　　　　　　　　　　　　39440
2. 根据第（5）小题资料：
　　单位小时折旧额 = $(640000 - 40000) \div 1000000 = 0.6$（元/小时）
　　本月应提折旧 = $500 \times 0.6 = 300$（元）
3. 第（6）小题用年数总和法计算每年的折旧额如下：
　　第一年折旧额 = $(500000 - 20000) \times 5/15 = 160000$（元）
　　第二年折旧额 = $(500000 - 20000) \times 4/15 = 128000$（元）
　　第三年折旧额 = $(500000 - 20000) \times 3/15 = 96000$（元）
　　第四年折旧额 = $(500000 - 20000) \times 2/15 = 64000$（元）
　　第五年折旧额 = $(500000 - 20000) \times 1/15 = 32000$（元）
　　第（7）小题用平均年限法计算如下：
　　各年折旧额 = $(15000 - 500) \div 5 = 2900$（元）
　　或
　　预计净残值率 = $(500 \div 15000) \times 100\% = 3.33\%$

年折旧率＝（1－3.33%）÷5×100%＝19.3334%

年折旧额＝固定资产原价×年折旧率＝15000×19.3334%＝2900（元）

第（8）小题用双倍余额递减法计算每年的折旧额如下：

年折旧率＝2÷5×100%＝40%

第一年折旧额＝80000×40%＝32000（元）

第二年折旧额＝48000×40%＝19200（元）

第三年折旧额＝28800×40%＝11520（元）

第四、第五年折旧额＝（17280－2000）÷2＝7640（元）

4. 第（9）小题用双倍余额递减法计算每年的折旧额如下：

年折旧率＝2÷5×100%＝40%

第一年折旧额＝400000×40%＝160000（元）

第二年折旧额＝240000×40%＝96000（元）

第三年折旧额＝144000×40%＝57600（元）

第四年折旧额＝（86400－16400）÷2＝35000（元）

第五年折旧额＝（86400－16400）÷2＝35000（元）

第七章 无形资产

第一部分 习 题

一、单项选择题

1. 下列关于无形资产特征的表述不正确的是 （ ）。
A. 无形资产不具有实物形态　　　　B. 无形资产不属于非货币性资产
C. 持有主要目的是为企业使用而非出售　D. 在创造经济利益方面具有较大不确定性

2. 企业在筹建期间发生的开办费，应于支出发生时先在长期待摊费用中进行归集，待企业开始生产经营起 （ ）。
A. 一次计入开始生产经营当期的损益
B. 按不超过 5 年的期限分期平均摊入各期损益
C. 按不超过 10 年的期限分期平均摊入各期损益
D. 按不短于 2 年的期限分期平均摊入各期损益

3. 下列各项中，不应列作长期待摊费用的是 （ ）。
A. 筹建期间发生的投资者的差旅费　　B. 筹建期间发生的员工培训费
C. 筹建期间发生的汇兑净损失　　　　D. 筹建期间的员工工资

4. 下列各项中，不能确认为无形资产的是 （ ）。
A. 通过购买方式取得的土地使用权
B. 通过无偿划拨方式取得的土地使用权
C. 通过吸收投资方式取得的土地使用权
D. 通过购买方式取得的专利技术

5. T 公司成立时接受 W 公司投资转入的商标权。T 公司合资期限为 20 年，国家《商标法》规定的有效年限为 10 年。T 公司摊销该商标权的期限不得超过 （ ）年。
A. 20　　　　　　B. 15　　　　　　C. 10　　　　　　D. 18

6. 转让无形资产所有权所得到的收益，在利润表中应列入"（ ）"科目。

A. 主营业务收入   B. 营业外收入

C. 其他业务收入   D. 投资收益

7. 甲公司 20×7 年 1 月 1 日购入一项专利权，实际支付买价及相关费用共计 48 万元。该专利权的摊销年限为 5 年。20×9 年 4 月 1 日，甲公司将该专利权的所有权转让，取得价款 20 万元。转让交易的营业税税率为 5%。假定不考虑无形资产的减值准备且不考虑其他附加税费。转让该专利权形成的净损失为（   ）万元。

A. 8.2   B. 7.4   C. 7.2   D. 6.4

8. 某企业试研究开发一项新专利，发生各种研究费用 100 万元，开发费用 50 万元（符合资本化条件）。开发成功后申请专利权时，发生律师费及注册费等 5 万元，另发生广告费 3 万元。该项专利权的入账价值为（   ）万元。

A. 55   B. 58   C. 155   D. 158

9. 甲公司 20×7 年年初开始进行新产品研究开发，20×7 年投入研究费用 300 万元，20×8 年投入开发费用 600 万元（假定均符合资本化条件），至 20×9 年年初获得成功，并向国家专利局提出专利权申请且获得专利权，实际发生包括注册登记费等 60 万元。该项专利权法律保护年限为 10 年，预计使用年限 12 年。则甲公司该项专利权 20×9 年应摊销的金额为（   ）万元。

A. 55   B. 66   C. 80   D. 96

10. 甲公司出售所拥有的无形资产一项，取得收入 300 万元，营业税税率 5%。该无形资产取得时实际成本为 400 万元，已摊销 120 万元，已计提减值准备 50 万元。甲公司出售该项无形资产应计入当期损益的金额为（   ）万元。

A. −100   B. −20   C. 300   D. 55

11. 下列有关无形资产会计处理的表述中，错误的是（   ）。

A. 无形资产后续支出应在发生时计入当期损益

B. 购入但尚未使用的无形资产的价值不应进行摊销

C. 不能为企业带来经济利益的无形资产的账面价值应全部转入当期损益

D. 只有很可能为企业带来经济利益且成本能够可靠计量的无形资产才能确认

12. 外购无形资产按取得时的（   ）入账。

A. 计划成本   B. 实际成本   C. 可变净现值   D. 重估价值

13. 转让无形资产的所有权和使用权，对其转让收入和成本结转的会计处理上应为（   ）。

A. 收入均作为其他业务收入，成本也均列为其他业务成本

B. 收入均作为营业外收入，但结转成本的方法不一样

C. 收入均作为其他业务收入，但成本结转的方法不一样

D. 收入的处理不一样，成本结转方法也不一样

14. 各种无形资产的摊销，一般应计入（   ）。

A. 制造费用   B. 财务费用   C. 销售费用   D. 管理费用

15. 无形资产是指企业拥有或者控制的没有实物形态的可辨认（   ）。

A. 货币性资产 B. 非货币性资产

C. 货币性流动资产 D. 货币性非流动资产

16. 以下不属于无形资产基本特征的是 （　　　）。

A. 无形资产没有实物形态

B. 无形资产属于非货币性长期资产

C. 无形资产在创造经济利益方面存在较大不确定性

D. 无形资产具有不可辨认性

17. 下列有关无形资产的会计处理，正确的是 （　　　）。

A. 将自创商誉确认为无形资产

B. 将转让使用权的无形资产的摊销价值计入营业外支出

C. 将转让所有权的无形资产的账面价值计入其他业务成本

D. 将预期不能为企业带来经济利益的无形资产的账面价值转销

18. 由投资者投资转入的无形资产，应按合同或协议约定的价值（假定该价值是公允的），借记"无形资产"科目；按其在注册资本中所占的份额，贷记"实收资本"科目；按其差额计入下列科目的是 （　　　）。

A. 资本公积——资本（或股本）溢价 B. 营业外收入

C. 资本公积——股权投资准备 D. 最低租赁付款额

19. 外购无形资产的成本不包括 （　　　）。

A. 买价

B. 相关税费

C. 达到预定可使用状态前发生的专业服务费用、测试费用

D. 广告费

20. 企业无形资产计量采用的方法主要是 （　　　）。

A. 历史成本法 B. 公允价值法

C. 重置成本法 D. 现值法

21. 关于无形资产的初始计量，下列说法不正确的是 （　　　）。

A. 外购的无形资产，其成本一般由购买价款、相关税费以及直接归属于该项资产达到预定用途所发生的其他支出

B. 自行开发的无形资产，其成本包括自满足无形资产确认条件后至达到预定用途前所发生的支出总额，但是对于以前期间已费用化的支出不再做调整

C. 购买无形资产的价款超过正常信用条件延期支付，实质上具有融资性质，应当以购买价款的现值为基础确定

D. 投资者投入的无形资产，其成本按投资合同或协议约定的价款确定

22. 下列各项中，说法正确的是 （　　　）。

A. 使用寿命有限的无形资产的残值，一定为零

B. 对于使用寿命不确定的无形资产，应在每个会计期末进行减值测试

C. 对于使用寿命不确定的无形资产，有证据表明其使用寿命有限时，要对以前没有

摊销的年限进行追溯调整

D. 使用寿命有限的无形资产和使用寿命不确定的无形资产，都应在每个会计期末进行减值测试

23. 企业让渡无形资产使用权形成的租金收入，计入（　　）。

A. 营业外收入

B. 其他业务收入

C. 冲减营业外支出

D. 主营业务收入

24. 企业在筹建期间发生的除应计入有关资产价值的各项开办费用，应先在以下科目中归集（　　）。

A. 长期待摊费用

B. 生产成本

C. 制造费用

D. 销售费用

25. 下列各项中，不会引起无形资产账面价值发生增减变动的是（　　）。

A. 对无形资产计提减值准备

B. 转让无形资产所有权

C. 摊销无形资产

D. 发生无形资产的后续支出

26. 下列各项费用或支出中，应当计入无形资产入账价值的是（　　）。

A. 通过分期付款方式（具有融资性质）购入无形资产而发生的融资费用

B. 商标注册后发生的广告费

C. 接受捐赠无形资产时支付的相关税费

D. 无形资产研究阶段发生的研发费用

27. 下列各项业务处理中，应计入其他业务收入的是（　　）。

A. 处置无形资产取得的利得

B. 处置长期股权投资产生的收益

C. 出租无形资产取得的收入

D. 以无形资产抵偿债务确认的利得

二、多项选择题

1. 对使用寿命有限的无形资产，下列说法中正确的有（　　）。

A. 其应摊销金额应当在使用寿命内系统合理摊销

B. 其摊销期限应当自无形资产可供使用时起至不再作为无形资产确认时止

C. 其摊销期限应当自无形资产可供使用的下个月起至不再作为无形资产确认时止

D. 无形资产的应摊销金额为其成本扣除预计残值后的金额。已计提减值准备的无形资产，还应扣除已计提的无形资产减值准备累计金额

2. 关于无形资产的后续计量，下列说法中不正确的是（　　）。

A. 使用寿命不确定的无形资产应当按系统合理的方法摊销

B. 使用寿命不确定的无形资产，其应摊销金额应按 10 年摊销

C. 企业无形资产摊销方法，应当反映与该项无形资产有关的经济利益的预期实现方式

D. 无形资产的摊销方法只有直线法

3. 下列有关无形资产会计处理的表述中，正确的有（　　）。

A. 自用的土地使用权应确认为无形资产

B. 使用寿命不确定的无形资产应每年进行减值测试

C. 无形资产均应确定预计使用年限并分期摊销

D. 内部研发项目研究阶段发生的支出不应确认为无形资产

4. 无形资产具有下列哪些特征 （   ）。

A. 没有实物形态   B. 属于非货币性资产

C. 不具有可辨认性   D. 可以给企业带来超额的经济利益

E. 给企业提供未来经济利益具有较大的不确定性

5. 下列各项中，企业可以确认无形资产的有 （   ）。

A. 吸收投资取得的土地使用权   B. 企业自创的品牌

C. 企业自行开发研制的专利权   D. 接受捐赠取得的专有技术

6. 下列关于无形资产研发支出的说法，正确的有 （   ）。

A. 企业内部研究开发项目研究阶段的支出，应当计入管理费用

B. 企业内部研究开发项目研究阶段的支出，应当计入无形资产的成本

C. 企业内部研究开发项目开发阶段的支出，符合资本化条件时可以资本化

D. 符合资本化条件但尚未完成的开发费用，期末应保留在"研发支出"科目中

7. 下列关于无形资产摊销的说法中，正确的有 （   ）。

A. 无形资产应当自达到预定用途的当月开始摊销

B. 无形资产应当自达到预定用途的次月开始摊销

C. 企业出租无形资产的摊销金额一般应计入管理费用

D. 企业专门用于生产产品的无形资产的摊销金额应计入制造费用

8. 下列关于无形资产的说法中，正确的有 （   ）。

A. 研究过程中发生的费用应在发生时直接计入当期损益

B. 开发过程中发生的费用应计入无形资产价值

C. 若预计某项无形资产已经不能给企业带来未来经济利益，应将该项无形资产的账面价值全部转入当期损益

D. 广告费作为无形资产的后续支出，虽然能提高商标的价值，但一般不计入商标权的成本

9. 根据企业会计准则的规定，下列不正确的说法有 （   ）。

A. 使用寿命有限的无形资产应当摊销，使用寿命不确定的无形资产不予摊销

B. 无形资产摊销金额应全部计入管理费用，同时冲减无形资产的账面余额，报废时无残值

C. 商誉是企业合并成本大于合并取得被购买方各项可辨认资产、负债公允价值份额的差额，核算时应通过"无形资产"科目核算

D. 土地使用权用于自行开发建造厂房等地上建筑物时，相关的土地使用权不应当计入所建造的厂房建筑物成本，土地使用权与地上建筑物分别进行摊销或提取折旧

10. 企业内部研究开发项目开发阶段的支出，同时满足下列 （   ）条件的，才能

确认为无形资产。

A. 具有完成该无形资产并使用或出售的意图

B. 完成该无形资产以使其能够使用或出售在技术上具有可行性

C. 有足够的技术、财务资源和其他资源支持，以完成该无形资产的开发，并有能力使用或出售该无形资产

D. 无形资产产生经济利益的方式，包括能够证明运用该无形资产生产的产品存在市场或无形资产自身存在市场，无形资产将在内部使用的，应当证明其有用性

11. 下列关于无形资产研发支出的说法，正确的有（　　）。

A. 研究阶段的支出应于发生时计入"研发支出"科目，期末再将"研发支出"科目归集的费用化支出金额转入"管理费用"科目

B. 企业内部研究开发项目研究阶段的支出，应该计入无形资产的成本

C. 企业内部研究开发项目开发阶段的支出，符合资本化条件时可以资本化

D. 内部产生的品牌、客户名单和实质上类似项目的支出应确认为无形资产

12. 下列事项中，可能影响当期利润表中营业利润的有（　　）。

A. 计提无形资产减值准备

B. 出租无形资产取得的租金收入

C. 新技术项目研究过程中发生的人工费用

D. 摊销无形资产

13. 企业确定无形资产的使用寿命通常应当考虑的因素有（　　）。

A. 以该资产生产的产品（或服务）的市场需求情况

B. 技术、工艺等方面的现阶段情况及对未来发展趋势的估计

C. 该资产通常的产品寿命周期、可获得的类似资产使用寿命的信息

D. 现在或潜在的竞争者预期采取的行动

14. 下列有关无形资产的摊销方法表述中，正确的有（　　）。

A. 使用寿命有限的无形资产，应将其应摊销金额在使用寿命内采用系统合理的方法进行摊销

B. 无法预见无形资产为企业带来经济利益期限的，应当视为使用寿命不确定的无形资产，按照不超过 10 年的期限进行摊销

C. 企业摊销无形资产，应当自无形资产可供使用时起，至终止确认时止

D. 企业选择的无形资产摊销方法，应当反映与该项无形资产有关的经济利益的预期实现方式。无法可靠确定预期实现方式的，应当采用直线法摊销

15. 下列有关无形资产会计处理的表述中，正确的有（　　）。

A. 无形资产后续支出应当在发生时计入当期损益

B. 无法区分研究阶段和开发阶段的支出，应当将其所发生的研发支出全部计入当期管理费用

C. 使用寿命有限的无形资产应当在取得当月起开始摊销

D. 处置无形资产所发生的支出应当计入其他业务成本

16. 下列条件符合无形资产可辨认性标准的是（　　）。

A. 能够从企业中分离出来

B. 能够单独或者与相关合同、资产或负债一起，用于出售、转移、授予许可、租赁或交换

C. 源自合同性权利或其他法定权利

D. 这些合同性权利等必须可以从企业或其他权利和义务中转移或者分离

17. 无形资产主要包括（　　）。

A. 专利权和商标权　　　　　　　　B. 非专利技术

C. 商誉　　　　　　　　　　　　　D. 土地使用权

18. 无形资产的确认标准包括（　　）。

A. 符合无形资产的定义　　　　　　B. 产生的经济利益很可能流入企业

C. 成本能够可靠地计量　　　　　　D. 必须是企业当期产生的

19. 下列有关无形资产会计处理的表述中，正确的是（　　）。

A. 无形资产应当按照成本进行初始计量

B. 使用寿命不确定的无形资产应在每期末进行摊销

C. 商誉属于无形资产的核算范围

D. 转让无形资产所有权的净收益应当计入营业外收入

20. 下列说法中，符合现行会计准则的有（　　）。

A. 按照谨慎性要求，研究开发支出应在发生时直接计入当期损益

B. 出租的无形资产，其摊销费用应计入管理费用

C. 若预计某项无形资产已经不能给企业带来未来经济利益，应当将该项无形资产的账面价值予以转销，其账面价值转做当期损益

D. 如果无法可靠确定无形资产的相关经济利益的预期实现方式，该无形资产应当采用直线法摊销

三、判断题

1. 企业对于无法合理确定使用寿命的无形资产，应将其成本在不超过 10 年的期限内摊销。　　　　　　　　　　　　　　　　　　　　　　　　　　　（　　）

2. 对自行开发并按法律程序申请取得的无形资产，按在研究与开发过程中发生的材料费用、直接参与开发人员的工资及福利费、开发过程中发生的租金和借款费用，以及注册费、聘请律师费等费用作为无形资产的实际成本。　　　　　　　　　（　　）

3. 无形资产均应进行摊销，且摊销时，应当冲减无形资产的成本。　　（　　）

4. 无形资产是指企业拥有或者控制的没有实物形态的非货币性资产，包括可辨认非货币性资产和不可辨认非货币性资产两个部分。　　　　　　　　　　　（　　）

5. 企业内部研发活动可以划分成研究阶段和开发阶段，并对开发阶段的符合相关条件的支出准予资本化。　　　　　　　　　　　　　　　　　　　　　　（　　）

6. 企业取得的土地使用权通常应确认为无形资产，但改变土地使用权的用途、用于出租或资产增值目的时，应将其转为投资性房地产。　　　　　　　（　　）

7. 无形资产的后续支出，应增加无形资产价值。　　　　　　　　　　（　　）

8. 商誉和非专利技术一样属于企业无形资产范畴。　　　　　　　　　（　　）

9. 企业应根据所属行业的不同，对无形资产选择不同的摊销方法。　　（　　）

10. 已计入各期损益的研究与开发费用，在相关技术依法申请取得专利权时，应予以转回并计入专利权的入账价值。　　　　　　　　　　　　　　　（　　）

11. 购买无形资产的价款超过正常信用条件延期支付，实质上具有融资性质的，无形资产的成本以购买价款的现值为基础确定。　　　　　　　　　　　　（　　）

12. 无形资产在确认后发生的支出，金额较大的应增加无形资产的价值，金额较小的可确认为发生当期的费用。　　　　　　　　　　　　　　　　　　（　　）

13. 虽然商誉能在较长的时间内使企业获得经济利益，但企业自创的商誉在会计上不进行确认。　　　　　　　　　　　　　　　　　　　　　　　　　（　　）

14. 法律上没有规定有效期的无形资产，企业可以根据具体情况确定摊销期限而不受限制。　　　　　　　　　　　　　　　　　　　　　　　　　　　（　　）

15. 企业出租的无形资产，应当按照有关收入确认原则确认所取得的租金收入，同时，确认出租无形资产的相关费用，并结转无形资产的账面价值。　　　　（　　）

四、账务处理题

（一）无形资产增加、减少及摊销

1. 20×9 年 1 月 1 日，甲公司从外单位购得一项非专利技术，支付价款 5000 万元，款项已支付，估计该项非专利技术的使用寿命为 10 年，该项非专利技术用于产品生产；同时，购入一项商标权，支付价款 3000 万元，款项已支付，估计该商标权的使用寿命为 15 年。假定这两项无形资产的净残值均为零，并按直线法摊销。

2. 购买一项专利权，共支付价款 160000 元，法定有效期为 10 年，企业估计其经济年限为 8 年。

3. 购入一项商标权，支付价款 180000 元，法定有效年限为 6 年。

4. 企业接受 A 企业商标权投资，该商标权的公允价值为 500000 元，双方协议价为 500000 元，法定有效期为 10 年。

要求：

（1）根据 1，做出甲公司的账务处理。

（2）根据 2~4 编制有关无形资产增加、减少及摊销会计分录（假定无形资产按年摊销，不考虑转让时所发生的相关税费）。

（二）无形资产的转让及期末计价

1. 甲公司将其一项专利权转让给乙公司，该专利权的成本为 800000 元，已摊销 250000 元，应交税费 27500 元，实际取得的转让价款为 500000 元，款项已存入银行。

要求：做出甲公司的账务处理。

2. 甲股份有限公司 20×1~20×8 年无形资产业务有关的资料如下：

（1）20×1 年 12 月 1 日，以银行存款 300 万元购入一项无形资产（不考虑相关税费）。该无形资产的预计使用年限为 10 年。

（2）20×8 年 4 月 1 日，将该无形资产对外出售，取得价款 130 万元并收存银行，营业税税率为 5%，按营业税的 7% 计算应交的城市维护建设税，按营业税的 3% 计算应交的教育费附加（其他相关税费不考虑）。

要求：

（1）编制购入该无形资产的会计分录。

（2）计算 20×6 年 12 月 31 日该无形资产的账面价值。

（3）计算 20×8 年 3 月 31 日该无形资产的账面余额。

（4）计算该无形资产出售形成的净损益。

（5）编制该无形资产出售的会计分录。

3. 20×9 年 1 月 1 日，A 企业将一项专利技术出租给 B 企业使用，该专利技术的账面余额为 500 万元，摊销期限为 10 年，出租合同规定，承租方每销售一件用该专利生产的产品，必须付给出租方 10 元专利技术使用费。假定承租方当年销售该产品 10 万件，应交的营业税为 5 万元，其他税费不考虑。

要求：做出甲公司的账务处理。

（三）无形资产的研发及期末计价

1. 甲公司从 20×8 年 3 月 1 日开始自行研究开发一项新产品专利技术，在研究开发过程中发生材料费 3000 万元、人员工资 500 万元，以及用银行存款支付的其他费用 200 万元，总计 3700 万元。其中，符合资本化条件的支出为 3000 万元，20×8 年 12 月 31 日，该专利技术已经获得成功并达到预定用途。假定形成无形资产的专利技术采用直线法按 10 年摊销。

要求：做出甲公司的账务处理（以万元为单位）。

2. 甲股份公司有关无形资产的业务如下：

（1）甲公司 20×6 年年初开始自行研究开发一项新产品专利技术，在研究开发过程中发生材料费 300 万元、人员工资 100 万元，以及其他费用 50 万元，共计 450 万元，其中，符合资本化条件的支出为 300 万元；20×7 年 1 月专利技术获得成功，达到预定用途。

对于该项专利权，相关法律规定其有效年限为 10 年，甲公司估计该专利权的预计使用年限为 12 年，并采用直线法摊销该项无形资产。

（2）20×8 年 12 月 31 日，由于市场发生不利变化，致使该专利权发生减值，甲公司预计其可收回的金额为 160 万元。

（3）20×9 年 4 月 20 日，甲公司出售该专利权，收到价款 120 万元，已存入银行。营业税税率为 5%，按营业税的 7% 计算应交的城市维护建设税，按营业税的 3% 计算应交的教育费附加（其他相关税费不考虑）。

要求：

（1）编制甲股份公司 20×6 年有关研究开发专利权会计分录。

（2）编制甲公司 20×7 年摊销无形资产的会计分录（假定按年摊销）。

（3）编制甲公司 20×8 年计提减值准备的会计分录。

（4）编制甲公司 20×9 年与该专利权相关的会计分录。

（四）无形资产的报废

20×9 年 12 月 31 日，甲公司某项专利的账面余额为 6000000 元。该专利权的摊销期限为 10 年，采用直线法进行摊销，已摊销 5 年。该专利权的残值为零，已累计计提减值准备 1600000 元。假定以该专利权生产的产品已没有市场，预期不能再为企业带来经济利益。假定不考虑其他相关因素。

要求：做出甲公司的账务处理。

第二部分　习题参考答案

一、单项选择题

1. B	2. A	3. A	4. B	5. C	6. B	7. B	8. A	9. B
10. D	11. B	12. B	13. D	14. D	15. B	16. D	17. D	18. A
19. D	20. A	21. D	22. B	23. B	24. A	25. D	26. C	27. C

二、多项选择题

1. ABD	2. ABD	3. ABD	4. ABDE	5. ACD	6. ACD
7. AD	8. ACD	9. BC	10. ABCD	11. AC	12. ABCD
13. ABCD	14. ACD	15. ABC	16. ABC	17. ABD	18. ABC
19. AD	20. CD				

三、判断题

1. ×	2. ×	3. ×	4. ×	5. √	6. √	7. ×	8. ×	9. ×
10. ×	11. √	12. ×	13. √	14. ×	15. ×			

四、账务处理题

（一）无形资产增加、减少及摊销

1.（1）取得无形资产时：

借：无形资产——非专利技术　　　　　50000000

　　　　　　——商标权　　　　　　　30000000

　　贷：银行存款　　　　　　　　　　　　　　80000000

（2）按年摊销时：

借：制造费用——非专利技术　　　　　5000000

　　管理费用——商标权　　　　　　　2000000

　　贷：累计摊销　　　　　　　　　　　　　　7000000

2.（1）取得无形资产时：

借：无形资产——专利权　　　　　　　160000

　　贷：银行存款　　　　　　　　　　　　　　160000

（2）按年摊销时：

借：管理费用——无形资产摊销　　　　20000

　　贷：累计摊销　　　　　　　　　　　　　　20000

3.（1）取得无形资产时：

借：无形资产——商标权　　　　　　　180000

　　贷：银行存款　　　　　　　　　　　　　　180000

（2）按年摊销时：

借：管理费用——无形资产摊销　　　　30000

　　贷：累计摊销　　　　　　　　　　　　　　30000

4.（1）取得无形资产时：

借：无形资产——商标权　　　　　　　500000

　　贷：实收资本　　　　　　　　　　　　　　500000

（2）按年摊销时：

借：管理费用——无形资产摊销　　　　50000

　　贷：累计摊销　　　　　　　　　　　　　　50000

（二）无形资产的转让及期末计价

1.借：银行存款　　　　　　　　　　　　500000

　　累计摊销　　　　　　　　　　　　250000

　　营业外支出——非流动资产处置损失　77500

　　贷：无形资产——专利权　　　　　　　　　800000

　　　　应交税费——应交营业税　　　　　　　25000

　　　　应交税费——应交城市维护建设税　　　1750

应交税费——应交教育费附加 750

2.（1）购买无形资产时：

借：无形资产 3000000

贷：银行存款 3000000

（2）该无形资产月摊销额 25000 元，年摊销额 300000 元。

20×6 年 12 月 31 日该无形资产已使用 5 年零 1 个月，共摊销其价值 1525000 万元，无形资产账面价值为 1475000 元。

（3）20×8 年 3 月 31 日该无形资产已使用 6 年零 4 个月，共摊销其价值（6×12＋4）×25000＝1900000 元，无形资产账面价值为 1100000 元。

（4）应交营业税＝1300000×5%＝65000（元）

应交城建税＝65000×7%＝4550（元）

应交的教育费附加＝65000×3%＝1950（元）

出售无形资产的净损益＝1300000－1100000－65000－4550－1950＝128500（元）

（5）借：银行存款 1300000

累计摊销 1900000

贷：无形资产 3000000

应交税费——应交营业税 65000

——应交城建税 4550

——应交教育费附加 1950

营业外收入——处置非流动资产利得 128500

3. 取得该项专利技术使用费时：

借：银行存款 1000000

贷：其他业务收入 1000000

按年对该项专利技术进行摊销：

借：其他业务成本 500000

贷：累计摊销 500000

按年对该项专利技术计算应交的营业税：

借：其他业务成本 50000

贷：应交税费——应交营业税 50000

（三）无形资产的研发及期末计价

1. 借：研发支出——费用化支出 700

——资本化支出 3000

贷：原材料 3000

应付职工薪酬 500

银行存款 200

20×8 年 12 月 31 日：

借：管理费用 700

无形资产	3000	
贷：研发支出——费用化支出		700
——资本化支出		3000
借：管理费用	25	
贷：累计摊销		25

2.（1）20×6年：

发生支出时：

借：研发支出——费用化支出	1500000	
——资本化支出	3000000	
贷：原材料		3000000
应付职工薪酬		1000000
银行存款		500000

年末，结转研发支出中的费用化支出：

借：管理费用	1500000	
贷：研发支出——费用化支出		1500000

20×7年1月，专利权获得成功时：

借：无形资产——专利权	3000000	
贷：研发支出——资本化支出		3000000

（2）20×7年摊销无形资产30万元（300÷10）：

借：管理费用	300000	
贷：累计摊销		300000

（3）20×8年12月31日，计提减值准备前无形资产账面价值=300-30×2=240（万元）

20×8年12月31日应计提无形资产减值准备=240-160=80（万元）

借：资产减值损失	800000	
贷：无形资产减值准备		800000

（4）20×9年（1~3月）摊销无形资产5万元（160÷8×3/12）：

借：管理费用	50000	
贷：累计摊销		50000
借：银行存款	1200000	
累计摊销	650000	
无形资产减值准备	800000	
营业外支出——处置非流动资产损失	416000	
贷：无形资产		3000000
应交税费——应交营业税		60000（1200000×5%）
——应交城市维护建设税		4200
——应交教育费附加		1800

（四）无形资产的报废

借：累计摊销   3000000

  无形资产减值准备   1600000

  营业外支出——处置非流动资产损失 1400000

   贷：无形资产——专利权   6000000

第八章　投资性房地产

第一部分　习　题

一、单项选择题

1. 下列关于投资性房地产核算的表述中，正确的是（　　）。

A. 采用成本模式计量的投资性房地产，符合条件时可转化为公允价值模式计量

B. 采用成本模式计量的投资性房地产不需要确认减值损失

C. 采用公允价值模式计量的投资性房地产可转换为成本模式计量

D. 采用公允价值模式计量的投资性房地产，公允价值的变动金额应计入资本公积

2. 下列不属于企业投资性房地产的是（　　）。

A. 企业持有并准备增值后转让的土地使用权

B. 房地产企业拥有并自行经营的饭店

C. 房地产开发企业将作为存货的商品房以经营租赁方式出租

D. 企业持有以备经营出租的空置建筑物，企业管理层做出正式书面决议，明确将其用于经营出租且持有意图短期内不再发生变化的

3. 根据企业会计准则的规定，下列项目属于投资性房地产的是（　　）。

A. 企业以经营租赁方式租入的建筑物

B. 持有并准备增值后转让的房屋建筑物

C. 企业经营管理用的办公楼

D. 企业已经营出租的厂房

4. 某一房地产开发商于 20×8 年 1 月，将作为存货的商品房转换为采用公允价值模式计量的投资性房地产，转换日的商品房账面余额为 500 万元，已计提跌价准备 85 万元，该项房产在转换日的公允价值为 550 万元，则转换日计入"投资性房地产——成本"科目的金额是（　　）万元。

A. 550　　　　　　　B. 415　　　　　　　C. 500　　　　　　　D. 465

5. 下列有关投资性房地产业务中，可能通过"资本公积"科目核算的有（   ）。

A. 采用公允价值模式计量的投资性房地产转换为自用房地产，转换当日公允价值大于投资性房地产原账面价值

B. 采用公允价值模式计量的投资性房地产转换为自用房地产，转换当日公允价值小于投资性房地产原账面价值

C. 自用房地产转换为采用公允价值模式计量的投资性房地产，转换当日公允价值大于其账面价值

D. 自用房地产转换为采用公允价值模式计量的投资性房地产，转换当日公允价值小于其账面价值

6. 甲公司对投资性房地产采用成本模式进行后续计量，20×8 年 7 月 1 日开始对一项投资性房地产进行改良，改良后将继续用于经营出租。该投资性房地产原价为 500 万元，采用直线法计提折旧，使用寿命为 20 年，预计净残值为零，已使用 4 年。改良期间共发生改良支出 100 万元，均满足资本化条件，20×8 年 12 月 31 日改良完成，则20×8 年年末该项投资性房地产的账面价值为（   ）万元。

A. 100 　　　　　　B. 487.5 　　　　　　C. 475 　　　　　　D. 500

7. 甲公司将一写字楼转换为采用公允价值模式计量的投资性房地产，该写字楼的账面原值为 2500 万元，已计提的累计折旧为 200 万元，转换日的公允价值为 3000 万元，则（   ）。

A. 贷记"固定资产减值准备"科目的金额是 150 万元

B. 贷记"资本公积——其他资本公积"科目的金额是 700 万元

C. 借记"资本公积——其他资本公积"科目的金额是 700 万元

D. 贷记"公允价值变动损益"科目的金额是 700 万元

8. 甲公司将一写字楼转换为采用成本模式计量的投资性房地产，该写字楼的账面原值为 2500 万元，已计提的累计折旧为 200 万元，转换日的公允价值为 3000 万元，则计入"投资性房地产"科目的金额是（   ）万元。

A. 2300 　　　　　　B. 2500 　　　　　　C. 2800 　　　　　　D. 3000

9. 企业将采用公允价值模式计量的投资性房地产转换为自用房地产时，公允价值与原账面价值的差额应计入（   ）。

A. 投资收益 　　　　　　　　　　B. 公允价值变动损益

C. 营业外收入 　　　　　　　　　D. 其他业务收入

10. 关于投资性房地产，下列说法中正确的有（   ）。

A. 投资性房地产是指为赚取租金或资本增值或者两者兼有而持有的房产、地产和机器设备等

B. 认定的闲置土地不属于投资性房地产

C. 一项房地产，部分用于赚取租金或资本增值，部分用于生产商品、提供劳务或经营管理，即使用于赚取租金或资本增值的部分能够单独计量和出售的，也不可以确认为投资性房地产

D. 企业计划用于出租但尚未出租的建筑物，属于投资性房地产

11. 20×8 年 1 月 1 日，甲公司购入一幢建筑物用于出租，取得发票上注明的价款为 100 万元，款项以银行存款支付。购入该建筑物发生的谈判费用为 0.2 万元，差旅费为 0.3 万元。该投资性房地产的入账价值为（　　）万元。

A. 100　　　　　　B. 117　　　　　　C. 117.5　　　　　　D. 100.5

12. 下列有关投资性房地产的计量模式，正确的说法是（　　）。

A. 企业可以任意选择采用成本模式或者公允价值模式进行后续计量

B. 企业对所有投资性房地产进行后续计量时，可以同时采用成本模式和公允价值模式两种计量模式

C. 成本模式转为公允价值模式的，应当作为会计政策变更处理

D. 公允价值模式转为成本模式的，也应当作为会计政策变更处理

13. 与投资性房地产有关的后续支出，不满足投资性房地产确认条件的，应当在发生时计入当期损益。企业对投资性房地产进行日常维修时，发生的支出应借记"（　　）"科目。

A. 其他业务成本　　B. 管理费用　　　　C. 在建工程　　　　D. 营业外支出

14. 投资性房地产不论是成本模式计量还是公允价值模式计量，取得的租金收入均通过"（　　）"科目核算。

A. 营业外收入　　B. 投资收益　　　　C. 其他业务成本　　D. 其他业务收入

15. 下列各项中，能够影响企业当期损益的是（　　）。

A. 采用成本计量模式，期末投资性房地产的可收回金额高于账面价值

B. 采用成本计量模式，期末投资性房地产的可收回金额低于账面余额

C. 采用公允价值计量模式，期末投资性房地产的公允价值高于账面余额

D. 自用房地产转换为采用公允价值模式计量的投资性房地产时，转换日房地产公允价值大于账面价值

16. 某企业采用成本模式对投资性房地产进行后续计量，20×9 年 9 月 20 日达到预定可使用状态的自行建造的办公楼对外出租，该办公楼建造成本为 2600 万元，预计使用年限为 25 年，预计净残值为 100 万元。在采用年限平均法计提折旧的情况下，20×9 年该办公楼应计提的折旧额为（　　）万元。

A. 0　　　　　　　B. 25　　　　　　C. 100　　　　　　D. 50

17. 存货转换为采用公允价值模式计量的投资性房地产，投资性房地产应当按照转换当日的公允价值计量。转换当日的公允价值小于原账面价值时，其差额计入的科目是（　　）。

A. 营业外支出　　　　　　　　　　B. 公允价值变动损益

C. 投资收益　　　　　　　　　　　D. 其他业务收入

18. 甲公司将一幢自用的厂房作为投资性房地产对外出租并采用成本模式对投资性房地产进行后续计量。该厂房的账面原值为 1000 万元，已计提折旧 500 万元。转换当日该厂房的公允价值为 480 万元。则该投资性房地产转换后"投资性房地产"科目的账

面余额为（　　）万元。

    A. 480　　　　　B. 500　　　　　C. 600　　　　　D. 1000

19. 自用房地产或存货转换为采用公允价值模式计量的投资性房地产，投资性房地产应当按照转换当日的公允价值计量。转换当日的公允价值大于原账面价值的，其差额计入所有者权益。处置该项投资性房地产时，原计入所有者权益的部分应当转入（　　）科目。

    A. 营业外收入　　B. 投资收益　　　C. 利润分配　　　D. 其他业务收入

20. 企业出售、转让、报废投资性房地产时，应当将处置收入计入（　　）。

    A. 公允价值变动损益　　　　　　　B. 营业外收入

    C. 资本公积　　　　　　　　　　　D. 其他业务收入

21. 20×7 年 1 月 1 日，甲公司购入一幢建筑物用于出租，取得发票上注明的价款为 102 万元，款项以银行存款支付。购入该建筑物发生的契税 5 万元也以银行存款支付。该投资性房地产的入账价值为（　　）万元。

    A. 107　　　　　B. 102　　　　　C. 97　　　　　D. 5

22. 企业对成本模式进行后续计量的投资性房地产摊销时，应该借记"（　　）"科目。

    A. 投资收益　　　B. 营业外收入　　C. 管理费用　　　D. 其他业务成本

23. 下列投资性房地产初始计量的表述不正确的有（　　）。

A. 非货币性资产交换取得的投资性房地产按照非货币性资产交换准则的规定处理

B. 外购的投资性房地产按照购买价款、相关税费和可直接归属于该资产的其他支出确认成本

C. 债务重组取得的投资性房地产按照债务重组的相关规定处理

D. 自行建造投资性房地产的成本，由建造该项资产达到预定可使用状态后所发生的必要支出构成

24. 下列说法中不正确的是（　　）。

A. 只要与投资性房地产有关的经济利益很可能流入企业，就应确认投资性房地产

B. 与投资性房地产有关的后续支出，满足投资性房地产准则规定的确认条件的，应当计入投资性房地产成本；不满足准则规定的确认条件的，应当在发生时计入当期损益

C. 自行建造投资性房地产的成本，由建造该项资产达到预定可使用状态前所发生的必要支出构成

D. 外购投资性房地产的成本，包括购买价款、相关税费和可直接归属于该资产的其他支出

二、多项选择题

1. 关于投资性房地产转换后的入账价值的确定，下列说法中正确的有（　　）。

A. 在成本模式下，应将房地产转换前的账面价值作为转换后的入账价值

B. 采用公允价值模式计量的投资性房地产转换为自用房地产时，应以其转换当日的公允价值作为自用房地产的账面价值

C. 采用公允价值模式计量的投资性房地产转化为自用房地产时，应以其转换当日的账面价值作为自用房地产的账面价值

D. 自用房地产或存货转换为采用公允价值模式计量的投资性房地产时，投资性房地产按照转换当日的公允价值计价

2. 下列说法正确的是（　　）。

A. 房地产租金就是让渡资产使用权取得的使用费收入

B. 因出租房地产而取得租金，企业需要交纳营业税

C. 按照国家有关规定认定的闲置的土地使用权不属于投资性房地产

D. 房地产企业依法取得的、用于开发，待增值后出售的土地使用权，属于投资性房地产

3. 根据《企业会计准则第 3 号——投资性房地产》，企业拥有的下列房地产中，属于该企业投资性房地产的是（　　）。

A. 已签订租赁协议约定自下一年 1 月 1 日开始出租的土地使用权

B. 企业管理层已做出书面决议明确将继续持有，待其增值后转让的土地使用权

C. 企业持有以备经营出租的空置建筑物

D. 已经营出租但仍由本企业提供日常维护的建筑物

4. 关于投资性房地产，下列说法不正确的有（　　）。

A. 因投资性房地产取得的租金收入只能计入其他业务收入

B. 投资性房地产（建筑物）租赁期满后暂时空置时，应该将其转入固定资产

C. 对投资性房地产进行改良时，应该将其账面价值转入在建工程

D. 对投资性房地产进行再开发时，不应该将其账面价值转入在建工程

5. 投资性房地产的转换日确定的方法正确的有（　　）。

A. 投资性房地产转为自用房地产，其转换日为房地产达到自用状态，企业开始将房地产用于生产商品、提供劳务或者经营管理的日期

B. 作为存货的房地产改为出租，其转换日为租赁期开始日

C. 作为自用建筑物停止自用改为出租，其转换日为租赁期开始日

D. 作为土地使用权停止自用改为出租，其转换日为租赁期开始日

6. 下列各项中，一定影响企业当期损益的是（　　）。

A. 投资性房地产由成本模式转换为公允价值模式时，转换日公允价值与账面价值的差额

B. 投资性房地产的改良支出

C. 采用公允价值模式计量的投资性房地产的期末公允价值变动

D. 采用成本模式计量的投资性房地产发生减值

7. 关于投资性房地产的处理，下列说法正确的是（　　）。

A. 一般情况下，同一企业只能采用一种模式对所有投资性房地产进行后续计量，不得同时采用两种计量模式

B. 已采用公允价值模式计量的投资性房地产，不得从公允价值模式转为成本模式

C. 投资性房地产计量模式的变更属于会计政策变更

D. 只有在有确凿证据表明其投资性房地产的公允价值能持续可靠取得时，才可以对投资性房地产采用公允价值模式进行后续计量

8. 下列有关投资性房地产的说法中，正确的有（　　　）。

A. 企业对投资性房地产采用公允价值模式计量的，不应对投资性房地产计提折旧或进行摊销

B. 企业将自用建筑物或土地使用权停止自用改为出租时，其转换日为租赁期开始日

C. 企业将自用建筑物或土地使用权停止自用改为出租，在成本模式下，应当将房地产转换前的账面价值作为转换后的入账价值

D. 企业将自用房地产转换为采用公允价值模式计量的投资性房地产，转换当日的公允价值小于原账面价值的，其差额计入所有者权益

9. 下列各项中，会引起投资性房地产账面价值发生变化的有（　　　）。

A. 计提投资性房地产减值准备　　　　B. 计提投资性房地产折旧

C. 投资性房地产的维修　　　　　　　D. 投资性房地产大修理

10. 关于投资性房地产的后续计量，下列说法正确的有（　　　）。

A. 采用公允价值模式计量的，不对投资性房地产计提折旧或进行摊销

B. 已采用公允价值模式计量的投资性房地产，不得从公允价值模式转为成本模式

C. 已经采用成本模式计量的，可以转为采用公允价值模式计量

D. 采用公允价值模式计量的，不需对投资性房地产进行减值测试

11. 关于投资性房地产的会计处理，下列说法正确的有（　　　）。

A. 企业出售、转让、报废投资性房地产或者发生投资性房地产毁损，应当将处置收入扣除其账面价值和相关税费后的金额直接计入投资收益

B. 企业报废投资性房地产或者发生投资性房地产毁损，将投资性房地产的账面价值结转到其他业务成本中

C. 当投资性房地产转为自用时，应当终止确认该资产

D. 企业出售、转让、报废采用公允价值模式计量的投资性房地产时，应当将累计公允价值变动转入其他业务收入

12. 下列表述正确的有（　　　）。

A. 按照国家有关规定认定的闲置土地不属于持有并准备增值后转让的土地使用权

B. 企业将某项房地产部分用于出租，部分用于自用，不能够区分出租部分和自用部分进行分别核算，企业应将该房地产整体确认为投资性房地产

C. 企业将某项房地产部分用于出租，部分用于自用，能够区分出租部分和自用部分并对两者分别进行核算，则企业可以将出租部分确认为投资性房地产

D. 企业将某项房地产整体对外经营出租，并负责提供日常维护、保安服务，企业应

将其确认为投资性房地产

13. 下列（　　）情形可以将投资性房地产转换为其他资产或将其他资产转换成投资性房地产。

A. 自用土地使用权停止自用，用于资本增值

B. 企业将持有准备增值的土地使用权开始建造管理用的办公楼

C. 自用厂房停止自用，改为出租

D. 转为存货的投资性房地产

14. 下列交易或事项的会计处理中，符合《企业会计准则第3号——投资性房地产》规定的有（　　）。

A. 已出租的投资性房地产租赁期届满，因暂时空置但继续用于出租的，仍作为投资性房地产

B. 投资性房地产主要为出租用

C. 持有待增值的"炒楼"不作为投资性房地产

D. 闲置土地属于投资性房地产

15. 关于投资性房地产的确认和计量，下列说法中正确的有（　　）。

A. 外购的房地产，如果在购入时就计划将用于出租，则应在购入时就作为投资性房地产加以确认

B. 自行建造投资性房地产的成本，由建造该项资产达到预定可使用状态前所发生的必要支出构成

C. 只要与投资性房地产有关的经济利益很可能流入企业，就应确认投资性房地产

D. 与投资性房地产有关的后续支出，满足投资性房地产准则规定的确认条件的，应当计入投资性房地产成本；不满足准则规定的确认条件的，应当在发生时计入当期损益

16. 企业对投资性房地产，可以采用公允价值模式进行后续计量的条件是（　　）。

A. 与该投资性房地产有关的经济利益很可能流入企业

B. 投资性房地产所在地有活跃的房地产交易市场

C. 企业能够从房地产交易市场上取得同类或类似房地产的市场价格及其他相关信息，从而对投资性房地产的公允价值做出合理的估计

D. 该投资性房地产的成本能够可靠地计量

17. 下列关于投资性房地产的后续计量表述正确的有（　　）。

A. 投资性房地产采用公允价值模式进行后续计量的，资产负债表日，投资性房地产的公允价值高于其账面余额的差额计入"公允价值变动损益"科目

B. 投资性房地产采用公允价值模式进行后续计量的，不计提折旧或摊销

C. 采用成本模式进行后续计量的投资性房地产，应当按月计提折旧或摊销，计入"其他业务成本"科目

D. 采用成本模式进行后续计量的投资性房地产，经减值测试后确定发生减值，应当计提减值准备

18. 下列确定投资性房地产公允价值的方法，正确的有 （   ）。

A. 参照活跃市场上同类或类似房地产的现行市场价格

B. 无法取得同类或类似房地产现行市场价格的，可以参照活跃市场上同类或类似房地产的最近交易价格，并考虑交易情况、交易日期、所在区域等因素

C. 参照活跃市场上同类或类似房地产某一期间的平均交易价格

D. 可以基于预计未来获得的租金收益和相关现金流量予以计量

19. 投资性房地产采用公允价值模式进行计量需要设置的账户有 （   ）。

A. 投资性房地产　　　　　　　　　　B. 投资性房地产累计摊销

C. 投资性房地产减值准备　　　　　　D. 公允价值变动损益

20. 关于投资性房地产转换后的入账价值的确定，下列说法中正确的有 （   ）。

A. 在成本模式下，应当将房地产转换前的账面价值作为转换后的入账价值

B. 采用公允价值模式计量的投资性房地产转换为自用房地产时，应当以其转换当日的公允价值作为自用房地产的账面价值

C. 采用公允价值模式计量的投资性房地产转换为自用房地产时，应当以其转换当日的账面价值作为自用房地产的账面价值

D. 自用房地产或存货转换为采用公允价值模式计量的投资性房地产时，投资性房地产按照转换当日的账面价值计价

21. 下列关于企业将作为存货的房地产转换为采用公允模式计量的投资性房地产时的会计处理表述正确的是 （   ）。

A. 应该按该项房地产在转换日的公允价值入账

B. “存货跌价准备”科目应转入“投资性房地产跌价准备”科目

C. 转换日的公允价值大于账面价值的，按其差额计入“资本公积——其他资本公积”科目

D. 转换日的公允价值小于账面价值的，按其差额，计入“公允价值变动损益”科目

22. 将投资性房地产与其他资产相互转换的过程中，关于转换日的确定，以下叙述正确的有 （   ）。

A. 企业将原本用于生产商品的房地产改用于出租，则该房地产的转换日为承租人有权行使其使用租赁资产权利的日期

B. 企业将原本用于出租的房地产改用于经营管理的自用房地产，则该房地产的转换日为房地产达到自用状态，企业开始将房地产用于经营管理的日期

C. 企业将原本用于经营管理的土地使用权改用于资本增值，则该房地产的转换日应确定为自用土地使用权停止自用后的日期

D. 房地产开发企业将其持有的开发产品以经营租赁的方式出租，则该房地产的转换日为房地产的租赁期开始日

23. 下列情况下，企业可将其他资产转换为投资性房地产的有 （   ）。

A. 房地产企业将开发的准备出售的商品房改为出租

B. 自用办公楼停止出租改为自用

C. 原自用土地使用权停止自用改为出租

D. 出租的厂房收回改为自用

24. 乙企业 20×7 年 1 月 5 日外购一栋写字楼用于出租。该写字楼的售价（不含税）为 100 万元，另支付相关税费 2 万元，均以银行存款支付。该写字楼用于出租，每年的租金为 6 万。每年年末收取租金。乙企业对投资性房地产采用公允价值进行后续计量。20×7 年 12 月 31 日该写字楼的公允价值为 120 万。则乙企业在 20×7 年应该做的账务处理有（　　）。

A. 借：投资性房地产——成本　　　　　　　　　100
　　　贷：银行存款　　　　　　　　　　　　　　　　　　100

B. 借：投资性房地产——成本　　　　　　　　　102
　　　贷：银行存款　　　　　　　　　　　　　　　　　　102

C. 借：银行存款　　　　　　　　　　　　　　　　6
　　　贷：其他业务收入　　　　　　　　　　　　　　　　6

D. 借：公允价值变动损益　　　　　　　　　　　20
　　　贷：投资性房地产——公允价值变动　　　　　　　20

三、判断题

1. 企业可以同时分别采用成本模式和公允价值模式对投资性房地产进行后续计量。（　　）

2. 企业对投资性房地产，无论采用何种计量模式，均应计提折旧或进行摊销。（　　）

3. 为保证会计信息的可比性，企业对投资性房地产的计量模式一经确定，不得变更。（　　）

4. 自用房地产或存货转换为采用公允价值模式计量的投资性房地产时，投资性房地产应当按照转换当日的公允价值计量，公允价值与原账面价值的差额计入当期损益（公允价值变动损益）。（　　）

5. 企业出租的建筑物或土地使用权，只有能够单独计量和出售的才能确认为投资性房地产。（　　）

6. 将采用成本模式计量的投资性房地产转换成自用的房地产时，应按该项投资性房地产在转换日的账面余额、累计折旧等，借记“固定资产”、“投资性房地产累计折旧”等科目，贷记“投资性房地产”、“累计折旧”等科目。（　　）

7. 采用公允价值模式计量的投资性房地产转换为自用房地产时，应当以其转换当日的公允价值作为自用房地产的账面价值，公允价值与原账面价值的差额计入资本公积（公允价值变动损益）。（　　）

8. 企业持有的准备增值的建筑物是作为投资性房地产进行核算的。（　　）

9. 与投资性房地产有关的后续支出，应当计入投资性房地产的成本。（　　）

10. 采用公允价值计量模式进行后续计量的房地产在资产负债表日，应计提减值准备的，应借记"资产减值损失"，贷记"投资性房地产减值准备"科目。　　　（　　）

11. 期末企业将投资性房地产的账面价值单独列示在资产负债表上。　　　（　　）

12. 企业出售投资性房地产或者发生投资性房地产毁损，应当将处置收入扣除其账面价值和相关税费后的金额直接计入所有者权益。　　　（　　）

13. 企业对投资性房地产的后续计量，可以根据需要将成本模式转为公允价值模式，也可以将公允价值模式转为成本模式。　　　（　　）

14. 无论采用哪种计量模式，企业的投资性房地产发生减值的，均应计提投资性房地产减值准备。　　　（　　）

15. 企业取得的投资性房地产的租金收入，应借记"银行存款"等科目，贷记"投资收益"科目。　　　（　　）

16. 凡企业以外购或自行建造方式取得的投资性房地产，无论其后续计量采用成本模式还是公允价值模式，均应在取得时按成本金额入账。但企业将自用的建筑物或作为存货的房地产转换为投资性房地产的，应按转换日的公允价值入账。　　　（　　）

17. 企业出售、转让、报废投资性房地产或者发生投资性房地产毁损时，应当将处置收入扣除其账面价值和相关税费后的金额计入当期营业外收支。　　　（　　）

18. 外购投资性房地产的成本，包括购买价款和可直接归属于该资产的其他支出，不包括发生的相关税费。　　　（　　）

19. 在公允价值计量模式下，资产负债表日，投资性房地产的公允价值小于其账面余额的差额，应借记"资产减值损失"科目，贷记"投资性房地产减值准备"科目，但计提的减值准备以后不得转回。　　　（　　）

20. 同一企业只能采用一种模式对所有投资性房地产进行后续计量，不得同时采用两种计量模式进行后续计量。　　　（　　）

21. 投资性房地产采用公允价值模式进行后续计量的，不计提折旧或摊销，应以资产负债表日的公允价值计量。　　　（　　）

22. 企业通常应当采用公允价值模式对投资性房地产进行后续计量。　　　（　　）

四、计算及账务处理题

（一）投资性房地产——采用成本模式进行后续计量

1. 20×9年3月，甲企业计划购入一栋写字楼用于对外出租。3月15日，甲企业与乙企业签订了经营租赁合同，约定自写字楼购买日起将这栋写字楼出租给乙企业，为期5年。4月5日，甲企业实际购入写字楼，支付价款共计1000万元（假设不考虑其他因素，甲企业采用成本模式进行后续计量）。

要求：做出甲公司的账务处理。

2. 20×9年3月，甲企业从其他单位购入一块土地的使用权，并在该块土地上开始自行建造三栋厂房。20×9年6月，甲企业预计厂房即将完工，与乙公司签订了经营租赁合同，将其中的一栋厂房租赁给乙公司使用。租赁合同约定，该厂房于完工（达到预定可使用状态）时开始起租。20×9年7月5日，三栋厂房同时完工（达到预定可使用状态）。该块土地使用权的成本为600万元；三栋厂房的造价均为1000万元，能够单独出售。

要求：做出甲公司的账务处理。

（二）投资性房地产——采用公允价值模式进行后续计量

1. 20×9年6月20日甲公司购买一块土地使用权，购买价款为1800万元，支付相关手续费30万元，款项全部以银行存款支付。企业购买后用于对外出租。甲公司对该投资性房地产采用公允价值模式进行后续计量。该项投资性房地产20×9年取得租金收入为80万元，已存入银行，假定不考虑其他相关税费。经复核，该投资性房地产20×9年12月31日的公允价值为1900万元。

要求：做出甲公司相关的会计处理（答案中的金额单位用万元表示）。

2. 甲公司为从事房地产经营开发的企业。20×7年8月，甲公司与乙公司签订租赁协议，约定将甲公司开发的一栋精装修的写字楼于开发完成的同时开始租赁给乙公司使用，租赁期为10年。当年10月1日，该写字楼开发完成并开始起租，写字楼的造价为9000万元。由于该栋写字楼地处商业繁华区，所在城区有活跃的房地产交易市场，而且能够从房地产交易市场上取得同类房地产的市场报价，甲公司决定采用公允价值模式对该项出租的房地产进行后续计量。20×7年12月31日，该写字楼的公允价值为9200万元；20×8年12月31日，该写字楼的公允价值为9300万元；20×9年12月31日，该写字楼的公允价值为9000万元。

要求：做出甲公司的账务处理。

3. 甲股份公司（以下简称"甲公司"）于20×6年12月25日将一建筑物对外出租并采用公允价值模式计量，租期为5年，每年底收取租金150万元。出租当日，该建筑物的成本为3000万元，已计提折旧500万元，尚可使用年限为30年，公允价值为3000万元。20×7年12月31日，该建筑物的公允价值为3200万元；20×8年12月31日，该建筑物的公允价值为3100万元；20×9年1月10日将该建筑物对外出售，收到2950万元存入银行。

要求：编制甲公司上述经济业务的会计分录。

（三）投资性房地产与固定资产的转换

1. 20×9年7月末，甲企业将出租在外的厂房收回，8月1日开始用于本企业的商品生产，该厂房相应由投资性房地产转换为自用房地产。该项房地产在转换前采用成本模式计量，截至20×9年7月31日，账面价值为3765万元，其中，原价5000万元，累计已计提折旧1235万元。

要求：做出甲公司的账务处理。

2. 甲企业拥有一栋办公楼，用于本企业总部办公。20×9年3月10日，甲企业与乙企业签订了经营租赁协议，将这栋办公楼整体出租给乙企业使用，租赁期开始日为20×9年4月15日，为期5年。20×9年4月15日，这栋办公楼的账面余额45000万

元。已计提折旧 300 万元。假设甲企业所在城市没有活跃的房地产交易市场。

要求：做出甲公司的账务处理。

第二部分　习题参考答案

一、单项选择题

1. A　　2. B　　3. D　　4. A　　5. C　　6. D　　7. B　　8. B　　9. B

10. B　　11. A　　12. C　　13. A　　14. D　　15. C　　16. B　　17. B　　18. D

19. D　　20. D　　21. A　　22. D　　23. D　　24. A

二、多项选择题

1. ABD　　2. ABC　　3. BD　　4. AB　　5. ABCD　　6. CD

7. ABCD　　8. ABC　　9. AB　　10. ABCD　　11. BD　　12. ACD

13. ABCD　　14. ABC　　15. BD　　16. BC　　17. ABCD　　18. ABD

19. AD　　20. AB　　21. ACD　　22. ABD　　23. AC　　24. BC

三、判断题

1. ×　　2. ×　　3. ×　　4. ×　　5. √　　6. √　　7. ×　　8. ×　　9. ×

10. ×　　11. √　　12. ×　　13. ×　　14. ×　　15. ×　　16. √　　17. ×　　18. ×

19. ×　　20. √　　21. √　　22. ×

四、计算及账务处理题

（一）投资性房地产——采用成本模式进行后续计量

1. 借：投资性房地产——写字楼　　　　　　　　　　10000000

　　　贷：银行存款　　　　　　　　　　　　　　　　　　10000000

2. 购入土地使用权：

　　借：无形资产——土地使用权　　　　　　　　　6000000

　　　贷：银行存款　　　　　　　　　　　　　　　　　　6000000

　　自用的两栋厂房，做固定资产核算：

　　借：固定资产　　　　　　　　　　　　　　　　20000000

```
        贷：在建工程                              20000000
出租的一栋厂房，作投资性房地产：
    借：投资性房地产——厂房           10000000
        贷：在建工程                              10000000
    借：投资性房地产——土地使用权    2000000
        贷：无形资产——土地使用权                2000000
```

（二）投资性房地产——采用公允价值模式进行后续计量

1. 甲公司 20×9 年的有关会计处理如下：

```
    借：投资性房地产——成本                1830
        贷：银行存款                                  1830
    借：银行存款                                80
        贷：其他业务收入                              80
    借：投资性房地产——公允价值变动        70
        贷：公允价值变动损益                          70
```

2.（1）20×7 年 10 月 1 日，甲公司开发完成写字楼并出租：

```
    借：投资性房地产——成本——××写字楼   90000000
        贷：开发产品                                90000000
```

（2）20×7 年 12 月 31 日，该写字楼的公允价值为 92000000 元。

```
    借：投资性房地产——公允价值变动
              ——××写字楼    2000000
        贷：公允价值变动损益                      2000000
```

（3）20×8 年 12 月 31 日，该写字楼的公允价值为 93000000 元。

```
    借：投资性房地产——公允价值变动
              ——××写字楼    1000000
        贷：公允价值变动损益                      1000000
```

（4）20×9 年 12 月 31 日，该写字楼的公允价值为 90000000 元。

```
    借：公允价值变动损益                    3000000
        贷：投资性房地产——公允价值变动——××写字楼 3000000
```

3.（1）20×6 年 12 月 25 日：

```
    借：投资性房地产——成本                3000
        累计折旧                              500
        贷：固定资产                                3000
            资本公积——其他资本公积                  500
```

（2）20×7 年 12 月 31 日：

```
    借：银行存款                             150
        贷：其他业务收入                            150
    借：投资性房地产——公允价值变动        200
```

    贷：公允价值变动损益   200

（3）20×8年12月31日：

  借：银行存款   150

    贷：其他业务收入   150

  借：公允价值变动损益   100

    贷：投资性房地产——公允价值变动   100

（4）20×9年1月10日：

  借：银行存款   2950

    贷：其他业务收入   2950

  借：其他业务成本   3100

    贷：投资性房地产——成本   3000

         ——公允价值变动   100

  借：公允价值变动损益   100

    贷：其他业务收入   100

  借：资本公积——其他资本公积   500

    贷：其他业务收入   500

（三）投资性房地产与固定资产的转换

1. 甲企业20×9年8月1日的账务处理如下：

  借：固定资产   50000000

    投资性房地产累计折旧   12350000

    贷：投资性房地产——××厂房   50000000

      累计折旧   12350000

2. 甲企业20×9年4月15日的账务处理如下：

  借：投资性房地产——××写字楼   450000000

    累计折旧   3000000

    贷：固定资产   450000000

      投资性房地产累计折旧   3000000

第九章　流动负债

第一部分　习　题

一、单项选择题

1. 企业将一批自己生产的产品用于在建工程，产品的成本为 200000 元、售价为 320000 元，增值税税率为 17% 。对此，企业应编制的会计分录为（　　）。

A. 借：在建工程　　　　　　　　　　　　254400
　　　贷：库存商品　　　　　　　　　　　　　　　200000
　　　　　应交税费——应交增值税（销项税额）　　　54400

B. 借：在建工程　　　　　　　　　　　　200000
　　　贷：库存商品　　　　　　　　　　　　　　　200000

C. 借：在建工程　　　　　　　　　　　　374400
　　　贷：主营业务收入　　　　　　　　　　　　　320000
　　　　　应交税费——应交增值税（销项税额）　　　54400

D. 借：在建工程　　　　　　　　　　　　242500
　　　贷：库存商品　　　　　　　　　　　　　　　200000
　　　　　应交税费——应交增值税（销项税额）　　　42500

2. 某小规模纳税企业月初欠交增值税为 0 元，本月购进材料成本为 184000 元，支付的增值税为 31280 元，产品含税销售收入为 2369000 元，本月月末应交增值税为（　　）元。

A. 44620　　　　B. 75900　　　　　C. 69000　　　　D. 37720

3. 企业应交纳的矿产资源补偿费列入"（　　）"科目。

A. 其他业务成本　　　　　　　　　　B. 营业外支出

C. 其他应付款　　　　　　　　　　　D. 应交税费

4. 下列流动负债项目中，其金额需要估计确定的是（　　）。

A. 短期借款   B. 应付账款

C. 预计负债   D. 应付票据

5. 下列税金中，不需要通过"应交税费"科目核算的是（   ）。

A. 耕地占用税   B. 土地使用税

C. 土地增值税   D. 城市维护建设税

6. 企业利润表中的"营业税金及附加"科目不包括的税金为（   ）。

A. 消费税   B. 资源税

C. 城市维护建设税   D. 增值税

7. 某增值税一般纳税企业（工业企业）购进一批农产品，支付买价 12000 元，装卸费 1000 元，入库前挑选整理费 400 元。该批农产品的采购成本为（   ）元。

A. 12000   B. 11840   C. 13000   D. 13400

8. 按现行制度规定，下列各项中，应通过"应付职工薪酬"科目核算的是（   ）。

A. 退休人员养老金   B. 车间管理人员办公费

C. 行政人员报销的差旅费   D. 行政管理人员经常性奖金

9. 预付账款不多的企业可以不设"预付账款"科目，而是将预付的账款计入（   ）。

A. "应付账款"科目的借方   B. "应收账款"科目的借方

C. "应付账款"科目的贷方   D. "应收账款"科目的贷方

10. 与企业损益无关的税金是（   ）。

A. 增值税   B. 企业所得税

C. 消费税   D. 印花税

11. 银行承兑汇票到期无法偿付时，债务企业下列做法符合规定的是（   ）。

A. 不进行处理   B. 转作应付账款

C. 转作短期借款   D. 转作其他应付款

12. 企业开出并承兑的商业承兑汇票如果不能如期支付，应在票据到期并未签发新的票据时，将应付票据账面余额转入（   ）。

A. 应收账款   B. 应付账款

C. 坏账损失   D. 继续保留在"应付票据"中

13. 企业"应交税费——应交增值税"科目下设若干专栏，但不包括（   ）。

A. 未交增值税   B. 转出未交增值税

C. 出口退税   D. 进项税额转出

14. 委托加工应纳消费税产品收回后，如用于继续加工生产应纳消费税产品的，其由受托方代扣代缴的消费税应计入（   ）。

A. 生产成本   B. "应交税费"科目的借方

C. 主营业务成本   D. 委托加工产品的成本

15. 企业缴纳参加职工医疗保险的医疗保险费应通过（   ）账户进行核算。

A. 应交税费   B. 应付职工薪酬

C. 应付账款   D. 其他应付款

16. 某一般纳税人月初欠交增值税为 0 元，本月购进材料成本为 100000 元，增值税进项税额为 17000 元。销售产品的含税销售收入为 152100 元（增值税税率为 17%），本月进项税额转出 3000 元，本月月末应交增值税为 （　　） 元。

  A. 23000   B. 8100   C. 20000   D. 3000

17. 根据现行会计制度规定，增值税一般纳税企业在月份终了，对本月应交未交的增值税的会计处理方法是 （　　）。

  A. 保留在"应交增值税"明细科目的贷方

  B. 保留在"应交增值税"明细科目的借方

  C. 将其转入"未交增值税"明细科目的贷方

  D. 将其转入"未交增值税"明细科目的借方

18. 某企业将自己生产的煤炭用于生产车间一般消耗，按规定计算出的应交纳的资源税应计入"（　　）"科目。

  A. 生产成本   B.制造费用   C. 销售费用   D.营业税金及附加

19. 下列行为，在增值税处理上需要进项税额转出的项目是 （　　）。

  A. 将自产的产品赠送他人   B. 在建工程领用一批自产的产品

  C. 将委托加工的货物用于对外投资   D. 将外购的原材料用于集体福利

20. 下列税金中，不应计入存货成本的是 （　　）。

  A. 由受托方代扣代缴的委托加工直接用于对外销售的商品负担的消费税

  B. 由受托方代扣代缴的委托加工继续用于生产非应税消费品负担的消费税

  C. 一般纳税企业进口用于生产产品的原材料所支付的增值税

  D. 支付的采购人员的差旅费

21. 企业对确实无法支付的应付账款，应转入"（　　）"科目。

  A. 其他业务收入   B. 盈余公积   C. 营业外收入   D. 资本公积

22. 短期借款所发生的利息，一般应计入的会计科目是 （　　）。

  A. 管理费用   B. 投资收益   C.财务费用   D.营业外支出

23. 下列各项中导致负债总额变化的是 （　　）。

  A. 赊购商品   B. 赊销商品

  C. 开出银行汇票   D. 用盈余公积转增资本

24. 下列项目中，不通过"应付账款"账户核算的是 （　　）。

  A. 存入保证金   B. 应付货物的增值税

  C. 应付销货企业代垫运杂费   D. 应付货物价款

25. 下列各项中，应通过"其他应付款"科目核算的是 （　　）。

  A. 应付现金股利   B. 应交教育费附加

  C. 应付租入包装物租金   D. 应付管理人员工资

26. 企业出售固定资产应交的营业税，应借记的会计科目是"（　　）"。

  A. 营业税金及附加   B. 固定资产清理

  C. 营业外支出   D. 其他业务成本

二、多项选择题

1. 下列各项中，属于"其他应付款"的有（　　　）。

A. 收到出租固定资产的押金　　　　B. 应付租入包装物的租金

C. 应付融资租入固定资产的租金　　D. 应付给个人的款项

2. 下列通过"应交税费"核算的业务包括（　　　）。

A. 应付租入固定资产的租金　　　　B. 印花税

C. 应交教育费附加　　　　　　　　D. 城市维护建设税

3. 下列各项中，在购进时就能确定其进项税额不能抵扣的是（　　　）。

A. 购入的固定资产　　　　　　　　B. 购入的货物直接用于免税项目

C. 购入农产品　　　　　　　　　　D. 购入的货物直接用于集体福利

4. 企业按规定应交纳的城市维护建设税和教育费附加可以计入（　　　）。

A. 管理费用　　　　　　　　　　　B. 营业税金及附加

C. 营业外支出　　　　　　　　　　D. 其他业务成本

5. 工业企业按规定应交纳营业税的收入项目有（　　　）。

A. 转让无形资产的收入　　　　　　B. 受托代销收入

C. 销售材料取得的收入　　　　　　D. 销售不动产收入

6. 一般纳税企业下列经济业务中，应计入增值税销项税额的有（　　　）。

A. 将自产产品用于在建工程　　　　B. 将库存材料用于在建工程

C. 将库存材料用于对外出售　　　　D. 库存产成品发生非正常损失

7. 对下列"应交税费——应交增值税"专栏正确的表述有（　　　）。

A. 当月缴纳以前各期未交增值税，登记在"转出未交增值税"专栏

B. 当月缴纳当月的增值税，登记在"已交税金"专栏

C. "转出未交增值税"专栏，反映月份终了转出的未交增值税

D. "进项税额转出"专栏，反映不应从销项税额抵扣，按规定转出的进项税额

8. 下列税金应在管理费用列支的有（　　　）。

A. 土地使用税　　B. 耕地占用税　　　C. 印花税　　　　D. 车船使用税

9. 下列税费中，不通过"应交税费"核算的有（　　　）。

A. 印花税　　　　B. 土地使用税　　　C. 车船使用税　　D. 耕地占用税

10. 某企业为增值税一般纳税企业，该企业进口一辆自用小汽车，已取得海关提供的完税凭证。企业支付的下列款项中，计入固定资产价值的有（　　　）。

A. 买价　　　　　B. 增值税　　　　　C. 消费税　　　　D. 关税

11. 某企业为一般增值税纳税企业，该企业发生的下列业务中，应视同销售，计算增值税销项税额的有（　　　）。

A. 用库存材料对外投资　　　　　　B. 库存商品用于职工集体福利

C. 库存材料用于在建工程　　　　　D. 库存商品用于在建工程

12. 参与损益计算的税金包括 （ ）。

A. 企业所得税　B. 营业税　C. 资源税　D. 消费税

E. 增值税

13. 下列项目中，应计入材料成本的税金有 （ ）。

A. 材料委托加工后用于连续生产应税消费品已缴的消费税

B. 材料委托加工后直接出售的应税消费品已缴的消费税

C. 收购未税矿产品代扣代缴的资源税

D. 小规模纳税企业购入原材料已缴的增值税

E. 进口物资支付的进口关税

14. 下列项目应在"应付职工薪酬"科目核算的是 （ ）。

A. 生产人员工资　B. 经常性奖金　C. 职工教育经费　D. 工会经费

15. 下列各项税金中，不应计入"营业税金及附加"科目的有 （ ）。

A. 房产税　B. 消费税　C. 车辆购置税　D. 增值税

16. 下列项目中，属于流动负债项目的有 （ ）。

A. 预收账款　B. 长期应付款　C. 应付利润　D. 应付票据

17. 下列内容属于职工薪酬所指"职工"范畴的有 （ ）。

A. 与企业订立劳动合同的全职人员　B. 与企业订立劳动合同的临时人员

C. 企业正式任命的独立董事　D. 与企业订立劳动合同的兼职人员

18. 下列负债中，企业在以后是用货币来偿付，而不是用商品或劳务偿付的流动负债是 （ ）。

A. 应收账款　B. 应付票据　C. 预收账款

D. 应交税费——应交企业所得税　E. 应付利息

19. 下列增值税，应计入有关成本的有 （ ）。

A. 以库存商品对外投资应支付的增值税

B. 小规模纳税企业接受应税劳务时支付的增值税

C. 一般纳税企业接受应税劳务时支付的增值税

D. 在建工程领用本企业生产的产品应交的增值税

20. 企业购进货物若发生下列事项，其增值税进项税额应当转出的有 （ ）。

A. 发生非正常损失　B. 用于非应税项目

C. 用于在建工程　D. 销售货物

E. 用于集体福利

21. 增值税的主要征收范围是 （ ）。

A. 销售货物　B. 转让无形资产使用权

C. 销售不动产　D. 进口货物

E. 提供加工修理修配劳务

三、判断题

1. 在预付货款不多的企业，可以不设"预付账款"科目，而并入"应付账款"科目核算。（　　）

2. 企业无法付出的应付账款应计入营业外收入，无法收回的应收账款则计入营业外支出。（　　）

3. 一般纳税企业购入货物支付的增值税额无论是否可以抵扣，均应先通过"应交税费——应交增值税（进项税额）"科目，待确定不可抵扣时，再从"应交税费——应交增值税（进项税额）"科目转入有关科目。（　　）

4. 企业会计核算中，预收货款不多的企业，可以不设"预收账款"科目，企业预收货款时，直接将其计入"应收账款"科目的贷方。（　　）

5. 企业采购货物，在货物已到达但发票账单尚未收到的情况下，应在月份终了按暂估价值计入"应付账款"科目。（　　）

6. 企业计算短期借款利息时，应计入"短期借款"贷方。（　　）

7. 企业将自产产品用于职工福利，不作为职工薪酬，也不计算增值税销项税额。（　　）

8. 所有税金都应通过"应交税费"科目核算。（　　）

9. 计算应交的教育费附加应计入"管理费用"科目。（　　）

10. 签发的银行承兑汇票到期，企业无力承兑票款时，应将"应付票据"科目转入"应付账款"科目。（　　）

11. 企业自产应纳资源税的产品直接对外出售的，其应交纳的资源税，应计入生产成本。（　　）

12. 一般纳税企业购入货物支付的增值税，均应先通过"应交税费"科目进行核算，然后再将购入货物不能抵扣的增值税进项税额从"应交税费"科目中转出。（　　）

13. 企业向股东宣告的现金股利，在尚未支付给股东之前，是企业股东权益的一个组成部分。（　　）

14. 企业用应税消费品对外投资或用于在建工程等方面，按规定缴纳的消费税，应计入"营业税金及附加"科目。（　　）

15. 满足辞退福利确认条件，实质性辞退工作在一年内完成，但付款时间超过一年的辞退福利，企业应当选择适当的折现率，以折现后的金额计量应付职工薪酬。（　　）

16. 企业为鼓励生产车间职工自愿接受裁减而给予的补偿，应该计入生产成本科目。（　　）

17. 应付商业承兑汇票到期，如企业无力支付票款，应将应付票据按票面金额转做短期借款。（　　）

18. 负债是由于已经发生的和将要发生的交易或事项引起的企业现有义务。（　　）

19. 非货币性福利不一定通过"应付职工薪酬"账户核算，但在附注中仍将其归入

职工薪酬总额内披露。 （　　）

20. 只有现时义务才有可能确认为预计负债，潜在义务不能确认为预计负债。 （　　）

21. 企业提供给职工配偶、子女或其他被赡养人的福利等，均列入职工薪酬范围。 （　　）

22. 企业对于确实无法支付的应付账款，应冲减已计提的坏账准备。 （　　）

23. 对于带息应付票据，偿付时所支付的利息应作为管理费用入账。 （　　）

四、计算及账务处理题

（一）应付账款

某企业购入材料一批，专用发票列明全部价款为 80000 元，增值税额为 13600 元，合同约定付款条件为货到后按 3/10、N/30 进行付款，现已将货物验收入库。

要求：请据此按下列条件分别采用总价法和净价法进行有关会计处理：

（1）货到后第 8 天付款。

（2）货到后第 28 天付款。

（二）应交税费——应交增值税、应交税费——未交增值税

1. 甲公司为增值税一般纳税企业，材料采用实际成本进行日常核算。该公司 20×9 年 4 月 30 日"应交税费——未交增值税"的贷方余额为 4 万元。5 月发生如下业务：

（1）购买原材料一批，增值税专用发票上注明价款为 60 万元，增值税额为 10.2 万元，公司已开出承兑的商业汇票。该材料验收入库。

（2）用原材料对外投资，期限一年，双方协议按成本作价。该批原材料的实际成本和计税价格均为 40 万元，应交增值税为 6.8 万元。

（3）销售产品一批，销售价格为 30 万元（不含增值税），实际成本为 20 万元，提货单和增值税专用发票已交购货方，货款尚未收到。该销售符合收入确认条件。

（4）月末盘亏原材料一批，该批原材料的实际成本为 10 万元，增值税额为 1.7 万元。

（5）用银行存款交纳上月增值税 4 万元。

（6）月末将本月应交未交增值税转入未交增值税明细科目。

要求：（1）编制相关的会计分录（"应交税费"科目需写出明细及专栏名称）。

（2）计算甲公司 5 月的销项税额、应交增值税和应交未交的增值税额。

2. 甲公司为一般纳税人，增值税税率为 17%，20×5 年 12 月初未抵扣的进项税额 10 万元，本月购进材料一批价款 200 万元，增值税 34 万元；当月销售产品 500 万元，增值税额 85 万元；对外投资领用库存商品 60 万元，计税价格 100 万元；本月交纳增值税 30 万元。均用银行存款结算。

要求：（1）做出购买材料、销售商品、对外投资及交税的会计分录（以万元为单位）。

（2）计算本月应交增值税和月末应交未交增值税，并进行账务处理。

(三) 其他流动负债

A 公司为增值税一般纳税企业，适用的增值税税率为 17%，消费税税率为 10%，营业税税率为 5%，企业所得税税率为 25%，存货收发采用实际成本核算。A 公司 20×9 年 6 月发生下列经济业务：

(1) 交纳印花税 28000 元。

(2) 交纳增值税 156000 元。

(3) 出售一项专利权的所有权收入 200000 元，无形资产账面余额 120000 元，累计摊销 80000 元。

(4) 向甲公司销售一批产品 200000 元（不含税），该产品的实际成本 120000 元，款已预收。

(5) 收购未税矿产品，实际支付的收购款为 20 万元，代扣代交的资源税 3 万元（假设不考虑增值税因素）。

(6) 赊购材料一批，增值税专用发票上注明的买价 30 万元，增值税额为 51000 元，货款未付。企业自提货物，用银行存款支付公路运费 20000 元（进项税额按 7% 的扣除率计算），材料已经到达并验收入库。

(7) 发放职工工资 158000 元。

(8) 支付培训费 4000 元。

(9) 交纳企业所得税 80000 元。

(10) 签发银行承兑汇票 300 万元，预付 D 公司货款。

(11) 支付签发承兑汇票的手续费 1500 元。

(12) 取得借款 100 万元，期限为 6 个月。

(13) 支付第二季度利息 60000 元（其中 4、5 月利息 40000 元已入应付利息）。

(14) 预收 M 公司货款 1000000 元。

(15) 退回多收的甲公司货款 64000 元。

(16) 支付到期银行承兑汇票的票款 200 万元。

(17) 支付现金股利 200000 元。

(18) 归还到期短期借款 200 万元。

要求：根据上述业务，编制会计分录。

第二部分　习题参考答案

一、单项选择题

1. C　　2. B　　3. D　　4. C　　5. A　　6. D　　7. B　　8. D　　9. A

10. A　　11. C　　12. B　　13. A　　14. B　　15. B　　16. B　　17. C　　18. B
19. D　　20. C　　21. C　　22. C　　23. A　　24. A　　25. C　　26. B

二、多项选择题

1. ABD　　2. CD　　3. BD　　4. BD　　5. AD　　6. AC
7. BCD　　8. ACD　　9. AD　　10. ACD　　11. BD　　12. ABCD
13. BCDE　　14. ABCD　　15. ACD　　16. ACD　　17. ABCD　　18. BDE
19. ABD　　20. ABCE　　21. ADE

三、判断题

1. √　　2. ×　　3. ×　　4. √　　5. √　　6. ×　　7. ×　　8. ×　　9. ×
10. ×　　11. ×　　12. ×　　13. ×　　14. ×　　15. √　　16. √　　17. ×　　18. ×
19. ×　　20. √　　21. √　　22. ×　　23. ×

四、计算及账务处理题

（一）应付账款

（1）总价法（假设增值税不折扣）。

借：原材料	80000	
应交税费——应交增值税（进项税额）	13600	
贷：应付账款		93600

货到后第8天付款，分录为：

借：应付账款	93600	
贷：银行存款		91200
财务费用		2400

货到后第28天付款，分录为：

借：应付账款	93600	
贷：银行存款		93600

（2）净价法（假设增值税不折扣）。

借：原材料	77600	
应交税费——应交增值税（进项税额）	13600	
贷：应付账款		91200

货到后第8天付款，分录为：

借：应付账款	91200	
贷：银行存款		91200

货到后第 28 天付款，分录为：

借：应付账款	91200	
财务费用	2400	
贷：银行存款		93600

（二）应交税费——应交增值税、应交税费
——未交增值税

1.（1）借：原材料 600000
应交税费——应交增值税（进项税额） 102000
贷：应付票据 702000

（2）借：长期股权投资 468000
贷：原材料 400000
应交税费——应交增值税（进项税额转出） 68000

（3）借：应收账款 351000
贷：主营业务收入 300000
应交税费——应交增值税（销项税额） 51000

借：主营业务成本 200000
贷：库存商品 200000

（4）借：待处理财产损溢——待处理流动资产损溢 117000
贷：原材料 100000
应交税费——应交增值税（进项税额转出） 17000

（5）借：应交税费——未交增值税 40000
贷：银行存款 40000

（6）借：应交税费——应交增值税（转出未交增值税）34000
贷：应交税费——未交增值税 34000

5 月份销项税额 = 51000（元）

5 月份进项税额 = 102000（元）

5 月份进项税额转出 = 68000 + 17000 = 85000（元）

5 月份应交增值税 =（51000 + 85000）- 102000 = 34000（元）

5 月份应交未交的增值税 = 34000（元）

2.（1）购买材料：

借：原材料 200
应交税费——应交增值税（进项税额） 34
贷：银行存款 234

销售商品：

借：银行存款 585
贷：主营业务收入 500
应交税费——应交增值税（销项税额） 85

用产品对外投资：

　　借：长期股权投资　　　　　　　　　　　　　117

　　　　贷：主营业务收入　　　　　　　　　　　　　　　　100

　　　　　　应交税费——应交增值税（销项税额）　　　　　17

结转产品成本：

　　借：主营业务成本　　　　　　　　　　　　　60

　　　　贷：库存商品　　　　　　　　　　　　　　　　　　60

缴纳增值税：

　　借：应交税费——应交增值税（已交税金）　　30

　　　　贷：银行存款　　　　　　　　　　　　　　　　　　30

（2）本月销项税额：85 + 17 = 102（万元）

本月进项税额：34 万元

应交增值税借方合计：34 + 30 = 64（万元）

应交增值税贷方合计：102 万元

本月应交增值税 = 102 - 34 = 68（万元）

本月未交增值税 = 68 - 30 = 38（万元）

　　　　　　或 = 102 - 64 = 38（万元）

　　借：应交税费——应交增值税（转出未交增值税）　38

　　　　贷：应交税费——未交增值税　　　　　　　　　　　38

（三）其他流动负债

（1）借：管理费用——印花税　　　　　　　　28000

　　　　贷：银行存款　　　　　　　　　　　　　　　　28000

（2）借：应交税费——未交增值税　　　　　　156000

　　　　贷：银行存款　　　　　　　　　　　　　　　156000

（3）借：银行存款　　　　　　　　　　　　　200000

　　　　累计摊销　　　　　　　　　　　　　　80000

　　　　贷：无形资产——专利权　　　　　　　　　　120000

　　　　　　应交税费——应交营业税　　　　　　　　10000

　　　　　　　　　　　——应交城建税　　　　　　　　700

　　　　　　　　　　　——应交教育费附加　　　　　　300

　　　　　　营业外收入——处置非流动资产损益　　149000

（4）借：预收账款——甲公司　　　　　　　　234000

　　　　贷：主营业务收入　　　　　　　　　　　　　200000

　　　　　　应交税费——应交增值税（销项税额）　　34000

　　借：主营业务成本　　　　　　　　　　　　120000

　　　　贷：库存商品　　　　　　　　　　　　　　　120000

（5）借：原材料　　　　　　　　　　　　　　230000

贷：银行存款	200000	
应交税费——应交资源税	30000	

（6）赊购材料时：

借：原材料	300000	
应交税费——应交增值税（进项税额）	51000	
贷：应付账款		351000

支付运费时：

借：原材料	18600	
应交税费——应交增值税（进项税额）	1400	
贷：银行存款		20000

（7）借：应付职工薪酬	158000	
贷：银行存款		158000
（8）借：借：应付职工薪酬	4000	
贷：银行存款		4000
（9）借：应交税费——应交企业所得税	80000	
贷：银行存款		80000
（10）借：预付账款——D公司	3000000	
贷：应付票据		3000000
（11）借：财务费用——手续费	1500	
贷：银行存款		1500
（12）借：银行存款	1000000	
贷：短期借款		1000000
（13）借：财务费用——利息支出	20000	
应付利息	40000	
贷：银行存款		60000
（14）借：银行存款	1000000	
贷：预收账款——M公司		1000000
（15）借：预收账款——甲公司	64000	
贷：银行存款		64000
（16）借：应付票据	2000000	
贷：银行存款		2000000
（17）借：应付股利	200000	
贷：银行存款		200000
（18）借：短期借款	2000000	
贷：银行存款		2000000

第十章　长期负债

第一部分　习题

一、单项选择题

1. 企业采用折价发行公司债券时，债券折价部分实质上是（　　）。
A. 由于未来多付利息而预先收回的补偿
B. 由于未来少付利息而预先付出的代价
C. 由于未来多得利息而预先付出的代价
D. 由于未来少得利息而预先取得的补偿

2. 某企业于 20×8 年 7 月 1 日发行票面价值为 100 万元的公司债券，共收发行债券价款 103 万元（发行手续费略）。该债券票面年利率为 6%，期限为 3 年，到期还本付息，采用直线法摊销溢价。20×9 年 6 月 30 日该公司应付债券的账面价值为（　　）万元。

A. 103　　　　　　B. 102　　　　　　C. 105　　　　　　D. 108

3. 某企业于 20×9 年 7 月 1 日发行票面价值为 100000 元的公司债券，共收发行债券价款 95000 元（发行手续费略）。该债券票面年利率为 6%，期限为 5 年，到期还本付息。该债券不是用来购建固定资产，债券折价采用直线法摊销。20×9 年 12 月 31 日，该企业对该债券应确认的财务费用为（　　）元。

A. 3500　　　　　　B. 2500　　　　　　C. 3000　　　　　　D. 2000

4. 某公司于 20×6 年 1 月 1 日折价发行四年期一次还本付息的公司债券，债券面值为 100 万元，票面年利率为 5%，发行价格 90 万元。公司以直线法摊销债券折价。该债券 20×9 年度的利息费用为（　　）元。

A. 25000　　　　　　B. 45000　　　　　　C. 50000　　　　　　D. 75000

5. 企业以折价的方式发行债券时，债券折价按直线法摊销，企业每期实际负担的利息费用是（　　）。

A. 按票面利率计算的应计利息减去应摊销的折价

B. 按票面利率计算的应计利息加上应摊销的折价

C. 按实际利率计算的应计利息减去应摊销的折价

D. 按实际利率计算的应计利息加上应摊销的折价

6. 在其他因素不变的情况下，如果债券票面利率高于市场利率，债券应（　　）。

　　A. 平价发行　　　　B. 溢价发行　　　　C. 折价发行　　　　D. 推迟发行

7. 某企业发行 3 年期面值为 1000 万元的债券，票面利率 8%，按 1060 万元的价格出售，采用直线法摊销债券溢价，企业每年应负担的利息费用为（　　）万元。

　　A. 100　　　　　　B. 60　　　　　　C. 120　　　　　　D. 106

8. 某企业 20×8 年 1 月 1 日以 2200000 元的价格发行面值为 2000000 元的债券，期限为 5 年，年利率为 10%，债券溢价或折价按直线法摊销。该企业 20×8 年度应承担的利息费用是（　　）元。

　　A. 160000　　　　B. 200000　　　　C. 220000　　　　D. 240000

9. 借款费用不包括（　　）。

　　A. 借款本金　　　　　　　　　　　B. 借款利息

　　C. 借款的溢折价摊销　　　　　　　D. 因借款发生的辅助费用

10. 企业采用补偿贸易方式从国外引进需安装的设备，企业以人民币支付进口关税、国内运杂费时，应计入"（　　）"科目。

　　A. 长期应付款　　B. 专项应付款　　C. 管理费用　　　D. 在建工程

11. 企业按照补偿贸易从国外引进不需安装的设备时，支付的国外运杂费应借记"（　　）"科目。

　　A. 长期应付款　　B. 管理费用　　　C. 固定资产　　　D. 在建工程

12. 溢价或折价发行债券是发行债券企业在债券存续期间内对（　　）的一种调整。

　　A. 利息费用　　　B. 管理费用　　　C. 投资收益　　　D. 营业外收入

13. 在我国，国家对企业拨出专款用于企业的技术改造，企业收到拨款时，暂作（　　）处理。

　　A. 专项应付款　　B. 管理费用　　　C. 资本公积　　　D. 固定资产

14. 甲上市公司股东大会于 20×7 年 1 月 4 日做出决议，决定建造厂房。为此，甲公司于 3 月 5 日向银行专门借款 5000 万元，年利率为 6%，款项于当日划入甲公司银行存款账户。3 月 15 日，厂房正式动工兴建。3 月 20 日，甲公司购入建造厂房用水泥和钢材一批，价款 500 万元，当日用银行存款支付。3 月 31 日，计提当月专门借款利息。甲公司在 3 月没有发生其他与厂房购建有关的支出，则甲公司专门借款利息应开始资本化的时间为（　　）。

　　A. 3 月 5 日　　　B. 3 月 15 日　　C. 3 月 20 日　　D. 3 月 31 日

15. 关于辅助费用以及因外币借款而发生的汇兑差额，下列说法不正确的是（　　）。

　　A. 在资本化期间内，外币专门借款本金及利息的汇兑差额，应当予以资本化，计入符合资本化条件的资产成本

B. 在资本化期间内，外币专门借款本金及利息的汇兑差额的计算不与资产支出相挂钩

C. 专门借款发生的辅助费用，在所购建或者生产的符合资本化条件的资产达到预定可使用状态或者可销售状态之前发生的，应当在发生时根据其发生额予以资本化，计入符合资本化条件的资产的成本

D. 专门借款发生的辅助费用，在计算其资本化金额时应与资产支出相挂钩

16. 下列属于长期负债的项目是（　　）。
A. 应付债券　　　B. 应付票据　　　　C. 应付利润　　　D. 应付账款

17. 如果固定资产的构建活动发生正常中断，并且中断时间连续超过（　　）时间应当暂停借款费用的资本化，将其确认为当期费用，直至资产的构建活动重新开始。
A. 1 个月　　　B. 3 个月　　　　C. 6 个月　　　　D. 1 年

18. 根据《企业会计准则第 17 号——借款费用》的规定，下列有关借款费用停止资本化观点的表述中，正确的是（　　）。
A. 固定资产交付使用时停止资本化
B. 固定资产办理竣工决算手续时停止资本化
C. 固定资产达到预定可使用状态时停止资本化
D. 固定资产建造过程中发生中断时停止资本化

19. 以下情况中，导致固定资产购置或建造过程超过 3 个月可以继续资本化的是（　　）。
A. 发生劳动纠纷　　　　　　　B. 施工技术要求
C. 发生安全事故　　　　　　　D. 资金周转困难

20. 某企业发行债券所筹资金专门用于建造固定资产，至 20×7 年 12 月 31 日工程尚未完工。计算本年应付债券利息时应计入"（　　）"科目。
A. 固定资产　　　B. 在建工程　　　　C. 管理费用　　　D. 财务费用

二、多项选择题

1. "长期应付款"科目核算的内容主要有（　　）。
A. 应付购货款
B. 从银行金融机构借入的期限在 1 年以上的借款
C. 采用补偿贸易方式引进国外设备价款
D. 应付融资租入固定资产的租赁费

2. 企业为了核算对外发行的公司债券，应当在"应付债券"科目下设置的明细科目有（　　）。
A. 面值　　　　　　　　　　B. 利息调整
C. 债券溢价摊销　　　　　　D. 应计利息

3. 债券的发行价格受下列（　　）因素的影响。

A. 债券面值　　　　　　　　B. 债券票面利率

C. 发行时市场利率　　　　　D. 债券期限

E. 债券付息方式

4. 长期借款所发生的利息费用，可能计入"（　　）"科目。

A. 管理费用　　　B. 在建工程　　　C. 财务费用　　　D. 销售费用

5. 下列叙述正确的是（　　）。

A. 长期借款的本金计入"长期借款"科目

B. 长期借款的利息计入"管理费用"科目

C. 短期借款的本金计入"短期借款"科目

D. 短期借款的利息计入"管理费用"科目

6. 下列表述正确的有（　　）。

A. 可转换公司债券到期必须转换为股份

B. 可转换公司债券在未转换成股份前，要按期计提利息，并摊销溢折价

C. 可转换公司债券在转换为股份后，仍要按期计提利息和摊销折溢价

D. 可转换公司债券在转换成股份时，按债券的账面价值结转，不确认转换损益

7. 某企业 20×6 年 1 月 1 日从银行借入 3 年期人民币贷款 100 万元用于一项工程，该借款年利率 6%，不计复利。工程于 20×8 年 3 月 30 日交付使用。该借款每半年付息一次，截至 20×8 年 6 月 30 日，该借款累计计入工程成本和财务费用的利息是（　　）万元。

A. 13.5　　　　B. 15　　　　　C. 0　　　　　D. 1.5

8. 下列项目中属于长期负债的有（　　）。

A. 应付债券　　B. 长期借款　　　C. 长期应付款　　D. 专项应付款

E. 其他应付款

9. 债券的清偿方式包括（　　）。

A. 到期直接偿还　　　　　　B. 提前偿还

C. 举新债偿旧债　　　　　　D. 推迟偿还

10. 下列情况应暂停借款费用资本化的是（　　）。

A. 由于劳务纠纷而造成连续超过 3 个月的固定资产的建造中断

B. 由于资金周转困难而造成连续超过 3 个月的固定资产的建造中断

C. 由于发生安全事故而造成连续超过 3 个月的固定资产的建造中断

D. 由于可预测的气候影响而造成连续超过 3 个月的固定资产的建造中断

11. 下列情形造成工程中断时间连续超过 3 个月，其借款费用不应继续资本化的是（　　）。

A. 台风季节　　　　　　　　B. 与施工方发生质量纠纷

C. 资金周转发生困难　　　　D. 发生了施工安全事故

12. 下列各项中，属于资产支出已经发生的是（　　）。

A. 工程领用自产的钢材　　　B. 提取在建工程人员的工资

C. 购入工程物资，货款尚未支付　　　　D. 用带息银行承兑汇票购入工程物资

13. 企业的下列筹资方式中，属于长期负债的包括（　　）。

A. 发行 3 年期公司债券　　　　　　　　B. 发行普通股票

C. 向银行借入 2 年期的借款　　　　　　D. 融资租入固定资产的租赁费

14. 下列各项中，通过"长期应付款"账户核算的有（　　）。

A. 以分期付款方式购入固定资产应付款

B. 应付融资租赁款

C. 从银行取得的长期借款

D. 发行长期债券收到的款项

E. 接受投资者投资

15. 企业的借款费用可能计入（　　）。

A. 财务费用　　　　B. 固定资产价值　　　　C. 营业外支出　　　　D. 无形资产价值

16. 借款费用开始资本化需要同时满足的条件有（　　）。

A. 资产支出已经发生

B. 借款费用已经发生

C. 为使资产达到预定可使用或者可销售状态所必要的构建或者生产活动已经开始

D. 未发生非正常停工

E. 未发生因资金周转困难而停工

17. 以下属于非正常停工原因的有（　　）。

A. 与施工方发生质量纠纷而停工

B. 发生与工程建设有关的劳动纠纷而停工

C. 资金周转困难而停工

D. 因可预见的不可抗力因素而停工

E. 因不可预见的不可抗力因素而停工

18. 以下应停止借款费用资本化的情况有（　　）。

A. 已经分别完工但是不可独立使用的固定资产

B. 所购置或建造的固定资产与设计或合同要求相符合或基本符合

C. 继续发生在固定资产上的支出金额很少或几乎不再发生

D. 试生产结果表明资产能够正常运行或生产出合格产品

E. 固定资产的实体建造工作已经全部完成或实质上已经完成

三、判断题

1. 长期借款无须偿还时应转作其他业务收入。　　　　　　　　　　　　（　　）

2. 企业计算长期借款利息时，应当借记"在建工程"或"财务费用"，贷记"预计费用"。　　　　　　　　　　　　　　　　　　　　　　　　　　　　　（　　）

3. 采用直线法摊销应付债券的溢价，每期的摊销额是相等的。　　　　　（　　）

4. 债券折价发行的主要原因是债券票面利率低于市场利率。　　　（　　）

5. 债券到期时，"应付债券"的所有明细科目均无余额。　　　（　　）

6. 固定资产交付使用前所发生的借款费用，全部计入固定资产价值，即使在购建固定资产非正常中断时。　　　（　　）

7. 按照我国会计准则相关规定，凡是筹建期发生的借款费用，一律计入开办费。　　　（　　）

8. 溢价或折价发行债券是在存续期内对利息费用的一种调整，因此，在摊销债券溢价时应增加当期的财务费用，在摊销债券折价时应减少当期的财务费用。　　　（　　）

9. "长期借款"账户的月末余额，反映企业尚未支付的各种长期借款的本金和利息。　　　（　　）

10. 将于一年内到期的长期负债，按照规定，应在资产负债表中作为流动负债反映。　　　（　　）

11. 资本化期间，是指从借款费用开始资本化时点到停止资本化时点的期间，借款费用暂停资本化的期间包括在内。　　　（　　）

12. 企业发行债券的票面利率低于同期银行存款利率时，可按超过债券面值的价格发行，称为溢价发行。　　　（　　）

13. 企业采用补偿贸易方式引进国外设备时，应按设备、工具、零配件等的价款以及国外运杂费的外币金额和规定的汇率折合为人民币确认长期应付款。　　　（　　）

14. 借款费用应予资本化的借款范围只包括专门借款。　　　（　　）

四、计算及账务处理题

（一）长期借款

1. 恒达公司在生产经营期间，为修建写字楼于 20×3 年 1 月 1 日向银行借款 100 万元，年利率为 5%，期限三年，复利计算；写字楼于 20×3 年 12 月 31 日完工并投入使用。借款分 3 年还清，20×3 年年末偿还本息的 30%，20×4 年年末偿还本息的 40%，其余本息于 20×5 年年末还清。

要求：为恒达公司编制有关借款、计息及偿还本息时的会计分录。

2. A 公司自行建造仓库一座，20×9 年 1 月 1 日从银行取得借款 100 万元，年利率为 6%，2 年期，到期一次还本付息，每半年计息一次。20×9 年 1 月 1 日用上述借款购入工程物资 100 万元（含增值税）并立即投入固定资产建造工作；4 月 1 日支付在建工程人员工资 20 万元。5 月 4 日领用了企业生产用的原材料一批，实际成本为 10 万元，应转出的增值税为 1.7 万元。工程项目于 20×9 年 6 月 30 日达到预定可使用状态并于当日投入使用。该设备采用直线法计提折旧，预计净残值率为 3%，预计使用年限为 20 年。

要求：

（1）编制 A 公司 20×9 年 2 月 1 日从银行取得借款至 20×9 年 6 月 30 日工程项目

达到预定可使用状态时的会计分录。

（2）计算该仓库的入账价值。

（3）计算该仓库20×9年应计提的折旧额。

（二）应付债券

1. 某企业20×4年1月1日发行5年期面值为500万元的债券，票面利率为5%，企业按500万元的价格出售（债券发行费用略），到期一次还本付息。该债券款作流动资金使用。

要求：编制债券发行、计提利息、到期还本付息的会计分录。

2. A公司20×7年1月1日发行2年期债券，债券面值为1000000元，实际发行价格为140000元，票面利率为7%，每半年付息一次（采用直线法摊销）。

要求：编制A公司20×7年1月1日发行债券、20×7年6月30日结算利息、20×7年7月1日支付利息、20×8年12月31日结算利息及20×9年1月1日债券到期时的会计分录。

（三）可转换公司债券

某股份有限公司经批准于20×2年1月1日发行5年期1.5亿元可转换公司债券，债券票面年利率为6%，按面值发行（不考虑发行费用）。债券发行一年后可转换为股份，每100元转普通股4股，股票面值1元，可转换公司债券的账面价值1.59亿元（面值1.5亿元、应计利息0.09亿元）。假定债券持有者全部将债券转换为股份。

要求：编制发行公司发行债券、计提利息、转换为股份的会计处理（金额以万元为单位）。

（四）长期应付款

某企业开展补偿贸易业务，从国外引进一台价值10万美元（折合为人民币80万元）的不需安装的设备，引进过程中发生国外运杂费支出1万美元（折合为人民币8万元），由出售设备方负担并支付；用银行存款支付进口关税、国内运杂费10万元人民币。引进设备日的外汇比率为1美元=8.00元人民币。该企业用引进的设备生产产品，第一批生产的产品1000件，每件售价500元，每件销售成本为300元。这一批产品全部用于还款。

要求：编制引进设备、用第一批产品还款的会计分录。

（五）专项应付款

20×8年1月18日，甲企业收到国家拨入的专门用于技术改造的款项，共计人民币50万元。甲企业利用该笔款项对现有设备进行技术改造，共支出45万元，全部形成固定资产。技术改造项目完成后，甲企业将拨款结余5万元上交。

要求：做出甲企业的账务处理。

第二部分　习题参考答案

一、单项选择题

1. B　　2. D　　3. A　　4. D　　5. B　　6. B　　7. B　　8. A　　9. A

10. D　　11. C　　12. A　　13. A　　14. C　　15. D　　16. A　　17. B　　18. C

19. B　　20. B

二、多项选择题

1. CD　　　2. ABD　　　3. ABCDE　　4. BC　　　5. AC　　　6. BD

7. AD　　　8. ABCD　　9. ABC　　　10. ABC　　11. BCD　　12. AD

13. ACD　　14. AB　　　15. ABD　　　16. ABC　　17. ABC　　18. BCDE

三、判断题

1. ×　　2. ×　　3. √　　4. √　　5. ×　　6. ×　　7. ×　　8. ×　　9. ×

10. √　　11. ×　　12. ×　　13. √　　14. ×

四、计算及账务处理题

（一）长期借款

1.（1）取得长期借款时：

　　　借：银行存款　　　　　　　　　　　　　1000000

　　　　贷：长期借款　　　　　　　　　　　　　　1000000

（2）借款用于工程时：

　　　借：在建工程　　　　　　　　　　　　　1000000

　　　　贷：银行存款　　　　　　　　　　　　　　1000000

（3）计算 20×3 年的利息：100×5% = 5（万元）

　　　借：在建工程　　　　　　　　　　　　　　50000

　　　　贷：应付利息　　　　　　　　　　　　　　　50000

（4）结转在建工程时：

　　　借：固定资产　　　　　　　　　　　　　1050000

　　　　贷：在建工程　　　　　　　　　　　　1050000

　（5）20×3年年末偿还本息的30%：

　　　　借：长期借款　　　　　　　　　　　　300000

　　　　　　应付利息　　　　　　　　　　　　 15000

　　　　　　贷：银行存款　　　　　　　　　　315000

　（6）计算20×4年的利息：（700000 + 35000）× 5% = 36750（元）

　　　　借：财务费用　　　　　　　　　　　　 36750

　　　　　　贷：应付利息　　　　　　　　　　 36750

　（7）20×4年年末偿还本息的40%：

　　　　借：长期借款　　　　　　　　　　　　400000

　　　　　　应付利息　　　　　28700（35000 + 36750）× 40%

　　　　　　贷：银行存款　　　　　　　　　　428700

　（8）计算20×5年的利息：（300000 + 43050）× 5% = 17152.5（元）

　　　　借：财务费用　　　　　　　　　　　 17152.5

　　　　　　贷：应付利息　　　　　　　　　　17152.5

　（9）20×5年年末偿还剩余的本息：

　　　　借：长期借款　　　　　　　　　　　　300000

　　　　　　应付利息　　　　　　　　　　　 60202.5

　　　　　　贷：银行存款　　　　　　　　　360202.5

　　也可将（8）和（9）合并作一个分录，分录为：

　　　　借：长期借款　　　　　　　　　　　　300000

　　　　　　应付利息　　　　　　　　　　　　 43050

　　　　　　财务费用　　　　　　　　　　　 17152.5

　　　　　　贷：银行存款　　　　　　　　　360202.5

　2.（1）20×9年2月1日取得借款时：

　　　　借：银行存款　　　　　　　　　　　 1000000

　　　　　　贷：长期借款　　　　　　　　　 1000000

　20×9年2月1日购买物资及领用物资时：

　　　　借：工程物资　　　　　　　　　　　 1000000

　　　　　　贷：银行存款　　　　　　　　　 1000000

　　　　借：在建工程　　　　　　　　　　　 1000000

　　　　　　贷：工程物资　　　　　　　　　 1000000

　20×9年4月1日分配工资及发放工资时：

　　　　借：在建工程　　　　　　　　　　　　200000

　　　　　　贷：应付职工薪酬　　　　　　　　200000

　　　　借：应付职工薪酬　　　　　　　　　　200000

　　　　　　贷：银行存款　　　　　　　　　　200000

20×9 年 5 月 4 日领用原材料：

借：在建工程 117000

　　贷：原材料 100000

　　　应交税费——应交增值税（进项税额转出） 17000

20×9 年 6 月 30 日计算应付的利息：1000000 × （6% ÷ 12）× 5 = 25000 （元）

借：在建工程 25000

　　贷：应付利息 25000

20×9 年 7 月 31 日结转工程成本：

借：固定资产 1342000

　　贷：在建工程 1342000

（2）计算该仓库的入账价值为 134.2 万元。

（3）该仓库从 7 月开始计提折旧。

该仓库 20×9 年应计提的折旧额 = 134.2 × （1 - 3%）÷ 20 × 6 ÷ 12 = 3.25435 （万元）

（二）应付债券

1. 发行债券时：

借：银行存款 5000000

　　贷：应付债券——面值 5000000

每年计提利息，确认利息费用时：

借：财务费用 250000

　　贷：应付债券——应计利息 250000

到期还本付息时：

借：应付债券——面值 5000000

　　　应付债券——应计利息 1250000

　　贷：银行存款 6250000

2. 20×7 年 1 月 1 日发行债券时：

借：银行存款 1040000

　　贷：应付债券——面值 1000000

　　　　——利息调整 40000

20×7 年 6 月 30 日结算利息时：

借：财务费用 25000

　　应付债券——利息调整 10000

　　贷：应付利息 35000

20×7 年 7 月 1 日支付利息时：

借：应付利息 35000

　　贷：银行存款 35000

20×8 年 12 月 31 日结算利息时：

借：财务费用 25000

          应付债券——利息调整   10000
      贷：应付利息   35000
20×9年1月1日债券到期时：
   借：应付债券——面值   1000000
      应付利息   35000
      贷：银行存款   1035000
（三）可转换公司债券
（1）发行债券：
   借：银行存款   15000
      贷：应付债券——可转换公司债券（面值）   15000
（2）计算20×2年的利息：
   借：财务费用   900
      贷：应付债券——可转换公司债券（应付利息）   900
（3）20×3年债券转换股份：
   借：应付债券——可转换公司债券（面值）   15000
      应付债券——可转换公司债券（应付利息）   900
      贷：股本   636
         资本公积——股本溢价   15264
（注：股本=15900÷100×4=636万元）
（四）长期应付款
（1）引进设备时：
   借：固定资产   900000
      贷：长期应付款   800000
         银行存款   100000
返销产品时：
   借：应收账款   500000
      贷：主营业务收入   500000
   借：主营业务成本   300000
      贷：库存商品   300000
（2）用生产的第一批产品还款时：
   借：长期应付款   500000
      贷：应收账款   500000
（五）专项应付款
（1）收到技改资金时：
   借：银行存款   500000
      贷：专项应付款   500000
（2）进行技术改造时：

借：在建工程   450000
　　贷：银行存款   450000

（3）改造完毕，增加固定资产时：

借：固定资产   450000
　　贷：在建工程   450000

（4）借：专项应付款   450000
　　　贷：资本公积——其他资本公积   450000

（5）退回未用完的技改资金时：

借：专项应付款   50000
　　贷：银行存款   50000

第十一章　所有者权益

第一部分　习　题

一、单项选择题

1. 由企业在生产经营过程中形成的所有者权益是指（　　）。

A. 资本公积　　　　B. 留存收益　　　　C. 债券溢价　　　　D. 公益金

2. 股份有限公司溢价发行股票支付的手续费、佣金等，应（　　）。

A. 从溢价收入中扣除　　　　　　　B. 全部列作开办费

C. 全部计入长期待摊费用　　　　　D. 全部计入管理费用

E. 报经主管财政机关审批后冲减盈余公积和资本公积，不足部分冲销资本

3. 甲企业 20×5 年发生亏损，按规定可以用以后年度利润弥补，则该企业应进行的会计处理为（　　）。

A. 借：利润分配——弥补以前年度亏损

　　贷：利润分配——未分配利润

B. 借：盈余公积

　　贷：利润分配——未分配利润

C. 借：利润分配——弥补以前年度亏损

　　贷：应弥补亏损

D. 不做账务处理

4. 在我国，国家对企业拨出专款用于企业的技术改造，企业收到拨款时，暂作（　　）。

A. 拨款转入　　　B. 专项应付款　　　C. 资本公积　　　D. 固定资产

5. 有限责任公司在增资扩股时，新的投资者缴纳出资额大于其在注册资本中所占的份额部分，计入"（　　）"科目。

A. 实收资本　　　B. 股本　　　　　　C. 资本公积　　　D. 盈余公积

6. "资本公积"的主要用途是（　　）。

A. 转增资本

B. 弥补亏损

C. 向其他单位捐赠资产

D. 向股东支付股利

7. 甲企业当年盈利 300 万元，以前年度未弥补亏损为 40 万元（已超过规定的弥补期限），企业用盈余公积弥补了 30 万元，剩下 10 万元可用（　　）。

A. 所得税前利润弥补

B. 以后年度的盈余公积弥补

C. 所得税后利润弥补

D. 资本公积弥补

8. 目前，我国公司制企业的法定盈余公积是按照净利润的（　　）提取的。

A. 5%　　　　　B. 10%　　　　　C. 15%　　　　　D. 20%

9. 盈余公积弥补亏损时，其会计处理是（　　）。

A. 应借记"盈余公积"科目，贷记"本年利润"科目

B. 应借记"利润分配"科目，贷记"盈余公积"科目

C. 应借记"盈余公积"科目，贷记"利润分配"科目

D. 不做账务处理

10. 企业用盈余公积或资本公积转增资本（　　）。

A. 会导致所有者权益的增加

B. 会导致所有者权益的减少

C. 不会引起所有者权益总额及其结构的变化

D. 不会引起所有者权益总额的变化，但会导致其结构的变动

11. 资本溢价是指（　　）。

A. 投资者投入的资本超过按其投资比例计算的出资额的部分

B. 投资者按其投资比例计算的出资额超过其实际投入的资本的部分

C. 企业筹足注册资本以后再吸收的外部投资

D. 接受投资的资产的评估价值高于投出单位账面原价的数额

12. 企业按规定增加实收资本时，除了所有者投入的资金外，还可以（　　）。

A. 用资本公积和盈余公积转增实收资本

B. 将专项拨款转入实收资本

C. 将接受捐赠资产转入实收资本

D. 将未分配利润转入实收资本

13. 企业将盈余公积转增资本时，转增后留存的盈余公积的数额不得少于注册资本的（　　）。

A. 20%　　　　　B. 25%　　　　　C. 30%　　　　　D. 50%

14. 某有限责任公司资本构成如下：甲投资者为 20 万元，乙投资者为 10 万元，丙投资者为 10 万元；甲、乙、丙股权比例为 2：1：1。现公司吸收新投资者丁，丁出资 15 万元，取得 1/5 的股权比例，则新股东加入后，甲、乙、丙、丁各股东股本次序为（　　）。

A. 200000 元、100000 元、100000 元、150000 元

B. 150000 元、150000 元、150000 元、150000 元

C. 200000 元、100000 元、100000 元、100000 元

D. 225000 元、112500 元、112500 元、100000 元

15. 某企业上年未分配利润为 10 万元，本年税后利润为 40000 元，按照规定提取法定盈余公积后，又向投资者分配利润为 60000 元，法定盈余公积的提取比例为 10%，则该企业本年未分配利润数额为（　　）元。

A. 80000　　　　　B. 76000　　　　　C. 100000　　　　　D. 140000

16. 20×2 年年末，甲企业"利润分配——未分配利润"科目的余额为贷方 20 万元；20×3 年甲企业发生亏损 600 万元；20×4~20×8 年；该企业每年实现利润 100 万元。20×9 年该企业实现利润总额 200 万元（无纳税调整事项），所得税税率为 25%，则 20×9 年年末该企业"利润分配——未分配利润"科目余额为（　　）万元。

A. 70　　　　B. 20　　　　C. 50　　　　D. 0　　　　E. 30

17. ABC 公司注册资本为 450 万元，现有 D 出资者出资现金 200 万元，使得注册资本增加到 600 万元，其中 D 出资者占注册资本的比例为 25%。ABC 公司接受 D 出资者出资时，应计入资本公积的金额为（　　）万元。

A. 0　　　　　B. 50　　　　　C. 150　　　　　D. 200

18. 某上市公司发行普通股 1000 万股，每股面值 1 元，每股发行价格 5 元，支付手续费 20 万元，支付咨询费 60 万元。该公司发行普通股计入股本的金额为（　　）万元。

A. 1000　　　　　B. 4920　　　　　C. 4980　　　　　D. 5000

19. 甲企业收到乙企业以设备出资，该设备的原价为 50 万元，已提折旧 6 万元，投资合同约定该设备价值为 40 万元（假定是公允的），占注册资本 30 万元，则甲企业的会计处理为（　　）。

A. 借：固定资产　　　　　　　　　　400000

　　　贷：实收资本　　　　　　　　　　　　　　400000

B. 借：固定资产　　　　　　　　　　440000

　　　贷：实收资本　　　　　　　　　　　　　　440000

C. 借：固定资产　　　　　　　　　　400000

　　　贷：实收资本　　　　　　　　　　　　　　300000

　　　　资本公积　　　　　　　　　　　　　　100000

D. 借：固定资产　　　　　　　　　　500000

　　　贷：累计折旧　　　　　　　　　　　　　　100000

　　　　实收资本　　　　　　　　　　　　　　400000

20. 下列各项，会影响所有者权益总额发生增减变动的是（　　）。

A. 支付已宣告的现金股利　　　　　B. 股东大会宣告派发现金股利

C. 实际发放股票股利　　　　　　　D. 盈余公积补亏

二、多项选择题

1. 盈余公积的提取方法是（　　）。

A. 法定盈余公积按税后利润的 10%提取

B. 任意盈余公积按公司股东会议决议提取

C. 任意盈余公积按税后利润的 5%~10%提取

D. 法定盈余公积从税后利润提取，比例由董事会确定

2. 下列各项中，不会引起所有者权益发生增减变动的有（　　）。

A. 收到应收账款　　B. 投资者投入资本　　C. 偿还债务　　D. 支付职工工资

3. 从利润当中形成的所有者权益有（　　）。

A. 实收资本　　　B. 资本公积　　　　C. 盈余公积　　　D. 应付股利

E. 未分配利润

4. 企业实收资本增加的途径有（　　）。

A. 资本公积转增资本　　　　　　　B. 盈余公积转增资本

C. 所有者投入　　　　　　　　　　D. 企业盈利

5. 企业的留存收益包括（　　）。

A. 实收资本　　　B. 资本公积　　　　C. 盈余公积　　　D. 本年利润

E. 未分配利润

6. "盈余公积"包括（　　）。

A. 法定盈余公积　　　　　　　　　B. 任意盈余公积

C. 法定资本公积　　　　　　　　　D. 未分配利润

7. 企业收到国家拨入的专门用于技术改造、技术研究的拨款项目完成后，形成各项资产应做的会计分录为（　　）。

A. 借：银行存款

　　　贷：资本公积——其他资本公积

B. 借：固定资产

　　　贷：有关科目

C. 借：专项应付款

　　　贷：资本公积——其他资本公积

D. 借：银行存款

　　　贷：实收资本

　　　　　资本公积

8. 企业弥补亏损的来源主要有（　　）。

A. 用以后年度税前利润弥补　　　　B. 用以前年度税前利润弥补

C. 用以后年度税后利润弥补　　　　D. 用资本公积弥补

9. 下列各项中，能引起盈余公积发生增减变动的有（　　）。

A. 购买办公楼　　　　　　　　　　　B. 用法定盈余公积转增资本

C. 用任意盈余公积弥补亏损　　　　　D. 用任意盈余公积派发现金股利

10. 能引起所有者权益总额增加的是（　　　）。

A. 用盈余公积转增资本　　　　　　　B. 本年度有新的投资者投入资本

C. 本年度实现净利润　　　　　　　　D. 用资本公积转增资本

11. 现行会计核算将企业的所有者权益分为（　　　）。

A. 实收资本　　　B. 资本公积　　　　C. 盈余公积　　　　D. 应付职工薪酬

E. 未分配利润

12. 下列各项中，不会引起股份有限公司所有者权益发生增减变动的有（　　　）。

A. 用资本公积转增股本　　　　　　　B. 用盈余公积弥补亏损

C. 报销差旅费　　　　　　　　　　　D. 用法定盈余公积分配现金股利

13. 盈余公积可用于（　　　）。

A. 支付股利　　　B. 转增资本　　　　C. 弥补亏损　　　　D. 转为资本公积

14. 下列各项中，属于有限责任公司盈余公积用途的有（　　　）。

A. 弥补亏损　　　B. 转增资本　　　　C. 发放现金利润　　D. 支付职工奖金

15. 甲股份有限公司以银行存款收购本企业股票方式减资，在进行会计处理时，可能涉及的会计科目有（　　　）。

A. 股本　　　　　B. 资本公积　　　　C. 财务费用　　　　D. 盈余公积

三、判断题

1. 国有独资公司的投资者为单一所有者，不会在追加投资时，为维持一定投资比例而产生资本公积。　　　　　　　　　　　　　　　　　　　　　　（　　）

2. 资本公积不能用于转增资本。　　　　　　　　　　　　　　　　　　（　　）

3. 企业发生亏损，可以用以后年度税前利润弥补，但弥补期限不得超过三年。（　　）

4. 股份有限公司"股本"账户的期末贷方余额，就是股票的发行价与发行股数的乘积。　　　　　　　　　　　　　　　　　　　　　　　　　　　　　　（　　）

5. 股份有限公司溢价发行股票，股票溢价净收入应计入企业的营业外收入。（　　）

6. "利润分配——未分配利润"科目年终应无余额，如果有余额，应是上年利润的数额。　　　　　　　　　　　　　　　　　　　　　　　　　　　　　　（　　）

7. 企业将盈余公积转增资本并不引起所有者权益总数的增加，而只是引起企业所有者权益结构的变化。　　　　　　　　　　　　　　　　　　　　　　　（　　）

8. 由于所有者权益和负债都是对企业资产的要求权，因此它们的性质是一样的。
　　　　　　　　　　　　　　　　　　　　　　　　　　　　　　　　　（　　）

9. 公司制企业的法定盈余公积金按照税后利润的 10%提取，法定盈余公积金累计额达到注册资本的 60%时可以不再提取。　　　　　　　　　　　　　　　（　　）

10. 当企业投资者投入的资本高于其注册资本时，应当将高出部分计入营业外

收入。 （　　）

11. 用利润弥补亏损时，企业应编制相应的会计分录。 （　　）

12. 企业的盈余公积结余数，可用于购置固定资产，也可用于购置原材料，但无论用于哪一方面，均无须对盈余公积进行账务处理。 （　　）

13. 任意盈余公积只能用于企业职工各种福利支出。 （　　）

14. 年末，本年利润不必结转，保留年末余额。 （　　）

15. 企业用盈余公积弥补亏损时，应借记"盈余公积"科目，贷记"利润分配——未分配利润"科目。 （　　）

16. 股份公司发行股票相关的交易费用，应计入当期损益。 （　　）

四、计算及账务处理题

（一）实收资本或股本

1. 某企业本期委托某证券公司代理发行普通股 500 万股，每股面值 1 元，发行价格为每股 1.50 元。企业与证券公司约定，按发行收入的 2% 收取佣金，从发行收入中扣除。假定收到的股款已存入银行。

要求：编制有关的会计分录。

2. 某股份制企业委托证券公司代理发行普通股 80000 股，面值 1 元，按每股 1.8 元价格出售，证券公司按发行收入的 2% 收取手续费从发行收入中扣除。

要求：编制有关的会计分录。

3. 乙有限责任公司在增资扩股时收到 B 公司作为资本投入的原材料一批，该批原材料投资合同或协议约定价值（不含可抵扣的增值税进项税额部分）为 100000 元，增值税进项税额为 17000 元。B 公司已开具了增值税专用发票。假设合同约定的价值与公允价值相符，该进项税额允许抵扣。不考虑其他因素。

要求：做出乙公司的会计处理。

（二）利润分配

1. 某公司 20×9 年实现利润总额 100000 元。该公司上年度发生亏损 50000 元，未弥补。法定盈余公积按 10% 提取。

要求：做出有关的业务处理（企业所得税率 25%），并计算结转年末未分配利润余额。

2. 甲上市公司 20×8 年实现净利润 480 万元，公司董事会于 20×9 年 3 月 31 日提出公司当年利润分配方案，拟对 20×8 年实现的利润进行分配。具体分配方案如下：提取法定盈余公积 48 万元；提取任意盈余公积 24 万元；分配股利 300 万元，全部为现金股利。20×9 年 4 月该分配方案经公司股东大会批准后得以实行。

要求：根据上述资料，进行有关的会计核算。

（三）资本退出

A 公司 20×9 年 12 月 31 日的股本为 10000 万股，面值为 1 元，资本公积（股本溢价）3000 万元，盈余公积 4000 万元。经股东大会批准，A 公司以现金回购本公司股票 2000 万股并注销。假定 A 公司按每股 2 元回购股票，不考虑其他因素。

　　要求：做出 A 公司的会计处理（以万元为单位）。

第二部分　习题参考答案

一、单项选择题

1. B　　2. A　　3. D　　4. B　　5. C　　6. A　　7. C　　8. B　　9. C
10. D　　11. A　　12. A　　13. B　　14. C　　15. B　　16. A　　17. B　　18. A
19. C　　20. B

二、多项选择题

1. AB　　　2. ACD　　　3. CE　　　4. ABC　　　5. CE　　　6. AB
7. BC　　　8. AC　　　9. BCD　　　10. BC　　　11. ABCE　　12. AB
13. ABC　　14. ABC　　15. ABD

三、判断题

1. √　　2. ×　　3. ×　　4. ×　　5. ×　　6. ×　　7. √　　8. ×　　9. ×
10. ×　　11. ×　　12. ×　　13. ×　　14. ×　　15. ×　　16. ×

四、计算及账务处理题

（一）实收资本或股本

1. 借：银行存款　　　　　　　　　　　　　　7350000
　　　贷：股本　　　　　　　　　　　　　　　　　5000000
　　　　　资本公积——资本溢价　　　　　　　　　2350000
2. 借：银行存款　　　　　　　　　　　　　　141120
　　　贷：股本　　　　　　　　　　　　　　　　　80000
　　　　　资本公积——股本溢价　　　　　　　　　61120
3. 借：原材料　　　　　　　　　　　　　　　100000
　　　　应交税费——应交增值税（进项税额）　　17000

　　　　贷：实收资本——B公司　　　　　　　　　　　　117000

（二）利润分配

1.（1）计算应交的企业所得税：（100000 – 50000）× 25% = 12500（元）

　　　　借：所得税费用　　　　　　　　　　　　　　　12500

　　　　　　贷：应交税费——应交所得税　　　　　　　　　　12500

结转企业所得税：

　　　　借：本年利润　　　　　　　　　　　　　　　　12500

　　　　　　贷：所得税费用　　　　　　　　　　　　　　　　12500

结转本年利润：

　　　　借：本年利润　　　　　　　　　　　　　　　　87500

　　　　　　贷：利润分配——未分配利润　　　　　　　　　　87500

（2）提取法定盈余公积：（87500 – 50000）× 10% = 3750（元）

　　　　借：利润分配——提取法定盈余公积　　　　　　3750

　　　　　　贷：盈余公积——法定盈余公积　　　　　　　　　3750

结转利润分配各明细账户：

　　　　借：利润分配——未分配利润　　　　　　　　　3750

　　　　　　贷：利润分配——提取法定盈余公积　　　　　　　3750

2.（1）20×8年年末，结转本年利润：

　　　　借：本年利润　　　　　　　　　　　　　　　4800000

　　　　　　贷：利润分配——未分配利润　　　　　　　　　4800000

（2）20×9年4月分配利润：

　　　　借：利润分配——提取法定盈余公积　　　　　480000

　　　　　　　　　——提取任意盈余公积　　　　　240000

　　　　　　贷：盈余公积——法定盈余公积　　　　　　　　480000

　　　　　　　　　——任意盈余公积　　　　　　　240000

　　　　借：利润分配——应付现金股利　　　　　　　3000000

　　　　　　贷：应付股利　　　　　　　　　　　　　　　3000000

（3）20×9年4月末，结转利润分配各明细账户：

　　　　借：利润分配——未分配利润　　　　　　　　3720000

　　　　　　贷：利润分配——提取法定盈余公积　　　　　　480000

　　　　　　　　　——提取任意盈余公积　　　　　240000

　　　　　　　　　——应付现金股利　　　　　　　3000000

（三）资本退出

（1）回购本公司股票时：

　　　　借：库存股　　　　　　　　　　　　　　　　4000

　　　　　　贷：银行存款　　　　　　　　　　　　　　　　4000

库存股成本 = 2000 × 2 = 4000（万元）

（2）注销本公司股票时：

借：股本   2000

     资本公积——股本溢价   2000

        贷：库存股   4000

应冲减的资本公积 = $2000 \times 2 - 2000 \times 1 = 2000$（万元）

第十二章 收入、费用和利润

第一部分 习 题

一、单项选择题

1. 下列各项中可以计入产品成本的是（   ）。
A. 厂部管理人员的工资 　　　　　　 B. 车间管理人员的工资
C. 工会人员的工资 　　　　　　　　 D. 专设销售部门人员的工资

2. 费用会导致（   ）。
A. 资产和负债同时减少 　　　　　　 B. 资产和负债同时增加
C. 资产的增加或负债的减少 　　　　 D. 资产的减少或负债的增加

3. 销售合同中规定了由于特定原因买方有权退货的条款，而企业又不能确定退货的可能性，其收入应在（   ）时确认。
A. 发出商品 　　 B. 收到货款 　　 C. 签订合同 　　 D. 退货期满

4. 制造企业在购进材料过程中，所发生的运杂费应计入（   ）。
A. 销售费用 　　 B. 材料采购成本 　　 C. 管理费用 　　 D. 主营业务成本

5. 企业发生的展览费，应当计入（   ）。
A. 管理费用 　　 B. 营业外支出 　　 C. 销售费用 　　 D. 其他业务成本

6. 下列科目中，月末一般无余额的是"（   ）"科目。
A. 长期待摊费用 　 B. 应付利息 　　 C. 生产成本 　　 D. 制造费用

7. 下列各项中，不能计入管理费用账户的是（   ）。
A. 厂部管理人员工资 　　　　　　 B. 印花税
C. 发生的职工培训费 　　　　　　 D. 无法支付的应付账款

8. 企业会计制度规定，企业销售商品发生的现金折扣在实际发生时（   ）。
A. 增加财务费用 　 B. 增加销售费用 　　 C. 增加管理费用 　 D. 增加主营业务成本

9. 企业会计制度规定，企业销售商品发生的销售折让应在实际发生时（   ）。

A. 直接增加主营业务收入　　　　　　　B. 直接冲减主营业务收入

C. 直接增加主营业务成本　　　　　　　D. 直接冲减主营业务成本

10. 企业专设销售机构的业务招待费应计入（　　　）。

A. 管理费用　　　B. 主营业务成本　　　C. 其他业务成本　　D. 销售费用

11. 企业为本单位职工支付的劳动保险费，应计入（　　　）。

A. 管理费用　　　B. 营业外支出　　　C. 其他业务成本　　D. 销售费用

12. 下列项目中，属于工业企业其他业务收入的是（　　　）。

A. 罚款收入　　　　　　　　　　　　B. 出售固定资产收入

C. 出租无形资产收入　　　　　　　　D. 保险赔款

13. 下列交易或事项中，应确认收入的是（　　　）。

A. 销售商品并同时约定日后购回

B. 销售商品的同时再租回所售商品

C. 已收到客户订购产品的款项，但产品尚未完工

D. 销货发票和提货单已交买方并已收到款项，但买方因场地原因尚未提货

14. 在视同买断销售商品的委托代销方式下，未销售的商品不能退回，委托方确认收入的时点是（　　　）。

A. 委托方交付商品时　　　　　　　　B. 委托方销售商品时

C. 委托方收到代销清单时　　　　　　D. 委托方收到货款时

15. 销售商品收入确认的过程中，对于购货方实际享受的现金折扣销售方应做的会计处理是（　　　）。

A. 冲减当期的主营业务收入　　　　　B. 增加当期的财务费用

C. 增加当期的主营业务成本　　　　　D. 增加当期的管理费用

16. 企业对外销售需要安装商品时，若安装程序比较简单，则确认该商品销售收入的时间是（　　　）。

A. 商品运抵并开始安装时　　　　　　B. 发出商品时

C. 收到商品销售货款时　　　　　　　D. 商品安装完毕并检验合格时

17. 甲公司销售产品每件 440 元（不含增值税），若客户购买 200 件（含 200 件）以上，每件可得到 40 元的商业折扣。某客户 20×9 年 8 月 8 日购买该企业产品 200 件，按规定现金折扣条件为 2/10、1/20、N/30。适用的增值税税率为 17%。该企业于 8 月 24 日收到该笔款项时，则实际收到的款项为（　　　）元（假定计算现金折扣时考虑增值税）。

A. 93600　　　　B. 936　　　　　C. 102960　　　　D. 92664

18. 甲公司于 20×9 年 2 月委托乙商店代销 A 产品 1000 件，代销价款合计 400 万元（不含税）。20×9 年 12 月 20 日收到乙商店交来的代销清单，代销清单列明已销售代销的 A 产品 800 件，甲公司收到代销清单时向乙商店开具增值税发票。乙商店按代销价款的 10% 收取手续费。该批产品的实际成本为 250 万元。则甲公司本年度应确认的委托代销商品的销售收入为（　　　）万元。

A. 400　　　　　　B. 320　　　　　　C. 288　　　　　　D. 200

19. 20×8 年 7 月 1 日，某建筑公司与客户签订一项固定造价建造合同，承建一幢办公楼，预计 20×9 年 12 月 31 日完工；合同总金额为 12000 万元，预计总成本为 10000 万元。截至 20×8 年 12 月 31 日，该建筑公司实际发生合同成本 3000 万元。假定该建造合同的结果能够可靠地估计，20×8 年对该项建造合同确认的收入为（　　）万元。

A. 3000　　　　　　B. 3200　　　　　　C. 3500　　　　　　D. 3600

20. 下列各项收入中，不属于工业企业的其他业务收入的是（　　）。

A. 销售商品所取得的收入　　　　　　B. 出租固定资产所取得的收入

C. 出租无形资产所取得的收入　　　　　　D. 销售材料产生的收入

二、多项选择题

1. 下列项目中属于管理费用核算的内容有（　　）。

A. 车间管理人员的薪酬　　　　　　B. 广告费

C. 厂部管理人员的薪酬　　　　　　D. 会务费

2. 期间费用主要包括（　　）。

A. 销售费用　　　　　　B. 制造费用

C. 管理费用　　　　　　D. 财务费用

3. 下列费用中，属于管理费用开支范围的有（　　）。

A. 计提的工会经费　　　　　　B. 职工退职金

C. 广告费　　　　　　D. 抚恤费

4. 下列费用中，应作为销售费用处理的有（　　）。

A. 专设销售机构销售人员工资　　　　　　B. 销售产品发生的由企业承担的运杂费

C. 融资租赁设备支出　　　　　　D. 专设销售机构费用

5. 下列项目中，应计入财务费用的有（　　）。

A. 付给银行的手续费　　　　　　B. 接受外币资本投资时发生的折算差额

C. 提前支付应收账款获取的现金折扣　　　　　　D. 票据贴现时发生的贴现差额

6. 下列各项属于其他业务成本的是（　　）。

A. 转让无形资产使用权发生的支出及相关税费

B. 出租固定资产所发生的支出

C. 销售材料结转材料成本

D. 因自然灾害造成的资产流失

7. 下列情形中，商品所有权上的风险尚未转移的有（　　）。

A. 企业发出商品一批，货款已经结算，但由于商品质量与合同不符，可能遭受退货

B. 企业已经收到货款，发货单也已交给对方，但客户尚未把货提走

C. 售出的商品中附有退货条款，但无法确定其退货的可能性

D. 发出一批商品，委托某单位代为销售

E. 售出一批电脑，由本企业负责安装，尚未安装完成

8. 构成并影响营业利润的项目是（　　）。

A. 销售费用和财务费用　　　　　　　　B. 资产减值损失

C. 其他业务收入　　　　　　　　　　　D. 营业外收入

9. 下列项目中属于营业外支出的有（　　）。

A. 固定资产盘亏　　　　　　　　　　　B. 库存商品盘亏

C. 水灾损失　　　　　　　　　　　　　D. 处置固定资产损失

10. 按我国企业会计准则规定，下列项目中不应确认收入的有（　　）。

A. 销售商品收取的增值税　　　　　　　B. 出售飞机票时代收的保险费

C. 销售商品代垫的运杂费　　　　　　　D. 发出委托代销商品时

E. 旅行社代客户购买景点门票收取的款项

11. 下列业务中属于营业外收入的有（　　）。

A. 转销固定资产盘盈　　　　　　　　　B. 出售无形资产所有权净收益

C. 处置固定资产收益　　　　　　　　　D. 罚款收入

12. 下列有关售后回购处理正确的有（　　）。

A. 采用售后回购方式销售商品的，一般情况下收到的款项应确认为负债，回购价格大于原售价的，差额应在回购期间按期计提利息，计入财务费用

B. 有确凿证据表明售后回购交易满足销售商品收入的确认条件的，销售的商品按售价确认收入，回购的商品作为购进商品处理

C. 有确凿证据表明售后回购交易满足销售商品收入的确认条件的，仍然将回购价格大于原售价的差额在回购期间按期计提利息，计入财务费用

D. 售后回购在任何情况下都不确认收入

E. 售后回购核算中不会涉及发出商品的核算

13. 下列经济业务通过"其他业务收入"科目核算的是（　　）。

A. 原材料的销售　　　　　　　　　　　B. 出租无形资产

C. 出售无形资产　　　　　　　　　　　D. 转让一台生产设备的使用权

14. 关于售后回购，下列说法中正确的有（　　）。

A. 大多数情况下，售后回购交易属于融资交易，企业不应确认销售商品收入

B. 售后回购无论何种情况下均不能确认收入

C. 如果商品所有权上的主要风险和报酬已经转移，则在销售商品时应确认收入

D. 如果商品所有权上的主要风险和报酬没有转移，应将售价与回购价的差额，在回购期间按期计提利息

15. 下列有关收入确认的表述中，正确的有（　　）。

A. 广告制作费的收入应当在资产负债表日根据完工程度确认

B. 宣传媒介的广告佣金的收入应当在相关的广告或商业行为开始出现于公众面前的时候确认

C. 属于与提供设备相关的特许权的收入应当在设备所有权转移时确认

D. 属于与提供初始及后续服务相关的特许权的收入应当在提供服务时确认

16. 下列有关收入确认的表述中正确的有（　　）。

A. 采用售后回购方式销售商品的，一般情况下收到的款项应确认为负债；回购价格大于原售价的，差额应在回购期间按期计提利息，计入财务费用

B. 有确凿证据表明售后回购交易满足销售商品收入确认条件的，销售的商品按售价确认收入，回购的商品作为购进商品处理

C. 长期为客户提供重复的劳务收入，应当在相关劳务活动发生时确认收入

D. 资产使用费的收入应当在使用期满一次性确认收入

17. 下列业务中，可在发出商品时确认收入的有（　　）。

A. 附有销售退回条件的试销商品

B. 需要安装和检验，但安装程序比较简单的销售

C. 预收货款方式销售商品

D. 根据租赁合同，认定为经营租赁的售后租回交易是按照公允价值达成的

18. 按我国会计准则规定，下列项目属于让渡资产使用权取得的收入的有（　　）。

A. 利息收入　　　　　　　　　　B. 包装物销售收入

C. 无形资产使用费收入　　　　　　D. 材料销售收入

19. 下列有关建造合同的会计处理，正确的有（　　）。

A. 建造合同结果能够可靠估计的，采用完工百分比法确认合同收入和合同费用

B. 建造合同结果不能可靠估计且合同成本不能收回的，按合同成本确认合同收入

C. 建造合同结果不能可靠估计且合同成本能够收回的，按合同成本确认合同收入

D. 建造合同结果不能可靠估计且合同成本不能收回的，合同成本在发生时计入费用

20. 提供劳务交易的结果能够可靠估计，应同时满足的条件包括（　　）。

A. 收入的金额能够可靠地计量　　　B. 相关的经济利益很可能流入企业

C. 交易中已发生的成本能够可靠地计量　D. 交易中将发生的成本能够可靠地计量

三、判断题

1. 企业将所有权凭证或实物交给对方，意味着商品所有权上的风险已经转移。（　　）

2. 企业发生销售退回时，不论销售退回的商品是本年销售的，还是以前年度销售的，均应冲减本年度的销售收入与成本。（　　）

3. 小规模纳税企业销售商品应收取的增值税额，应当与销售商品价款一并确认收入。（　　）

4. 企业收到的先税后退的增值税不包括在利润总额中。（　　）

5. 企业支付的广告费应计入销售费用，不计入"无形资产——商标权"的价值。（　　）

6. 企业发生的业务招待费超过规定限额的,应计入"其他业务成本"。 (　　)

7. 如果企业保留与商品所有权相联系的继续管理权,则不能确认该项商品的销售收入。 (　　)

8. 企业在资产负债表日提供劳务交易的结果不能可靠计量的,按新准则的规定应该采用完工百分比法确认收入。 (　　)

9. 对以旧换新的销售,销售的商品按照商品销售的方法确认收入,回收的商品作为购进商品处理。 (　　)

10. 企业以前年度亏损未弥补完时,不得向投资者分配利润,但可以提取法定盈余公积金。 (　　)

11. 采用预收货款方式销售产品的情况下,应当在收到货款时确认收入的实现。 (　　)

12. 企业利润总额是计算企业当期应交所得税额的直接依据,利润总额乘以适用的所得税率,就是当期应交纳的所得税额。 (　　)

13. 在采用交款提货销售方式时,如货款已收,发票和提货单已交给对方,无论商品是否发出,都作为收入的实现。 (　　)

14. 按现行制度规定,企业在确定商品销售收入时,不考虑可能发生的现金折扣和销售折让。 (　　)

15. 对于附有销售退回条件的商品销售,如果不能合理确定退货的可能性,应在售出商品的退货期期满时确认收入。 (　　)

16. 在委托其他单位代销商品的情况下,应当在收到代销单位的代销清单时确认收入的实现。 (　　)

17. 对商品需要安装的销售,只能在安装和检验完毕后确认收入。 (　　)

18. 按现行会计制度规定,企业发生的现金折扣应冲减主营业务收入。 (　　)

19. 完工百分比法是确认收入的一种方法,这种方法主要适用于技术转让收入的确认。 (　　)

20. 在采用完工百分比法确认劳务收入时,其相关的销售成本应以实际发生的全部成本确认。 (　　)

四、计算及账务处理题

(一) 一般产品销售

某企业 20×5 年 3 月发生部分经济业务如下,该企业适用的增值税率为 17%,采用价税分离的定价方式。

(1) 采用托收承付结算方式向 B 公司销售甲产品 10 件,每件 1000 元,开出现金支票代垫运杂费 300 元,已办妥托收手续。

(2) 收到长阳工厂预付的货款 100000 元。

(3) 银行转来收账通知,收到 B 公司承付的货款及代垫运杂费 12000 元。

（4）发往长阳工厂拟购的甲产品 80 件，每件 1000 元，代付运杂费 500 元，余款退回长阳工厂。

（5）售甲产品 30 件，客户 A 公司交来转账支票，金额 35100 元，已办妥进账手续。

（6）企业本月销售一批产品，按合同约定产品的销售价格（不含税）为 800000 元，增值税税率为 17%，产品品种和质量按照合同约定的标准提供，产品已经发出，货款收存银行，该批产品的成本为 650000 元。

要求：根据上述资料，编制有关会计分录。

（二）委托代销

1. 甲企业委托乙企业销售商品 300 件，协议价为每件 500 元，该产品单位成本为 250 元，增值税税率为 17%。甲企业收到乙企业开来的代销清单时，开具增值税专用发票，发票上售价为 150000 元，增值税额为 25500 元。乙企业实际销售时开具的增值税专用发票上注明的售价为 165000 元，增值税为 28050 元，并收到货款。乙企业支付货款给甲企业。

要求：分别编制甲、乙两家企业有关的会计分录。

2. M 企业月初委托乙企业代销一批商品，该批产品的销售价格为 500000 元（不含增值税），成本为 380000 元。月末时收到代销清单，代销的商品全部售出，代销手续费为商品销售价格的 8%。该批商品的增值税税率为 17%。

要求：编制 M 企业的会计分录。

（三）销售折扣、销售折让

1. 鑫鑫公司销售一批产品 500 件给欣欣公司，增值税专用发票上注明的售价为 90000 元，增值税额为 15300 元，合同中规定的付款条件 3/10、2/20、N/30（计算折扣时不考虑增值税）。

要求：编制鑫鑫公司不同现金折扣条件下的会计分录。

2. 甲企业赊销产品一批给美达公司，增值税专用发票上注明的售价为 850000 元，增值税为 144500 元。货到后买方发现产品有质量问题经协商给予 6% 的折让。

要求：编制甲企业的会计分录。

3. 甲企业销售一批商品给乙企业，增值税发票上的售价 100000 元，增值税额 17000 元，款收存银行。货到后乙企业发现商品质量不合格，要求在价格上给予 5% 的折让。经查明，乙企业提出的销售折让要求符合原合同的约定，甲企业同意并办妥了相关手续，货款已退。假定此前甲企业已确认该批商品的销售收入。

要求：编制甲企业的会计分录。

（四）销售退回

1. 甲企业 3 月销售 A 产品 80 件给 M 公司，每件售价为 188 元（不含税），货款预收。单位销售成本 118 元，6 月因产品质量问题退回 5 件，货款已退。6 月该企业销售 A 产品 100 件，每件售价 200 元（不含税），款收存银行。单位销售成本 128 元，该产品增值税税率为 17%。

要求：编制甲企业的会计分录。

2. 甲企业售给新凤公司甲产品 20 件因质量问题退货, 开出转账支票退还货款 20000 元, 增值税 3400 元以及新凤公司代垫退货运杂费 100 元。

要求: 编制甲企业的会计分录。

(五) 其他业务收支

某企业 20×5 年 3 月发生下列经济业务:

(1) 出租一项专利权, 取得租金收入 3000 元; 该专利权本月摊销金额为 1000 元。

(2) 让售材料一批, 售价 30000 元, 增值税额 5100 元, 款已收存银行, 该材料的采购成本为 20000 元。

(3) 出租一项固定资产, 本月租金收入 8000 元, 租金已收存银行, 该资产本月应计提折旧 2000 元。

(4) 月末结转其他业务收支科目。

要求: 根据上述业务, 编制有关会计分录。

(六) 期间费用

某企业 20×5 年 12 月发生下列经济业务:

(1) 用存款支付产品的广告费 20000 元。

(2) 企业管理部门使用的固定资产应提折旧 10000 元。

(3) 分配职工工资, 其中行政管理人员工资 20000 元, 专设销售机构人员工资 30000 元。

(4) 计算本月短期借款利息 60000 元, 长期借款利息 80000 元 (工程已完工并交付使用), 并用银行存款支付金融机构手续费 1500 元。

(5) 计提职工教育经费 3000 元。

(6) 用银行存款支付业务招待费 600 元。

(7) 摊销无形资产价值 1500 元。

(8) 购买办公用品 2000 元, 以支票支付。

(9) 以现金支付招待费 3000 元。

(10) 支付本季度短期借款利息 3000 元, 其中上月已计算的利息 2000 元。

(11) 以支票支付产品展览费 9000 元。

(12) 以支票支付本月水电费共计 10000 元, 其中生产车间负担 8000 元, 厂部管理部门负担 2000 元。

(13) 购买厂部劳保用品 1500 元, 以转账支票支付, 并领用。

(14) 支付银行手续费 5000 元。

(15) 支付销售商品的吊装费 500 元, 以现金支付。

(16) 月末, 结转期间费用。

要求:

(1) 根据上述经济业务, 编制会计分录。

(2) 登记期间费用 "T" 型账户。

（七）损益综合

某企业 20×8 年 12 月发生如下的经济业务：

（1）销售 A 产品 100 件，每件售价 24000 元，货款 2400000 元，增值税税率为 17%，已收到货款存入银行。

（2）销售 B 产品 50 件给颐美公司，每件售价 2100 元（不含税），增值税税率为 17%，货款已预收。

（3）企业转让无形资产所有权一项，该项无形资产账面余额 330000 元，累计摊销余额 60000 元，转让收入 300000 元。

（4）结转本月销售产品的成本，A、B 产品的单位成本分别为 15000 元和 1200 元。

（5）有一项 A 公司的应付账款无法支付，金额为 60000 元，现予转销。

（6）结转本月固定资产盘亏净损失 54000 元。

（7）支付税收滞纳金 3000 元。

（8）对外捐赠 5000 元，以支票支付。

（9）计算本月应交教育费附加 3000 元，城市维护建设税 7000 元。

（10）摊销无形资产价值 3000 元。

（11）结转本月发生管理费用 180000 元，销售费用 150000 元，财务费用 60000 元。

（12）结转主营业务收入、主营业务成本、营业外收支、营业税金及附加。

（13）计算营业利润、利润总额、所得税（假设无调整事项）、净利润等指标，并结转所得税。

（14）若 1~11 月共实现利润 6000000 元，应交所得税 1500000 元，再根据上述资料的计算结果，结转本年利润，进行全年利润的分配，提取盈余公积 10%，分配现金股利 60%，并结转利润分配各明细账户。

要求：根据上述资料编制会计分录，并进行相应的计算。

（八）利润的计算

长江工厂 20×4 年的年度决算时，各损益类账户的资料如下（单位：元）。

主营业务收入	2000000
主营业务成本	800000
营业税金及附加	100000
销售费用	400000
管理费用	200000
财务费用	50000
其他业务收入	200000
其他业务成本	70000
营业外收入	80000
营业外支出	4000
所得税费用	180000

要求：根据以上资料计算该单位 20×4 年的营业利润、利润总额、净利润。

（九）未分配利润的计算

E 公司 20×8 年年初未分配利润 80000 元，当年实现净利润 220000 元。当年利润分配方案为，按税后净利润的 10% 提取法定盈余公积金，分配现金股利 80000 元，并结转利润分配各明细账户。

要求：根据上述资料编制会计分录，并计算年末未分配利润。

第二部分 习题参考答案

一、单项选择题

1. B   2. D   3. D   4. B   5. C   6. D   7. D   8. A
9. B   10. D   11. A   12. C   13. D   14. A   15. B   16. B
17. D   18. B   19. D   20. A

二、多项选择题

1. CD   2. ACD   3. ABD   4. ABD
5. ACD   6. ABC   7. ACDE   8. ABC
9. ACD   10. ABCDE   11. BCD   12. AB
13. ABD   14. ACD   15. ABCD   16. ABC
17. BCD   18. AC   19. ACD   20. ABCD

三、判断题

1. ×   2. ×   3. ×   4. ×   5. √   6. ×   7. √   8. ×   9. √
10. ×   11. ×   12. ×   13. √   14. √   15. √   16. √   17. ×   18. ×
19. ×   20. ×

四、计算及账务处理题

（一）一般产品销售
（1）借：应收账款——B公司   12000
　　　贷：主营业务收入   10000

应交税费——应交增值税（销项税额）	1700
银行存款	300

（2）借：银行存款　　　　　　　　　　　　　　100000
　　　贷：预收账款——长阳工厂　　　　　　　　　　100000

（3）借：银行存款　　　　　　　　　　　　　　12000
　　　贷：应收账款——B 公司　　　　　　　　　　　12000

（4）借：预收账款——长阳工厂　　　　　　　　94100
　　　贷：主营业务收入　　　　　　　　　　　　　　80000
　　　　　应交税费——应交增值税（销项税额）　　13600
　　　　　银行存款　　　　　　　　　　　　　　　　　500
　　借：预收账款——长阳工厂　　　　　　　　　5900
　　　贷：银行存款　　　　　　　　　　　　　　　　5900

（5）借：银行存款　　　　　　　　　　　　　　35100
　　　贷：主营业务收入　　　　　　　　　　　　　　30000
　　　　　应交税费——应交增值税（销项税额）　　5100

（6）借：银行存款　　　　　　　　　　　　　　936000
　　　贷：主营业务收入　　　　　　　　　　　　　　800000
　　　　　应交税费——应交增值税（销项税额）　　136000
　　借：主营业务成本　　　　　　　　　　　　　650000
　　　贷：库存商品　　　　　　　　　　　　　　　　650000

（二）委托代销

1.（1）甲企业的会计处理：

发出代销商品时：
　　借：委托代销商品　　　　　　　　　　　　　75000
　　　贷：库存商品　　　　　　　　　　　　　　　　75000

收到代销清单时：
　　借：应收账款——乙企业　　　　　　　　　　175500
　　　贷：主营业务收入　　　　　　　　　　　　　　150000
　　　　　应交税费——应交增值税（销项税额）　　25500
　　借：主营业务成本　　　　　　　　　　　　　75000
　　　贷：委托代销商品　　　　　　　　　　　　　　75000

收到货款时：
　　借：银行存款　　　　　　　　　　　　　　　175500
　　　贷：应收账款——乙企业　　　　　　　　　　　175500

（2）乙企业的会计处理：

收到受托代销的商品：
　　借：受托代销商品　　　　　　　　　　　　　150000

贷：代销商品款		150000

实际销售商品：

借：银行存款		193050
贷：主营业务收入		165000
应交税费——应交增值税（销项税额）		28050
借：主营业务成本		150000
贷：受托代销商品		150000
借：代销商品款		150000
应交税费——应交增值税（进项税额）		25500
贷：应付账款——甲企业		175500

按合同协议价将款项支付给甲企业：

借：应付账款——甲企业		175500
贷：银行存款		175500

2. M 企业的会计处理：

（1）发出代销商品时：

借：委托代销商品		380000
贷：库存商品		380000

（2）收到代销清单时：

借：应收账款——乙企业		585000
贷：主营业务收入		500000
应交税费——应交增值税（销项税额）		85000
借：主营业务成本		380000
贷：委托代销商品		380000

（3）计算应付的代销手续费：

借：销售费用		40000
贷：应收账款——乙企业		40000

（4）收到乙企业汇来的货款净额 545000 元（585000 － 40000）：

借：银行存款		545000
贷：应收账款——乙企业		545000

（三）销售折扣、销售折让

1. 借：应收账款——欣欣公司 105300

贷：主营业务收入		90000
应交税费——应交增值税（销项税额）		15300

如果客户在 10 天内付款，则：

借：银行存款		102600
财务费用		2700
贷：应收账款——欣欣公司		105300

如果客户在 11~20 天内付款，则：

借：银行存款   103500

  财务费用   1800

   贷：应收账款——欣欣公司   105300

如果客户超过 20 天付款，则：

借：银行存款   105300

   贷：应收账款——欣欣公司   105300

2. 借：应收账款——美达公司   994500

   贷：主营业务收入   850000

    应交税费——应交增值税（销项税额） 144500

 借：主营业务收入   51000

  应交税费——应交增值税（销项税额） 8670

   贷：应收账款——美达公司   59670

3. 借：银行存款   117000

   贷：主营业务收入   100000

    应交税费——应交增值税（销项税额） 17000

 借：主营业务收入   5000

  应交税费——应交增值税（销项税额） 850

   贷：银行存款   5850

（四）销售退回

1.（1）3 月销售时：

 借：预收账款——M 公司   17596.8

   贷：主营业务收入   15040

    应交税费——应交增值税（销项税额） 2556.8

 借：主营业务成本   9440

   贷：库存商品   9440

（2）6 月退货时：

 借：主营业务收入   940

  应交税费——应交增值税（销项税额） 159.8

   贷：银行存款   1099.8

 借：库存商品   590

   贷：主营业务成本   590

（3）6 月销售商品：

 借：银行存款   23400

   贷：主营业务收入   20000

    应交税费——应交增值税（销项税额） 3400

 借：主营业务成本   12800

| | 贷：库存商品 | 12800 |

2. 借：主营业务收入　　　　　　　　　　20000

　　　应交税费——应交增值税（销项税额）　3400

　　　销售费用　　　　　　　　　　　　　100

　　　　贷：银行存款　　　　　　　　　　23500

（五）其他业务收支

（1）借：银行存款　　　　　　　　　　　3000

　　　　　贷：其他业务收入　　　　　　　3000

　　　借：其他业务成本　　　　　　　　　1000

　　　　　贷：累计摊销　　　　　　　　　1000

（2）借：银行存款　　　　　　　　　　　35100

　　　　　贷：其他业务收入　　　　　　　30000

　　　　　　应交税费——应交增值税（销项税额）　5100

　　　借：其他业务成本　　　　　　　　　20000

　　　　　贷：原材料　　　　　　　　　　20000

（3）借：银行存款　　　　　　　　　　　8000

　　　　　贷：其他业务收入　　　　　　　8000

　　　借：其他业务成本　　　　　　　　　2000

　　　　　贷：累计折旧　　　　　　　　　2000

（4）借：其他业务收入　　　　　　　　　41000

　　　　　贷：本年利润　　　　　　　　　41000

　　　借：本年利润　　　　　　　　　　　23000

　　　　　贷：其他业务成本　　　　　　　23000

（六）期间费用

（1）借：销售费用——广告费　　　　　　20000

　　　　　贷：银行存款　　　　　　　　　20000

（2）借：管理费用——折旧费　　　　　　10000

　　　　　贷：累计折旧　　　　　　　　　10000

（3）借：管理费用——职工薪酬　　　　　20000

　　　　　销售费用——职工薪酬　　　　　30000

　　　　　贷：应付职工薪酬——工资　　　50000

（4）借：财务费用——利息支出　　　　　140000

　　　　　贷：应付利息　　　　　　　　　140000

　　　借：财务费用——手续费　　　　　　1500

　　　　　贷：银行存款　　　　　　　　　1500

（5）借：管理费用——职工薪酬　　　　　3000

　　　　　贷：应付职工薪酬——职工教育经费　3000

（6）借：管理费用——招待费　　　　　　　　　600
　　　贷：银行存款　　　　　　　　　　　　　　　　600
（7）借：管理费用——无形资产摊销　　　　　　1500
　　　贷：累计摊销　　　　　　　　　　　　　　　　1500
（8）借：管理费用　　　　　　　　　　　　　　2000
　　　贷：银行存款　　　　　　　　　　　　　　　　2000
（9）借：管理费用——招待费　　　　　　　　　3000
　　　贷：库存现金　　　　　　　　　　　　　　　　3000
（10）借：财务费用——利息支出　　　　　　　　1000
　　　　应付利息　　　　　　　　　　　　　　　2000
　　　　贷：银行存款　　　　　　　　　　　　　　　3000
（11）借：销售费用——展览费　　　　　　　　　9000
　　　　贷：银行存款　　　　　　　　　　　　　　　9000
（12）借：制造费用——水电费　　　　　　　　　8000
　　　　管理费用——水电费　　　　　　　　　2000
　　　　贷：银行存款　　　　　　　　　　　　　　10000
（13）借：低值易耗品（或周转材料——低值易耗品）1500
　　　　贷：银行存款　　　　　　　　　　　　　　　1500
　　　借：管理费用　　　　　　　　　　　　　　1500
　　　　贷：低值易耗品（或周转材料——低值易耗品）1500
（14）借：财务费用——手续费　　　　　　　　　5000
　　　　贷：银行存款　　　　　　　　　　　　　　　5000
（15）借：销售费用——运杂费　　　　　　　　　500
　　　　贷：库存现金　　　　　　　　　　　　　　　500
（16）结转期间费用：
　　　借：本年利润　　　　　　　　　　　　　250600
　　　　贷：管理费用　　　　　　　　　　　　　　43600
　　　　　销售费用　　　　　　　　　　　　　　59500
　　　　　财务费用　　　　　　　　　　　　　147500

注：实际操作中，期间费用必须设置明细科目。学生做作业时，期间费用可不设明细科目。

管理费用		销售费用	
（2）10000		（1）20000	
（3）20000		（3）30000	
（5）3000		（11）9000	
（6）600		（15）500	（16）59500
（7）1500		本期发生额：59500	本期发生额：59500

管理费用	续上表	财务费用	
（8）2000		（4）140000	
（9）3000		1500	
（12）2000		（10）1000	
（13）1500	（16）43600	（14）5000	（16）147500
本期发生额：43600	本期发生额：43600	本期发生额：147500	本期发生额：147500

（七）损益综合

（1）借：银行存款　　　　　　　　　　　　　　2808000

　　　贷：主营业务收入　　　　　　　　　　　　　　2400000

　　　　　应交税费——应交增值税（销项税额）　　　408000

（2）借：预收账款——颐美公司　　　　　　　　122850

　　　贷：主营业务收入　　　　　　　　　　　　　　105000

　　　　　应交税费——应交增值税（销项税额）　　　17850

（3）借：银行存款　　　　　　　　　　　　　　300000

　　　　累计摊销　　　　　　　　　　　　　　60000

　　　贷：无形资产　　　　　　　　　　　　　　　330000

　　　　　应交税费——应交营业税　　　　　　　　15000

　　　　　　　　——应交城市维护建设税　　　　　1050

　　　　　　　　——应交教育费附加　　　　　　　450

　　　　营业外收入　　　　　　　　　　　　　　　13500

（4）借：主营业务成本——A产品　　　　　　　1500000

　　　　　　　　——B产品　　　　　　　　60000

　　　贷：库存商品——A产品　　　　　　　　　　1500000

　　　　　　　　——B产品　　　　　　　　　60000

（5）借：应付账款——A公司　　　　　　　　　60000

　　　贷：营业外收入　　　　　　　　　　　　　　　60000

（6）借：营业外支出——处置非流动资产损失　　54000

　　　贷：待处理财产损溢——待处理固定资产损溢　　54000

（7）借：营业外支出　　　　　　　　　　　　　3000

　　　贷：银行存款　　　　　　　　　　　　　　　　3000

（8）借：营业外支出　　　　　　　　　　　　　5000

　　　贷：银行存款　　　　　　　　　　　　　　　　5000

（9）借：营业税金及附加　　　　　　　　　　　10000

　　　贷：应交税费——应交教育费附加　　　　　　　3000

　　　　　应交税费——应交城市维护建设税　　　　　7000

（10）借：管理费用　　　　　　　　　　　　　3000

　　　　贷：累计摊销　　　　　　　　　　　　　　　3000

（11）借：本年利润 390000
　　　　贷：管理费用 180000
　　　　　　销售费用 150000
　　　　　　财务费用 60000
（12）借：主营业务收入 2505000
　　　　　营业外收入 73500
　　　　　贷：本年利润 2578500
　　　借：本年利润 1632000
　　　　　贷：营业外支出 62000
　　　　　　　主营业务成本 1560000
　　　　　　　营业税金及附加 10000
（13）营业利润 = 2505000 – 1570000 – 390000 = 545000（元）
利润总额 = 545000 + 73500 – 62000 = 556500（元）
　　由于 1~11 月共实现利润总额 6000000 元，按 25% 计算应交所得税为 1500000 元，故只需计算 12 月应交的企业所得税。
　　应交企业所得税：556500 × 25% = 139125（元）
　　净利润 = 556500 – 139125 = 417375（元）
　　借：所得税费用 139125
　　　　贷：应交税费——应交企业所得税 139125
　　借：本年利润 139125
　　　　贷：所得税费用 139125
（14）借：本年利润 417375
　　　　　贷：利润分配——未分配利润 417375
　　　借：利润分配——提取法定盈余公积 41737.5
　　　　　贷：盈余公积——法定盈余公积 41737.5
　　　借：利润分配——应付现金股利 2950425
　　　　　贷：应付股利 2950425
　　　借：利润分配——未分配利润 2992162.5
　　　　　贷：利润分配——提取法定盈余公积 41737.5
　　　　　　　　——应付现金股利 2950425

（八）利润的计算

　　营业利润 =（2000000 + 200000）–（800000 + 70000）– 100000 – 400000 – 200000 – 50000 = 580000（元）
　　利润总额 = 580000 + 80000 – 4000 = 656000（元）
　　净利润 = 656000 – 180000 = 476000（元）

（九）未分配利润的计算

（1）结转本年利润：

借：本年利润   220000

  贷：利润分配——未分配利润   220000

（2）进行利润分配：

借：利润分配——提取法定盈余公积 22000

  贷：盈余公积——法定盈余公积   22000

借：利润分配——应付现金股利 80000

  贷：应付股利   80000

（3）结转利润分配各明细账户：

借：利润分配——未分配利润   102000

  贷：利润分配——提取法定盈余公积 22000

       ——应付现金股利   80000

（4）年末未分配利润为：80000+220000-（22000+80000）=198000（元）

第十三章　财务报告

第一部分　习　题

一、单项选择题

1. "预收账款"科目明细账中若有借方余额，应将其计入资产负债表中的（　　）项目。

A. 应收账款　　　B. 预收账款　　　C. 预付账款　　　D. 应付账款

2. 下列资产负债表的各项目中，不能直接根据总账的余额编制的是（　　）。

A. 短期借款项目　　　　　　　　　B. 应收股利项目

C. 应付职工薪酬项目　　　　　　　D. 未分配利润项目

3. 资产负债表是反映企业（　　）的会计报表。

A. 某一段时期的财务状况　　　　　B. 某一特定日期的经营成果

C. 某一段时期的经营成果　　　　　D. 某一特定日期的财务状况

4. 下列项目中，不应列入资产负债表的"存货"项目的是（　　）。

A. 工程物资　　　B. 库存商品　　　C. 委托代销商品　　D. 发出商品

5. 资产负债表中的"应付账款"项目，应（　　）。

A. 直接根据"应付账款"科目的期末贷方余额填列

B. 根据"应付账款"科目的期末贷方余额和"应收账款"科目的期末借方余额计算填列

C. 根据"应付账款"科目的期末贷方余额和"应收账款"科目的期末贷方余额计算填列

D. 根据"应付账款"科目和"预付账款"科目所属相关明细科目的期末贷方余额计算填列

6. 资产负债表的下列项目中，需要根据几个总分类账户余额合计数填列的是（　　）。

A. 预收账款　　　　　　　　　　B. 交易性金融资产
C. 存货　　　　　　　　　　　　D. 盈余公积

7. 某企业"应收账款"科目月末借方余额 65000 元,其中"应收账款——甲公司"明细科目借方余额 60000 元,"应收账款——乙公司"明细科目借方余额 5000 元,"预收账款"科目月末贷方余额 15000 元;同时"预收账款——A 工厂"明细科目贷方余额 25000 元,"预收账款——B 工厂"明细科目借方余额 10000 元。该企业月末资产负债表中"预收账款"项目填列的金额为 (　　) 元。

A. 75000　　　　B. 15000　　　　C. 65000　　　　D. 25000

8. 资产负债表中"长期股权投资"项目应根据 (　　) 填报。

A. 长期股权投资成本

B. "长期股权投资"科目余额扣除一年内到期的长期股权投资和"长期股权投资减值准备"科目余额

C. "长期股权投资"科目余额扣除"长期股权投资减值准备"科目余额

D. 长期投资净值

9. 某企业"应收账款"明细账借方余额为 250000 元,贷方余额为 70000 元,坏账准备为 5000 元。在资产负债表中,"应收账款"项目数额应为 (　　) 元。

A. 175000　　　　B. 250000　　　　C. 245000　　　　D. 180000

10. 在编制资产负债表时,"存货跌价准备"科目的贷方余额应 (　　)。

A. 在流动负债下设项目反映　　　B. 在长期负债下设项目反映
C. 作为存货项目的减项　　　　　D. 抵减存货项目后按净额列示

11. 以下项目中,属于资产负债表中流动负债项目的是 (　　)。

A. 长期借款　　　　　　　　　　B. 短期借款
C. 预付账款　　　　　　　　　　D. 长期应付款

12. 下列科目的贷方余额,以"—"号列入资产负债表左方有关的项目是 (　　)。

A. 应收账款　　　　　　　　　　B. 固定资产清理
C. 坏账准备　　　　　　　　　　D. 累计折旧

13. 下列各项中,应作为资产负债表中资产列报的有 (　　)。

A. 委托加工物资　　　　　　　　B. 预收账款
C. 融资租出固定资产　　　　　　D. 经营租入固定资产

14. 下列资产负债表的各项目中,不能直接根据总账的余额编制的是 (　　)。

A. 应收票据项目　　　　　　　　B. 应收股利项目
C. 应付职工薪酬项目　　　　　　D. 无形资产项目

15. 引起现金流量净额变动的项目是 (　　)。

A. 将现金存入银行

B. 用银行存款购买 1 个月到期的公司债券

C. 用银行存款清偿 10 万元的债务

D. 用库存商品抵偿债务

16. 某企业期末"工程物资"科目的余额为 100 万元,"发出商品"科目的余额为 50 万元,"原材料"科目的余额为 60 万元,"材料成本差异"科目的贷方余额为 5 万元。"存货跌价准备"科目的余额为 20 万元,假定不考虑其他因素,该企业资产负债表中"存货"项目的金额为(   )万元。

A. 85   B. 95   C. 185   D. 195

17. 资产负债表的"持有至到期投资"项目应根据(   )填列。

A. "持有至到期投资——成本"科目余额

B. "持有至到期投资"科目余额

C. "持有至到期投资"科目余额扣除"持有至到期投资减值准备"和一年内到期的持有至到期投资

D. "持有至到期投资"科目余额扣除一年内到期的持有至到期投资

18. 资产负债表的"未分配利润"项目,应根据(   )填列。

A. "本年利润"科目余额

B. "资本公积"科目余额

C. "利润分配"科目余额

D. "本年利润"和"利润分配"科目的余额计算

19. 资产负债表所依据的基本等式是(   )。

A. 资产 = 所有者权益   B. 资产 = 负债

C. 负债 = 资产 + 所有者权益   D. 资产 = 负债 + 所有者权益

20. 某企业 20×8 年发生的主营业务收入为 800 万元,主营业务成本为 500 万元,其他业务收入 100 万元,其他业务成本 20 万元,销售费用为 30 万元,管理费用为 80 万元,财务费用为 5 万元,投资收益为 100 万元,资产减值损失为 20 万元(损失),公允价值变动损益为 230 万元(收益),营业外收入为 50 万元,营业外支出为 5 万元,所得税费用为 3 万元。该企业 20×8 年度的营业利润为(   )万元。

A. 617   B. 575   C. 265   D. 300

21. "销售商品或提供劳务收到的现金"项目通常可以采用下列公式(   )。

A. 当期销售商品或提供劳务收到的现金 + 当期收到前期的应收账款和应收票据 + 当期预收的账款 − 当期销售退回而支付的现金 + 当期收回前期核销的坏账损失

B. 当期销售商品或提供劳务收到的现金 + 当期收到前期的应收账款和应收票据 + 当期预付的账款 − 当期销售退回而支付的现金 + 当期收回前期核销的坏账损失

C. 当期销售商品或提供劳务收到的现金 + 当期支付前期的应付账款和应付票据 + 当期预收的账款 − 当期销售退回而支付的现金 + 当期收回前期核销的坏账损失

D. 当期销售商品或提供劳务收到的现金 + 当期支付前期的应付账款和应付票据 + 当期预付的账款 − 当期销售退回而支付的现金 + 当期收回前期核销的坏账损失

22. 某企业期末有库存现金 5000 元，银行存款 1780000 元（其中有不能提前支取的定期存款 150000 元），交易性金融资产 300000 元（其中包括 10 个月前买的 1 年期企业债券 100000 元和 1 个月前买的 3 个月期限的企业债券 200000 元）。该企业期末的现金及现金等价物为 （   ）元。

    A. 1635000   B. 1785000   C. 1935000   D. 1835000

23. 企业以 10000 元的价格出售了一项固定资产，该固定资产的原价为 80000 元，已计提折旧为 60000 元，款已收到，发生清理费用 3000 元，用银行存款支付。此项业务，企业发生了损失 13000 元。该项经济业务在现金流量表的"处置固定资产、无形资产和其他长期资产收回的现金净额"为 （   ）元。

    A. 13000   B. 10000   C. 7000   D. -13000

24. 下列项目中，不符合现金流量表中现金概念的是 （   ）。

    A. 企业银行本票存款   B. 企业银行汇票存款

    C. 不能随时用于支付的存款   D. 企业购入 3 个月内到期的国债

25. 下列各项中，不属于筹资活动产生的现金流量的是 （   ）。

    A. 收回债券投资收到的现金   B. 吸收权益性投资收到的现金

    C. 发行债券收到的现金   D. 借入资金收到的现金

26. 某企业本期发生财务费用为 20 万元，其中短期借款利息 18 万元，票据贴现利息 2 万元。则现金流量表补充资料中的"财务费用"项目的金额为 （   ）万元。

    A. 18   B. 20   C. 2   D. 0

27. 企业某项专利权在申请过程中发生的现金支出应归为 （   ）。

    A. 投资活动   B. 筹资活动

    C. 经营活动   D. 经营活动或投资活动

28. 现金流量表编制方法中的"直接法"和"间接法"是用来反映 （   ）。

    A. 经营活动中的现金流量   B. 投资活动中的现金流量

    C. 筹资活动中的现金流量   D. 上述三种活动的现金流量

29. 某企业本期商品销售收入实际收到现金 936 万元，其中增值税销项税额 136 万元，本年度销售退回支出现金 50 万元（含增值税），收到出口退税 17 万元，则该企业销售商品的现金流入为 （   ）万元。

    A. 936   B. 867   C. 917   D. 886

30. 企业当期应缴纳的增值税为 54000 元，当期缴纳的消费税、营业税、资源税、城建税和教育费附加分别为 5000 元、600 元、8500 元、6810 元，则反映在利润表上的营业税金及附加项目的数额应为 （   ）元。

    A. 14100   B. 20910   C. 54000   D. 74910

31. 企业购买股票所支付价款中包含的已宣告但尚未领取的现金股利，在现金流量表中应计入的项目是 （   ）。

    A. 投资支付的现金   B. 支付的其他与经营活动有关的现金

    C. 支付的其他与投资活动有关的现金   D. 分配股利、利润或偿付利息支付的现金

32. 某企业当期净利润为 600 万元，投资收益为 100 万元，与筹资活动有关的财务费用为 50 万元，经营性应收项目增加 75 万元，经营性应付项目减少 25 万元，固定资产折旧为 40 万元，无形资产摊销为 10 万元。假设没有其他影响经营活动现金流量的项目，该企业当期经营活动产生的现金流量净额为（　　）万元。

A. 400　　　　　　B. 450　　　　　　C. 500　　　　　　D. 850

二、多项选择题

1. 编制资产负债表时，需根据有关资产科目与其备抵科目抵销后的净额填列的项目有（　　）。

A. 固定资产　　　　　　　　B. 交易性金融资产
C. 长期借款　　　　　　　　D. 无形资产

2. 编制资产负债表时，需根据有关账户期末余额分析、计算填列的项目有（　　）。

A. 坏账准备　　　　　　　　B. 未分配利润
C. 存货　　　　　　　　　　D. 应付票据

3. 下列项目中，工业企业应列入资产负债表中"存货"项目的有（　　）。

A. 在途物资　　　　　　　　B. 发出商品
C. 工程物资　　　　　　　　D. 委托加工物资

4. 资产负债表的数据来源，可以通过以下几种方式取得（　　）。

A. 根据总账科目余额直接填列　　B. 根据总账科目余额计算填列
C. 根据明细科目余额直接填列　　D. 根据明细科目余额计算填列

5. 企业在进行利润分配时，可供分配利润的来源有（　　）。

A. 本年净利润　　　　　　　　B. 年初未分配利润
C. 投资者投入　　　　　　　　D. 资本公积转入

6. 资产负债表中的"预收账款"项目，应根据（　　）之和填列。

A."预收账款"明细科目的借方余额
B."预收账款"明细科目的贷方余额
C."应收账款"明细科目的贷方余额
D."应收账款"明细科目的借方余额

7. 下列属于投资活动产生的现金流量有（　　）。

A. 固定资产的购建与处置　　　　B. 支付贷款利息
C. 收到债券的利息　　　　　　　D. 购买股票支付的现金

8. 下列项目中，企业应列入资产负债表中"存货"项目的有（　　）。

A. 库存商品　　B. 原材料　　　C. 工程物资　　　D. 材料采购

9. 在所有者权益变动表中，企业至少应单独列示反映的信息有（　　）。

A. 净利润
B. 直接计入所有者权益的利得和损失

C. 会计政策变更和差错更正的累积影响金额

D. 提取的盈余公积

10. 现金流量是指一定会计期间企业现金的流入和流出，可分为以下几类（　　）。

A. 经营活动产生的现金流量　　　　　B. 投资活动产生的现金流量

C. 筹资活动产生的现金流量　　　　　D. 其他活动产生的现金流量

11. 现金流量表中"销售商品、提供劳务收到的现金"一项在分析计算填列时涉及的账户有（　　）。

A. 应收账款　　　B. 预收账款　　　C. 预付账款　　　D. 坏账准备

12. 下列各项中，应列入资产负债表中"固定资产"项目的有（　　）。

A. 盘盈固定资产的原价　　　　　　　B. 经营性租入固定资产原价

C. 经营性租出固定资产原价　　　　　D. 转入清理的固定资产原价

13. 资产负债表中"应收账款"项目包括（　　）。

A. "应收账款"科目所属明细科目的借方余额

B. "应收账款"科目所属明细科目的贷方余额

C. "坏账准备"科目的期末余额中属于应收账款的部分

D. "预收账款"科目所属明细科目的借方余额

14. 下列交易或事项中，不影响当期现金流量的有（　　）。

A. 计提固定资产折旧　　　　　　　　B. 发放股票股利

C. 收到商业承兑汇票　　　　　　　　D. 以长期投资偿还长期负债

15. 现金流量表中的"支付的各项税费"项目包括的税费有（　　）。

A. 企业所得税　　　　　　　　　　　B. 印花税

C. 教育费附加　　　　　　　　　　　D. 矿产资源补偿费

16. 现金流量表中的"支付给职工以及为职工支付的现金"项目包括（　　）。

A. 支付给职工的奖金　　　　　　　　B. 交纳的养老保险金

C. 支付给职工的津贴　　　　　　　　D. 支付给在建工程人员的工资

17. 下列事项影响现金流量变动的项目有（　　）。

A. 发行长期债券收到现金　　　　　　B. 支付所欠的应付购货款

C. 用银行存款购买机器设备　　　　　D. 用固定资产对外投资

18. 根据《企业会计准则第30号——财务报告列报》规定，财务报表至少应包括（　　）。

A. 资产负债表　　　　　　　　　　　B. 利润表

C. 现金流量表　　　　　　　　　　　D. 股东权益变动表

19. 下列各项中，属于企业经营活动产生的现金流量的有（　　）。

A. 收到的出口退税款　　　　　　　　B. 收到交易性金融资产的现金股利

C. 转让无形资产所有权取得的收入　　D. 出租包装物取得的收入

20. 下列属于筹资活动产生的现金流量有（　　）。

A. 支付的现金股利　　　　　　　　　B. 取得短期借款

C. 增发股票收到的现金　　　　　　　　D. 偿还公司债券支付的现金

21. 下列符合财务报表列报基本要求的有（　　）。

A. 项目单独列报的原则仅适用于报表，不适用于附注

B. 财务报表的项目名称、分类、排列顺序等应当在各个会计期间保持一致，不得随意变更

C. 性质和功能类似的项目，一般可以合并列报

D. 非日常活动产生的损益以收入扣减费用后的净额列示，不属于抵销

22. 现金流量表补充资料中"财务费用"项目填列时应考虑的因素有（　　）。

A. 发生的现金折扣　　　　　　　　　　B. 收到的应收票据利息

C. 费用化的长期负债利息　　　　　　　D. 计算的短期借款利息

三、判断题

1. 对外投资转出的固定资产，由于不影响现金的增减变化，因此，在"现金流量表"中的任何项目不需反映。　　　　　　　　　　　　　　　　（　　）

2. 现金流量表补充资料中的"将净利润调节为经营活动的现金流量"，实际上是以间接法编制的经营活动的现金流量。　　　　　　　　　　　　　　（　　）

3. 企业本期应收账款和应收票据期末数较年初数小，说明本期有现金流入。（　　）

4. "购买商品、接受劳务支付的现金"等于"当期购买商品，接受劳务支付的现金+当期支付前期的应付账款和应付票据＋当期预付的账款"。　　　　　（　　）

5. 我国企业利润表的结构是单步式利润表。　　　　　　　　　　　　（　　）

6. 资产负债表是反映企业某一特定时期财务状况的会计报表。　　　　（　　）

7. 持续经营假设要求财务报表应以持续经营为基础编制，因此财务报表不得以非持续经营为基础编制。　　　　　　　　　　　　　　　　　　　　（　　）

8. 融资租入的固定资产不包括在资产负债表中的"固定资产"项目中，而应在资产负债表的补充资料中进行反映。　　　　　　　　　　　　　　　（　　）

9. 会计报表附注中必须说明企业所遵循的基本会计假定。　　　　　　（　　）

10. 编制现金流量表的主要方法有工作底稿法和直接法。　　　　　　（　　）

11. 现金各项目之间、现金与非现金各项目之间的增减变动，均会影响到企业现金流量净额的变动。　　　　　　　　　　　　　　　　　　　　　（　　）

12. 现金流量表"投资活动产生的现金流量"中的投资概念和会计核算中的"交易性金融资产"、"持有至到期投资"和"长期股权投资"中投资的概念是一致的。（　　）

13. 资产负债表中"无形资产"项目反映各项无形资产的原始价值。　（　　）

14. 现金流量表除了反映企业与现金有关的投资和筹资活动外，还能够反映不涉及现金的投资和筹资活动。　　　　　　　　　　　　　　　　　（　　）

15. 资产负债表中确认的资产都是企业拥有的。　　　　　　　　　　（　　）

16. 企业必须对外提供资产负债表、利润表、现金流量表，会计报表附注不属于企

业必须对外提供的资料。 （　　）

17. 企业购入3个月内到期的国债，会减少企业投资活动产生的现金流量。 （　　）

18. 交易性金融资产因为流动性较强，因而属于现金等价物。 （　　）

19. 非流动资产处置的损失应在利润表中单独列报。 （　　）

20. 企业以分期付款方式购建固定资产，首次付款时所支付的现金应作为筹资活动的现金流出，以后各期支付的现金应作为投资活动的现金流出。 （　　）

四、计算、账务处理及编表题

（一）资产负债表的编制1

正泰公司20×4年12月31日总分类账户余额如下表所示（单位：元）：

科目名称	借方余额	贷方余额
库存现金	1000	
银行存款	24000	
应收账款	376000	
预付账款	29000	
库存商品	526000	
低值易耗品	700	
持有至到期投资	500000	
其中：一年内到期的	30000	
固定资产	800000	
累计折旧		200000
无形资产	200000	
累计摊销		50000
短期借款		34000
应付账款		176000
预收账款		100000
应交税费		2000
长期借款		800000
其中：一年内到期的		100000
长期应付款		200000
股本		750000
资本公积		124000
利润分配		20700
合计	2456700	2456700

注：应收账款、预付账款所属明细账余额均为借方；应付账款、预收账款所属明细账余额均为贷方。

要求：根据上述资料，编制正泰公司20×4年度的资产负债表。

（二）资产负债表的编制 2

某企业 20×8 年 12 月 31 日有关账户的余额如下：

应收账款——甲 15000 元（借方）　　应付账款——A 30000 元（贷方）

应收账款——乙 12000 元（贷方）　　应付账款——B 11000 元（借方）

预收账款——丙 13000 元（借方）　　预付账款——C 18000 元（贷方）

预收账款——丁 20000 元（贷方）　　预付账款——D 10000 元（借方）

坏账准备贷方余额 140 元（全部为应收账款计提）。

要求：计算在资产负债表上，以下项目列示的金额是多少？

（1）"应收账款"项目。

（2）"应付账款"项目。

（3）"预收账款"项目。

（4）"预付账款"项目。

（三）利润表的编制 1

美颐公司 20×4 年 3 月损益类账户发生额资料如下表所示（单位：元）：

账户名称	借方发生额	贷方发生额
主营业务成本	200000	
销售费用	20000	
财务费用	30000	
管理费用	80000	
营业税金及附加	1200	
主营业务收入		600000
营业外收入		50000
营业外支出	20000	
所得税费用	148104	
其他业务收入		70000
其他业务成本	30000	
投资收益		80000
以前年度损益调整	90000	

要求：根据上述资料，编制美颐公司的利润表。

（四）利润表的编制 2

A 公司为股份公司，是商品流通企业，为增值税一般纳税人，增值税税率为 17%，所得税税率为 25%，存货采用实际成本计价核算，该公司 20×8 年年初未分配利润为 134 万元。

该公司 20×8 年发生如下经济业务：

（1）销售产品一批，实际成本 160 万元，不含税销售收入 300 万元，款项已收到并存入银行。

（2）以银行存款支付广告费 1 万元。

（3）销售产品一批，不含税销售收入 500 万元，该产品销售成本为 200 万元，收到对方交来的银行承兑汇票，金额 585 万元。

（4）支付银行手续费 4000 元，用银行存款通过红十字会为地震捐款 50 万元。

（5）收到罚款收入 3 万元，存入银行。

（6）结转固定资产清理净损失 13.6 万元。

（7）计算短期借款利息 1.6 万元。

（8）计算应交的教育费附加 2.4 万元。

（9）计算应交的城市维护建设税 5.6 万元。

（10）公司 20×8 年发生管理费用 40 万元，销售费用 200000 元（除广告费外），已用银行存款支付。

（11）赎回基金 100 万元，实收款项 963000 元。

（12）结转损益类账户。

（13）计算 20×8 年应交所得税并结转（假设无纳税调整事项）。

（14）结转本年利润。

要求：

（1）编制 20×8 年经济业务的会计分录。

（2）编制 20×8 年度的利润表。

（五）现金流量表的编制

某商业企业为增值税一般纳税人，适用的增值税税率为 17%。本年度有关资料如下：

（1）资产负债表有关科目发生额部分记录如下（单位：万元）：

账户名称	年初余额	本年增加	本年减少	期末余额
交易性金融资产	530	110	300（出售）	340
应收票据	600		500	400
应收账款	800			1060
坏账准备	40（贷）			53（贷）
应收股利	40	90		25
库存商品	900			1100
长期股权投资	1200	150（确认收益）、600（以现金出资）	90（应收股利）	1860
短期借款	600	500（借入）		400
应付账款	850			1500
应交税费				
其中：应交增值税		510（销项）	340（进项）170（已交）	
应交所得税	50	66（计提）		15
应付利息——计提的借款利息	20	128		10
长期借款	1200	500（借入）	800（还本）	900

（2）利润表有关项目本年发生额如下（单位：万元）：

账户名称	借方发生额	贷方发生额
营业收入		3000
营业成本	1600	
财务费用：		
其中：贴现息（不附追索权）	3	
借款利息	50	
投资收益：		
其中：出售交易性金融资产		30
权益法下确认投资收益		150

（3）其他有关资料如下：

①出售的交易性金融资产全部收到现金。

②应收、应付款项均以现金结算。

③不考虑该企业本年度发生的其他交易和事项。

要求：计算以下项目现金流入和流出金额（要求列出计算过程）：

（1）销售商品、提供劳务收到的现金（含收到的增值税销项税额）。

（2）购买商品、接受劳务支付的现金（含支付的增值税进项税额）。

（3）支付的各项税费。

（4）分配股利利润和偿付利息支付的现金。

（5）收回投资收到的现金。

（6）取得投资收益收到的现金。

（7）投资支付的现金。

（8）取得借款收到的现金。

（9）偿还债务支付的现金。

（六）资产负债表、利润表、现金流量表的编制

A公司20×4年年初科目余额如下表所示：

单位：元

科目名称	借方余额	科目名称	贷方余额
库存现金	5300	短期借款	300000
银行存款	1256000	应付票据	200000
其他货币资金	150000	应付账款	953800
交易性金融资产	15000	其他应付款	50000
应收票据	246000	应付职工薪酬	10000
应收账款	300000	应付利息	100000
坏账准备	-900	应交税费（所得税）	30000
预付账款	100000	应交税费（教育费附加）	6600

续表

科目名称	借方余额	科目名称	贷方余额
其他应收款	5000		
在途物资	500000	长期借款	1600000
原材料	900000	其中：一年内到期的长期借款	900000
包装物	100000	实收资本	5000000
低值易耗品	500000	盈余公积	150000
库存商品	580000	资本公积	3000
长期股权投资	350000	未分配利润	3000
固定资产	1500000		
累计折旧	-400000		
在建工程	1500000		
无形资产	700000		
累计摊销	-100000		
长期待摊费用	200000		
合　计	8406400	合　计	8406400

该公司适用的增值税税率为 17%，20×4 年发生的经济业务如下：

（1）收到银行通知，用银行存款支付到期的银行承兑汇票 200000 元。

（2）购入原材料一批，用银行存款支付货款 200000 元，支付增值税额 34000 元，款项已付，材料未到。

（3）原挂"在途物资"的甲材料 500000 元运到，已办理验收入库。

（4）采购员交来用银行汇票采购材料的发票，价格 120000 元，增值税额 20400 元，公司收到开户银行转来银行汇票多余款收账通知，通知上填写的多余款为 9600 元，原材料已验收入库。

（5）销售产品一批，销售价款 300000 元（不含应收取的增值税），产品已发出，价款未收到。

（6）公司将交易性金融资产（全部为股票投资）15000 元兑现，收到转让款 16500 元，存入银行。

（7）购入不需安装的设备 1 台，价款 100000 元，支付包装费、运费 1000 元。价款及包装费、运费均以银行存款支付。设备已交付使用。

（8）购入工程物资一批，价款 150000 元，已用银行存款支付。

（9）工程应付职工薪酬 200000 元。

（10）工程完工，计算应负担的长期借款利息 150000 元。

（11）一项工程完工，交付生产使用，已办理竣工手续，固定资产价值 1400000 元。

（12）基本生产车间 1 台机床报废，原价 200000 元，已提折旧 180000 元，清理费用 500 元，残值收入 800 元，均通过银行存款收支。该项固定资产已清理完毕。

（13）从银行借入 3 年期借款 600000 元，借款已存入银行账户，该项借款用于购建固定资产。

（14）销售产品一批，销售价款 700000 元，应收的增值税额 119000 元，货款银行已收妥。

（15）公司将要到期的银行承兑汇票（面值为 246000 元），连同解讫通知、委托收款凭证送交银行办理收款手续。款项银行已收妥。

（16）收到现金股利 60000 元（该项投资采用成本法核算，对方税率和本企业一致，均为 25%），已存入银行。

（17）公司出售一台不需用设备，收到价款 350000 元，该设备原价 500000 元，已提折旧 200000 元。该项设备已由购入单位运走。

（18）计算本月借款利息 22500 元，其中，短期借款利息 12500 元，长期借款利息 10000 元（工程已完工，并办理了竣工决算）。

（19）提取现金 474000 元，准备发放工资。

（20）支付工资 474000 元，其中包括支付给在建工程人员的工资 158000 元。

（21）分配职工工资 400000 元（不包括在建工程应负担的工资），其中生产人员工资 300000 元，车间管理人员工资 20000 元，行政管理部门人员工资 30000 元，专设销售机构人员工资 50000 元。

（22）按工资总额的 10% 计算应交的住房公积金。

（23）结转代扣款项，其中应扣住房公积金 60000 元，应扣养老保险 48000 元，应扣失业保险 6000 元，应扣医疗保险 12000 元。

（24）归还短期借款本金 300000 元，利息 12500 元，已计入损益（见（18）小题）。

（25）基本生产领用原材料，实际成本 800000 元；领用低值易耗品，实际成本 100000 元，低值易耗品采用一次摊销法摊销。

（26）支付前欠货款 953800 元。

（27）摊销无形资产 60000 元，摊销长期待摊费用 30000 元。

（28）计提固定资产折旧 100000 元，其中计入制造费用 80000 元、计入管理费用 20000 元。

（29）收到应收账款 200000 元，存入银行。

（30）按应收账款余额的 3‰ 计提坏账准备。

（31）用银行存款支付产品展览费 10000 元。

（32）计算应交的养老保险 120000 元、失业保险 12000 元、医疗保险 48000 元。

（33）用银行存款支付广告费 50000 元。

（34）公司采用商业承兑汇票结算方式销售产品一批，价款 500000 元，增值税额为 85000 元，收到 585000 元的商业承兑汇票一张。

（35）公司将上述承兑汇票到银行办理贴现，贴现利息为 40000 元。

（36）提现 50000 元备用。

（37）报销招待费 10000 元、办公费 10000 元、差旅费 10000 元。

（38）收到乙材料，增值税专用发票上注明价 80000 元，增值税额 13600 元，运杂费 6400 元，价税及运杂费已预付。

(39) 计算应交纳的增值税、城市维护建设税和教育费附加。

(40) 预付 M 公司货款 205700 元。

(41) 领用随同产品销售不单独计价的包装物 2000 元。

(42) 支付出借包装物的押金 50000 元，包装物收回入库。

(43) 预付鑫达公司货款 400000 元。

(44) 预收闽迪公司货款 1500000 元。

(45) 交纳住房公积金 70000 元，交纳养老保险 40000 元。

(46) 计算并结转本期产品成本。本期生产的产品全部完工入库。

(47) 结转本期产品销售成本 88 万元。

(48) 交纳年初教育费附加 6600 元、所得税 30000 元。

(49) 期末，结转各损益类科目。

(50) 计算并结转应交所得税（税率为 25%）。

(51) 年末，结转本年净利润。

(52) 按税后利润的 10% 提取法定盈余公积。

(53) 年末，结转利润分配各明细科目。

(54) 偿还长期借款本金 900000 元、利息 100000 元（原列"应付利息"中）。

(55) 用银行存款交纳所得税。

(56) 收到新达公司前欠的租金 5000 元（原列"其他应收款"中）。

(57) 将现金 20000 元存入银行。

要求：

（1）根据上述资料，编制会计分录。

（2）根据上述资料，编制 A 公司的资产负债表、利润表、现金流量表。

第二部分 习题参考答案

一、单项选择题

1. A	2. D	3. D	4. A	5. D	6. C	7. D	8. C	9. C
10. D	11. B	12. B	13. A	14. D	15. C	16. A	17. C	18. D
19. D	20. B	21. A	22. D	23. C	24. C	25. A	26. A	27. D
28. A	29. D	30. B	31. C	32. C				

二、多项选择题

1. AD	2. BC	3. ABD	4. ABD	5. AB	6. BC
7. ACD	8. ABD	9. ABCD	10. ABC	11. AB	12. AC
13. ACD	14. ABCD	15. ABCD	16. ABC	17. ABC	18. ABCD
19. AD	20. ABCD	21. BCD	22. CD		

三、判断题

1. ×	2. √	3. ×	4 ×	5. ×	6. ×	7. ×	8. ×	9. ×
10. ×	11. ×	12. ×	13. ×	14. √	15. ×	16. ×	17. ×	18. ×
19. √	20. ×							

四、计算、账务处理及编表题

(一) 资产负债表的编制 1

资产负债表

会企 01 表

编制单位：正泰公司　　　　20×4 年 12 月 31 日　　　　单位：元

资　　产	期末余额	年初余额	负债与所有者权益	期末余额	年初余额
流动资产：			流动负债：		
货币资金	25000		短期借款	34000	
交易性金融资产			交易性金融负债		
应收票据			应付票据		
应收账款	376000		应付账款	176000	
预付账款	29000		预收账款	100000	
应收利息			应付职工薪酬		
应收股利			应交税费	2000	
其他应收款			应付利息		
存货	526700		应付股利		
一年内到期的非流动资产	30000		其他应付款		
其他流动资产			一年内到期的非流动负债	100000	
流动资产合计	986700		其他流动负债		
非流动资产：			流动负债合计	412000	
可供出售金融资产			非流动负债：		
持有至到期投资	470000		长期借款	700000	
长期应收款			应付债券		
长期股权投资			长期应付款	200000	

续表

资　　产	期末余额	年初余额	负债与所有者权益	期末余额	年初余额
投资性房地产			专项应付款		
固定资产	600000		预计负债		
在建工程			递延所得税负债		
工程物资			其他非流动负债		
固定资产清理			非流动负债合计	900000	
生产性生物资产			负债合计	1312000	
油气资产			所有者权益（或股东权益）：		
无形资产	150000		实收资本（或股本）	750000	
开发支出			资本公积	124000	
商誉			减：库存股		
长期待摊费用			盈余公积		
递延所得税资产			未分配利润	20700	
其他非流动资产			所有者权益合计	894700	
非流动资产合计	1220000				
资产总计	2206700		负债和所有者权益总计	2206700	

（二）资产负债表的编制 2

在资产负债表上（单位：元）：

（1）"应收账款"项目应填列的金额是：15000 + 13000 – 140 = 27860

（2）"应付账款"项目应填列的金额是：30000 + 18000 = 48000

（3）"预收账款"项目应填列的金额是：20000 + 12000 = 32000

（4）"预付账款"项目应填列的金额是：10000 + 11000 = 21000

（三）利润表的编制 1

利　润　表

会企 02 表

编制单位：美颐公司　　　　　　　　20×4 年 3 月　　　　　　　　　　单位：元

项　　目	本期金额	上期金额
一、营业收入	670000	
减：营业成本	230000	
营业税金及附加	1200	
销售费用	20000	
管理费用	80000	
财务费用	30000	
资产减值损失		
加：公允价值变动收益（损失以"—"号填列）		
投资收益（损失以"—"号填列）	80000	
其中：对联营企业和合营企业的投资收益		

续表

项　目	本期金额	上期金额
二、营业利润（亏损以"—"号填列）	388800	
加：营业外收入	50000	
减：营业外支出	20000	
其中：非流动资产处置损失		
三、利润总额（亏损总额以"—"号填列）	418800	
减：所得税费用	148104	
四、净利润（净亏损以"—"号填列）	270696	
五、每股收益		
（一）基本每股收益		
（二）稀释每股收益		

（四）利润表的编制 2

（1）借：银行存款　　　　　　　　　　　3510000
　　　　贷：主营业务收入　　　　　　　　　　　　3000000
　　　　　　应交税费——应交增值税（销项税额）　510000
　　　借：主营业务成本　　　　　　　　　1600000
　　　　贷：库存商品　　　　　　　　　　　　　　1600000
（2）借：销售费用　　　　　　　　　　　10000
　　　　贷：银行存款　　　　　　　　　　　　　　10000
（3）借：应收票据　　　　　　　　　　　5850000
　　　　贷：主营业务收入　　　　　　　　　　　　5000000
　　　　　　应交税费——应交增值税（销项税额）　850000
　　　借：主营业务成本　　　　　　　　　2000000
　　　　贷：库存商品　　　　　　　　　　　　　　2000000
（4）借：财务费用　　　　　　　　　　　4000
　　　　营业外支出　　　　　　　　　　500000
　　　　贷：银行存款　　　　　　　　　　　　　　504000
（5）借：银行存款　　　　　　　　　　　30000
　　　　贷：营业外收入　　　　　　　　　　　　　30000
（6）借：营业外支出——处置非流动资产损失　136000
　　　　贷：固定资产清理　　　　　　　　　　　　136000
（7）借：财务费用　　　　　　　　　　　16000
　　　　贷：应付利息　　　　　　　　　　　　　　16000
（8）借：营业税金及附加　　　　　　　　24000
　　　　贷：应交税费——应交教育费附加　　　　　24000
（9）借：营业税金及附加　　　　　　　　56000

    贷：应交税费——应交城市维护建设税   56000
 （10）借：管理费用   400000
     销售费用   200000
      贷：银行存款   600000
 （11）借：银行存款   963000
     投资收益   37000
      贷：交易性金融资产   1000000
 （12）借：主营业务收入   8000000
     营业外收入   30000
      贷：本年利润   8030000
    借：本年利润   4983000
      贷：主营业务成本   3600000
       营业税金及附加   80000
       管理费用   400000
       销售费用   210000
       财务费用   20000
       营业外支出   636000
       投资收益   37000
 （13）应交所得税 =（8030000 - 4983000）× 25% = 761750（元）
 借：所得税费用   761750
    贷：应交税费——应交所得税   761750
 借：本年利润   761750
    贷：所得税费用   761750
 （14）借：本年利润   2285250
      贷：利润分配——未分配利润   2285250

利 润 表

会企 02 表

编制单位：A 公司   20×8 年度   单位：元

项　　目	本期金额	上期金额
一、营业收入	8000000	
减：营业成本	3600000	
营业税金及附加	80000	
销售费用	210000	
管理费用	400000	
财务费用	20000	
资产减值损失		
加：公允价值变动收益（损失以"—"号填列）		
投资收益（损失以"—"号填列）	-37000	

项 目	本期金额	上期金额
其中：对联营企业和合营企业的投资收益		
二、营业利润（亏损以"—"号填列）	3653000	
加：营业外收入	30000	
减：营业外支出	636000	
其中：非流动资产处置损失		
三、利润总额（亏损总额以"—"号填列）	3047000	
减：所得税费用	761750	
四、净利润（净亏损以"—"号填列）	2285250	
五、每股收益		
（一）基本每股收益		
（二）稀释每股收益		

（五）现金流量表的编制

（1）销售商品、提供劳务收到的现金 = 3000 + 510 + (800 - 1060) + (600 - 400) - 3 = 3447（万元）

（2）购买商品、接受劳务支付的现金 = 1600 + 340 + (850 - 1500) + (1100 - 900) = 1490（万元）

（3）支付的各项税费 = 170 + (50 + 66 - 15) = 271（万元）

（4）分配股利、利润和偿付利息支付的现金 = 20 + 128 - 10 = 138（万元）

（5）收回投资收到的现金 = 300 + 30 = 330（万元）

（6）取得投资收益收到的现金 = 40 + 90 - 25 = 105（万元）

（7）投资支付的现金 = 110 + 600 = 710（万元）

（8）取得借款收到的现金 = 500 + 500 = 1000（万元）

（9）偿还债务支付的现金 = (600 + 500 - 400) + 800 = 1500（万元）

（六）资产负债表、利润表、现金流量表的编制

1. 根据业务编制会计分录如下：

（1）借：应付票据 200000
    贷：银行存款 200000

（2）借：在途物资 200000
    应交税费——应交增值税（进项税额） 34000
    贷：银行存款 234000

（3）借：原材料 500000
    贷：在途物资 500000

（4）借：原材料 120000
    应交税费——应交增值税（进项税额） 20400
    银行存款 9600

　　　　　　贷：其他货币资金——银行汇票存款　　　　　　150000
（5）借：应收账款　　　　　　　　　　　351000
　　　　　　贷：主营业务收入　　　　　　　　　　　300000
　　　　　　　　应交税费——应交增值税（销项税额）　51000
（6）借：银行存款　　　　　　　　　　　16500
　　　　　　贷：交易性金融资产　　　　　　　　　　15000
　　　　　　　　投资收益　　　　　　　　　　　　　　1500
（7）借：固定资产　　　　　　　　　　　101000
　　　　　　贷：银行存款　　　　　　　　　　　　　101000
（8）借：工程物资　　　　　　　　　　　150000
　　　　　　贷：银行存款　　　　　　　　　　　　　150000
（9）借：在建工程　　　　　　　　　　　200000
　　　　　　贷：应付职工薪酬——工资　　　　　　　200000
（10）借：在建工程　　　　　　　　　　150000
　　　　　　贷：应付利息　　　　　　　　　　　　　150000
（11）借：固定资产　　　　　　　　　　1400000
　　　　　　贷：在建工程　　　　　　　　　　　　1400000
（12）将报废机床转入清理：
　　　　借：固定资产清理　　　　　　　　20000
　　　　　　累计折旧　　　　　　　　　　180000
　　　　　　贷：固定资产　　　　　　　　　　　　200000
支付清理费用：
　　　　借：固定资产清理　　　　　　　　500
　　　　　　贷：银行存款　　　　　　　　　　　　500
登记残料变价收入：
　　　　借：银行存款　　　　　　　　　　800
　　　　　　贷：固定资产清理　　　　　　　　　　800
结转清理净损失：
　　　　借：营业外支出——处置非流动资产损失　19700
　　　　　　贷：固定资产清理　　　　　　　　　　19700
（13）借：银行存款　　　　　　　　　　600000
　　　　　　贷：长期借款　　　　　　　　　　　　600000
（14）借：银行存款　　　　　　　　　　819000
　　　　　　贷：主营业务收入　　　　　　　　　　700000
　　　　　　　　应交税费——应交增值税（销项税额）119000
（15）借：银行存款　　　　　　　　　　246000
　　　　　　贷：应收票据　　　　　　　　　　　　246000

(16) 借：银行存款　　　　　　　　　　　60000

　　　　贷：投资收益　　　　　　　　　　　　　　60000

(17) 将固定资产转入清理：

　　　借：固定资产清理　　　　　　　　　300000

　　　　　累计折旧　　　　　　　　　　　200000

　　　　贷：固定资产　　　　　　　　　　　　　　500000

登记变价收入：

　　　借：银行存款　　　　　　　　　　　350000

　　　　贷：固定资产清理　　　　　　　　　　　　350000

结转清理的净收益：

　　　借：固定资产清理　　　　　　　　　50000

　　　　贷：营业外收入——处置非流动资产利得　　　50000

(18) 借：财务费用——利息支出　　　　　22500

　　　　贷：应付利息　　　　　　　　　　　　　　22500

(19) 借：库存现金　　　　　　　　　　　474000

　　　　贷：银行存款　　　　　　　　　　　　　　474000

(20) 借：应付职工薪酬——工资　　　　　474000

　　　　贷：库存现金　　　　　　　　　　　　　　474000

(21) 借：生产成本　　　　　　　　　　　300000

　　　　　制造费用　　　　　　　　　　　20000

　　　　　管理费用　　　　　　　　　　　30000

　　　　　销售费用　　　　　　　　　　　50000

　　　　贷：应付职工薪酬——工资　　　　　　　　400000

(22) 借：生产成本　　　　　　　　　　　30000

　　　　　制造费用　　　　　　　　　　　2000

　　　　　管理费用　　　　　　　　　　　3000

　　　　　销售费用　　　　　　　　　　　5000

　　　　贷：应付职工薪酬——住房公积金　　　　　40000

(23) 借：应付职工薪酬——工资　　　　　126000

　　　　贷：应付职工薪酬——住房公积金　　　　　60000

　　　　　　　　　　　　——社会保险费　　　　　66000

(24) 借：短期借款　　　　　　　　　　　300000

　　　　　应付利息　　　　　　　　　　　12500

　　　　贷：银行存款　　　　　　　　　　　　　　312500

(25) 借：生产成本　　　　　　　　　　　800000

　　　　贷：原材料　　　　　　　　　　　　　　　800000

　　　借：制造费用　　　　　　　　　　　100000

| | 贷：低值易耗品 | | 100000 |

(26) 借：应付账款　　　　　　　　　　　953800

　　　贷：银行存款　　　　　　　　　　　　　　　953800

(27) 摊销无形资产：

　　借：管理费用——无形资产摊销　　　60000

　　　贷：累计摊销　　　　　　　　　　　　　　　60000

摊销长期待摊费用：

　　借：管理费用——长期待摊费用摊销　30000

　　　贷：长期待摊费用　　　　　　　　　　　　　30000

(28) 借：制造费用——折旧费　　　　　　80000

　　管理费用——折旧费　　　　　　　20000

　　　贷：累计折旧　　　　　　　　　　　　　　100000

(29) 借：银行存款　　　　　　　　　　200000

　　　贷：应收账款　　　　　　　　　　　　　　200000

(30) 借：资产减值损失　　　　　　　　　　453

　　　贷：坏账准备　　　　　　　　　　　　　　　　453

(31) 借：销售费用——展览费　　　　　　10000

　　　贷：银行存款　　　　　　　　　　　　　　　10000

(32) 借：管理费用　　　　　　　　　　180000

　　　贷：应付职工薪酬——社会保险费　　　　　180000

(33) 借：销售费用——广告费　　　　　　50000

　　　贷：银行存款　　　　　　　　　　　　　　　50000

(34) 借：应收票据　　　　　　　　　　585000

　　　贷：主营业务收入　　　　　　　　　　　　500000

　　　　应交税费——应交增值税（销项税额）　85000

(35) 借：银行存款　　　　　　　　　　545000

　　财务费用　　　　　　　　　　　　40000

　　　贷：应收票据　　　　　　　　　　　　　　585000

(36) 借：库存现金　　　　　　　　　　　50000

　　　贷：银行存款　　　　　　　　　　　　　　　50000

(37) 借：管理费用　　　　　　　　　　　30000

　　　贷：库存现金　　　　　　　　　　　　　　　30000

(38) 借：原材料　　　　　　　　　　　　86400

　　应交税费——应交增值税（进项税额）13600

　　　贷：预付账款　　　　　　　　　　　　　　100000

(39) 本期进项税额＝34000＋20400＋13600＝68000（元）

　　本期销项税额＝51000＋119000＋85000＝255000（元）

本期应交增值税 = 255000 − 68000 = 187000 （元）

本期应交城市维护建设税 = 187000 × 7% = 13090 （元）

本期应交教育费附加 = 187000 × 3% = 5610 （元）

借：营业税金及附加   18700

    贷：应交税费——应交城市维护建设税   13090

           ——应交教育费附加   5610

（40）借：预付账款——M公司   205700

    贷：银行存款   205700

（41）借：销售费用   2000

    贷：包装物   2000

（42）借：其他应付款   50000

    贷：银行存款   50000

（43）借：预付账款——鑫达公司   400000

    贷：银行存款   400000

（44）借：银行存款   1500000

    贷：预收账款——闽迪公司   1500000

（45）借：应付职工薪酬——住房公积金   70000

           ——社会保险费   40000

    贷：银行存款   110000

（46）借：生产成本   202000

    贷：制造费用   202000

    借：库存商品   1332000

    贷：生产成本   1332000

（47）借：主营业务成本   880000

    贷：库存商品   880000

（48）借：应交税费——应交教育费附加   6600

           ——应交企业所得税   30000

    贷：银行存款   36600

（49）借：主营业务收入   1500000

    营业外收入   50000

    投资收益   61500

    贷：本年利润   1611500

    借：本年利润   1451353

    贷：主营业务成本   880000

      销售费用   117000

      营业税金及附加   18700

      管理费用   353000

	财务费用	62500
	资产减值损失	453
	营业外支出	19700

(50) 本年应交所得税 =（1611500 – 1451353 – 60000）× 25% = 25036.75（元）

借：所得税费用　　　　　　　　　　　　25036.75
　　贷：应交税费——应交企业所得税　　　　　　　25036.75
借：本年利润　　　　　　　　　　　　　25036.75
　　贷：所得税费用　　　　　　　　　　　　　　　25036.75

(51) 借：本年利润　　　　　　　　　　　135110.25
　　　贷：利润分配——未分配利润　　　　　　　　135110.25

(52) 本年应提法定盈余公积 = 135110.25 × 10% = 13511.03（元）

借：利润分配——提取法定盈余公积　　　13511.03
　　贷：盈余公积——法定盈余公积　　　　　　　　13511.03

(53) 借：利润分配——未分配利润　　　　　13511.03
　　　贷：利润分配——提取法定盈余公积　　　　　13511.03

(54) 借：长期借款　　　　　　　　　　　900000
　　　应付利息　　　　　　　　　　　100000
　　　贷：银行存款　　　　　　　　　　　　　　　1000000

(55) 借：应交税费——应交企业所得税　　25036.75
　　　贷：银行存款　　　　　　　　　　　　　　　25036.75

(56) 借：银行存款　　　　　　　　　　　5000
　　　贷：其他应收款——新达公司　　　　　　　　5000

(57) 借：银行存款　　　　　　　　　　　20000
　　　贷：库存现金　　　　　　　　　　　　　　　20000

2. 有关账户的"T"型账户如下：

制造费用

(21) 20000	
(22) 2000	
(25) 100000	(46) 202000
(28) 80000	
本期发生额：202000	本期发生额：202000

生产成本

(21) 300000	
(22) 30000	
(25) 800000	(46) 1332000
(46) 202000	
本期发生额：1332000	本期发生额：1332000

主营业务收入

	(5) 300000
	(14) 700000
(49) 1500000	(34) 500000
本期发生额：1500000	本期发生额：1500000

管理费用

(21) 30000	
(22) 3000	
(27) 60000	
(27) 30000	
(28) 20000	

管理费用　　　　续表

（32）	180000	
（37）	30000	（49）353000
本期发生额：353000		本期发生额：353000

销售费用

（21）	50000	
（22）	5000	
（31）	10000	
（33）	50000	
（41）	2000	（49）117000
本期发生额：117000		本期发生额：117000

财务费用

（18）	22500	
（35）	40000	（49）62500
本期发生额：62500		本期发生额：62500

银行存款

期初余额	1256000		
（4）	9600	（1）	200000
（6）	16500	（2）	234000
（12）	800	（7）	101000
（13）	600000	（8）	150000
（14）	819000	（12）	500
（15）	246000	（19）	474000
（16）	60000	（24）	312500
（17）	350000	（26）	953800
（29）	200000	（31）	10000
（35）	545000	（33）	50000
（44）	1500000	（36）	50000
（56）	5000	（40）	205700
（57）	20000	（42）	50000
		（43）	400000
		（45）	110000
		（48）	36600
		（54）	900000
		（54）	100000
		（55）	25036.75
本期发生额：4371900		本期发生额：4363136.75	
期末余额：1264763.25			

应付职工薪酬（总）

		期初余额	10000
（20）	474000	（9）	200000
（23）	126000	（21）	400000
（45）	110000	（22）	40000
		（23）	126000
		（32）	180000
本期发生额：710000		本期发生额：946000	
		期末余额：246000	

应交税费（总）

		期初余额	36600
（2）	34000	（5）	51000
（4）	20400	（14）	119000
（38）	13600	（34）	85000
（48）	36600	（39）	18700
（55）	25036.75	（50）	25036.75
本期发生额：129636.75		本期发生额：298736.75	
		期末余额：205700	

应付利息（总）

		期初余额	100000
（24）	12500	（10）	150000
（54）	100000	（18）	22500
本期发生额：112500		本期发生额：172500	
		期末余额：160000	

A公司20×4年年末科目余额如下（单位：元）：

科目名称	借方余额	科目名称	贷方余额
库存现金	5300	短期借款	
银行存款	1264763.25	应付票据	
其他货币资金		应付账款	
交易性金融资产		预收账款	1500000
应收票据		其他应付款	
应收账款	451000	应付职工薪酬	246000
坏账准备	−1353	应付利息	160000
预付账款	605700	应交税费	205700
其他应收款			
在途物资	200000		
原材料	806400	长期借款	1300000
包装物	98000	其中：一年内到期的长期借款	
低值易耗品	400000	实收资本	5000000
库存商品	1032000	盈余公积	163511.03
长期股权投资	350000	资本公积	3000
固定资产	2301000	未分配利润	124599.22
累计折旧	−120000		
在建工程	450000		
工程物资	150000		
无形资产	700000		
累计摊销	−160000		
长期待摊费用	170000		
合　计	8702810.25	合　计	8702810.25

资产负债表

会企01表

编制单位：A公司　　　　　　20×4年度　　　　　　单位：元

资　产	期末余额	年初余额	负债与所有者权益	期末余额	年初余额
流动资产：			流动负债：		
货币资金	1270063.25	1411300	短期借款		300000
交易性金融资产		15000	交易性金融负债		
应收票据		246000	应付票据		200000
应收账款	449647	299100	应付账款		953800
预付账款	605700	100000	预收账款	1500000	
应收利息			应付职工薪酬	246000	10000
应收股利			应交税费	205700	36600
其他应收款		5000	应付利息	160000	100000
存货	2536400	2580000	应付股利		

续表

资　产	期末余额	年初余额	负债与所有者权益	期末余额	年初余额
一年内到期的非流动资产			其他应付款		50000
其他流动资产			一年内到期的非流动负债		900000
流动资产合计	4861810.25	4756400	其他流动负债		
非流动资产：			流动负债合计	2111700	2550400
可供出售金融资产			非流动负债：		
持有至到期投资			长期借款	1300000	700000
长期应收款			应付债券		
长期股权投资	350000	350000	长期应付款		
投资性房地产			专项应付款		
固定资产	2181000	1100000	预计负债		
在建工程	450000	1500000	递延所得税负债		
工程物资	150000		其他非流动负债		
固定资产清理			非流动负债合计	1300000	700000
生产性生物资产			负债合计	3411700	3250400
油气资产			所有者权益（或股东权益）：		
无形资产	540000	600000	实收资本（或股本）	5000000	5000000
开发支出			资本公积	3000	3000
商誉			减：库存股		
长期待摊费用	170000	200000	盈余公积	163511.03	150000
递延所得税资产			未分配利润	124599.22	3000
其他非流动资产			所有者权益合计	5291110.25	5156000
非流动资产合计	3841000	3650000			
资产总计	8702810.25	8406400	负债和所有者权益总计	8702810.25	8406400

利　润　表

编制单位：A公司　　　　　　　　　　20×4年度　　　　　　　　　　会企02表
　　　　　　　　　　　　　　　　　　　　　　　　　　　　　　　单位：元

项　　目	本期金额	上期金额
一、营业收入	1500000	
减：营业成本	880000	
营业税金及附加	18700	
销售费用	117000	
管理费用	353000	
财务费用	62500	
资产减值损失	453	
加：公允价值变动收益（损失以"—"号填列）		
投资收益（损失以"—"号填列）	61500	
其中：对联营企业和合营企业的投资收益		
二、营业利润（亏损以"—"号填列）	129847	
加：营业外收入	50000	
减：营业外支出	19700	

续表

项　　目	本期金额	上期金额
其中：非流动资产处置损失	19700	
三、利润总额（亏损总额以"—"号填列）	160147	
减：所得税费用	25036.75	
四、净利润（净亏损以"—"号填列）	135110.25	
五、每股收益		
（一）基本每股收益		
（二）稀释每股收益		

现金流量表　　　　　　　　　　　会企 03 表

编制单位：A 公司　　　　　　　20×4 年度　　　　　　　　　　单位：元

项　　目	本期金额	上期金额
一、经营活动产生的现金流量		
销售商品、提供劳务收到的现金	3310000	
收到的税费返还		
收到的其他与经营活动有关的现金	5000	
经营活动现金流入小计	3315000	
购买商品、接受劳务支付的现金	2133900	
支付给职工以及为职工支付的现金	426000	
支付的各项税费	61636.75	
支付的其他与经营活动有关的现金	140000	
经营活动现金流出小计	2761536.75	
经营活动产生的现金流量净额	553463.25	
二、投资活动产生的现金流量		
收回投资收到的现金	16500	
取得投资收益收到的现金	60000	
处置固定资产、无形资产和其他长期资产收回的现金净额	350300	
处置子公司及其他营业单位收到的现金净额		
收到的其他与投资活动有关的现金		
投资活动现金流入小计	426800	
购建固定资产、无形资产和其他长期资产支付的现金	409000	
投资支付的现金		
取得子公司及其他营业单位支付的现金净额		
支付的其他与投资活动有关的现金		
投资活动现金流出小计	409000	
投资活动产生的现金流量净额	17800	
三、筹资活动产生的现金流量		
吸收投资收到的现金		
取得借款收到的现金	600000	
收到其他与筹资活动有关的现金		

项　目	本期金额	上期金额
筹资活动现金流入小计	600000	
偿还债务支付的现金	1200000	
分配股利、利润或偿付利息支付的现金	112500	
支付其他与筹资活动有关的现金		
筹资活动现金流出小计	1312500	
筹资活动产生的现金流量净额	−712500	
四、汇率变动对现金及现金等价物的影响		
五、现金及现金等价物净增加额	−141236.25	
加：期初现金及现金等价物余额	1411300	
六、期末现金及现金等价物余额	1270063.25	

补充资料	本期金额	上期金额
1. 将净利润调节为经营活动现金流量：		
净利润	135110.25	
加：资产减值准备	453	
固定资产折旧、油气资产折耗、生产性生物资产折旧	100000	
无形资产摊销	60000	
长期待摊费用摊销	30000	
处置固定资产、无形资产和其他长期资产的损失（收益以"—"号填列）	−30300	
固定资产报废损失（收益以"—"号填列）		
公允价值变动损失（收益以"—"号填列）		
财务费用（收益以"—"号填列）	22500	
投资损失（收益以"—"号填列）	−61500	
递延所得税资产减少（增加以"—"号填列）		
递延所得税负债增加（减少以"—"号填列）		
存货的减少（增加以"—"号填列）	43600	
经营性应收项目的减少（增加以"—"号填列）	−405700	
经营性应付项目的增加（减少以"—"号填列）	659300	
其他		
经营活动产生的现金流量净额	553463.25	
2. 不涉及现金收支的重大投资和筹资活动：		
债务转为资本		
一年内到期的可转换公司债券		
融资租入固定资产		
3. 现金及现金等价物净变动情况：		
现金的期末余额		
减：现金的期初余额	1411300.00	
加：现金等价物的期末余额	1270063.25	
减：现金等价物的期初余额		
现金及现金等价物净增加额	−141236.25	

注：经营性应付项目的增加中，利润表中财务费用的金额应扣除贴息40000元、应付职工薪酬中应扣除在建工程职工薪酬42000元。

第十四章　债务重组

第一部分　习　题

一、单项选择题

1. 甲公司应收乙公司货款 800 万元，经协商，双方同意按 600 万元结清该笔货款。甲公司已经为该笔应收账款计提了 100 万元的坏账准备，在债务重组日，该事项对甲公司和乙公司的影响分别为（　　）。

A. 甲公司资本公积减少 200 万元，乙公司资本公积增加 200 万元

B. 甲公司营业外支出增加 100 万元，乙公司资本公积增加 200 万元

C. 甲公司营业外支出增加 200 万元，乙公司营业外收入增加 200 万元

D. 甲公司营业外支出增加 100 万元，乙公司营业外收入增加 200 万元

2. 企业以低于应付债务账面价值的现金清偿债务的，支付的现金低于应付债务账面价值的差额，应当计入（　　）。

A. 营业外收入　　B. 资本公积　　　　C. 管理费用　　　D. 其他业务收入

3. 甲公司应收乙公司货款 600 万元，经协商，双方同意按 500 万元结清该笔货款。甲公司已经为该笔应收账款计提了 120 万元的坏账准备，在债务重组日，该事项对甲公司和乙公司的影响分别为（　　）。

A. 甲公司资产减值损失减少 20 万元，乙公司营业外收入增加 100 万元

B. 甲公司营业外支出增加 100 万元，乙公司资本公积增加 100 万元

C. 甲公司营业外支出增加 100 万元，乙公司营业外收入增加 100 万元

D. 甲公司营业外支出增加 100 万元，乙公司营业外收入增加 20 万元

4. 债务人以长期股权投资抵偿债务，债务人应将转出的长期股权投资公允价值和账面价值的差额计入（　　）。

A. 资本公积　　　B. 营业外收入　　　　C. 营业外支出　　D. 投资收益

5. 以债权转为股权的，债权人受让股权的入账价值为（　　）。

A. 应收债权账面价值   B. 应付债务账面价值

C. 股权的公允价值   D. 股权份额

6. 债务重组时，债权人对于受让非现金资产过程中发生的运杂费、保险费等相关费用，应计入的科目是（   ）。

A. 管理费用   B. 其他业务成本

C. 营业外支出   D. 接受资产的价值

7. 甲公司应付 A 公司账款 80 万元，甲公司与 A 公司达成债务重组协议，甲公司以一台设备抵偿债务。设备账面原价为 100 万元，已提折旧 22 万元，其公允价值为 77 万元，甲公司该项债务重组利得为（   ）万元。

A. 51   B. 3   C. 0   D. 23

8. A 公司以一台设备抵偿所欠甲公司的债务 12 万元，设备的账面原价为 10 万元，已计提折旧 4 万元，发生相关税费 1 万元，设备的公允价值为 8 万元。A 公司发生的该业务应计入利润的金额为（   ）万元。

A. 5   B. 4   C. 3   D. 6

9. 甲公司发生财务困难，短期内无法偿还所欠乙公司货款 100 万元。双方协商，甲公司以持有至到期投资抵偿乙公司全部货款，持有至到期投资公允价值为 98 万元，账面价值为 110 万元。乙公司已为该项应收债权计提 10 万元坏账准备。假定不考虑相关税费，乙公司收到该项持有至到期投资的入账价值为（   ）万元。

A. 98   B. 90   C. 110   D. 100

10. 以固定资产抵偿债务的，债权人收到的固定资产应按（   ）入账。

A. 账面价值   B. 账面余额   C. 公允价值   D. 账面净值

11. 债务重组的方式不包括（   ）。

A. 债务人以低于债务账面价值的现金清偿债务

B. 修改其他债务条件

C. 债务转为资本

D. 借新债还旧债

12. 以修改其他债务条件进行债务重组的，如果债务重组协议中附有或有应付金额的，该或有应付金额最终没有发生的，应（   ）。

A. 冲减营业外支出

B. 冲减财务费用

C. 冲减已确认的预计负债，同时确认营业外收入

D. 不做账务处理

13. 以修改其他债务条件进行债务重组的，如果债务重组协议中附有或有应收金额的，债权人应将或有应收金额（   ）。

A. 包括在将来应收金额中   B. 包括在将来应付金额中

C. 计入当期损益   D. 不做账务处理

14. A 企业欠 B 企业货款 750 万元，到期日为 20×8 年 3 月 20 日，因 A 企业发生财

务困难，4月25日起双方开始商议债务重组事宜，5月10日双方签订重组协议，B企业同意A企业以价值700万元的产成品抵债。A企业分批将该批产品运往B企业，第一批产品运抵日为5月15日，最后一批运抵日为5月22日，并于5月22日办妥有关债务解除手续。则A企业应确定的债务重组日为（   ）。

    A. 4月25日   B. 5月10日   C. 5月15日   D. 5月22日

15. 以下适用于《企业会计准则第12号——债务重组》准则规范的债务重组事项的是（   ）。

    A. 企业破产清算时的债务重组   B. 企业进行公司制改组时的债务重组

    C. 企业兼并中的债务重组   D. 持续经营条件下的债务重组

16. 债务人以现金、非现金资产、债务转为资本方式的组合清偿某项债务的一部分，并对该项债务的另一部分以修改其他债务条件进行债务重组的，对上述支付方式应考虑的前后顺序是（   ）。

    A. 现金、债务转为资本方式、非现金资产、修改其他债务条件

    B. 现金、非现金资产、修改其他债务条件、债务转为资本方式

    C. 现金、非现金资产、债务转为资本方式、修改其他债务条件

    D. 现金、债务转为资本方式、修改其他债务条件、非现金资产

17. 甲企业应收乙企业账款的账面余额为585万元，由于乙企业财务困难无法偿付应付账款，经双方协商同意，乙企业以85万元现金和其200万股普通股偿还债务。乙公司普通股每股面值1元，市价2.2元，甲企业取得投资后确认为可供出售金融资产，甲企业对该应收账款提取坏账准备50万元。甲企业债务重组损失和初始投资成本是（   ）万元。

    A. 95485   B. 60200   C. 10440   D. 145525

18. 下列有关债务重组的说法中，正确的是（   ）。

    A. 在债务重组中，若涉及多项非现金资产，应以非现金资产的账面价值为基础进行分配

    B. 修改其他债务条件后，若债权人未来应收金额大于应收债权账面价值和应收债权的账面余额，则债权方不做任何处理

    C. 修改其他债务条件后，若债权人未来应收金额大于应收债权的账面价值，但小于应收债权账面余额的，应按未来应收金额大于应收债权账面价值的差额，冲减已计提的坏账准备和应收债权的账面余额

    D. 在混合重组方式下，债务人和债权人在进行账务处理时，一般先考虑以现金清偿，然后是以非现金资产或以债务转为资本方式清偿，最后才是修改其他债务条件

19. 下列各项中，应作为债务重组前提条件的是（   ）。

    A. 债权人做出让步   B. 法院判决

    C. 债务人与债权人签订了协议   D. 债务人发生财务困难

20. 甲公司欠乙企业货款5000万元，到期日为20×6年4月2日，因甲企业发生财务困难，4月25日起双方开始商议债务重组事宜，5月10日双方签订重组协议，乙企

业同意甲企业将所欠债务转为资本。5月28日经双方股东大会通过，报请有关部门批准；6月18日甲企业办妥增资批准手续并向乙企业出具出资证明。甲企业在债务重组日登记该项业务，债务重组日为（　　）。

A. 4 月 25 日　　　B. 5 月 28 日　　　C. 5 月 10 日　　　D. 6 月 18 日

二、多项选择题

1. 关于债务重组准则中以现金清偿债务的，下列说法中正确的有（　　）。

A. 债务人应当将重组债务的账面价值与实际支付现金之间的差额，计入当期损益

B. 若债权人未对应收债权计提减值准备，债权人应当将重组债权的账面余额与收到的现金之间的差额，计入当期损益

C. 若债权人已对债权计提减值准备的，应当先将该差额冲减减值准备，减值准备不足以冲减的部分，计入当期损益

D. 若债权人已对债权计提减值准备的，债权人实际收到的款项小于应收债权账面价值的差额，计入当期损益

2. A 公司 20×8 年 1 月 1 日销售给 B 公司一批商品，价税合计 117000 元，协议规定 B 公司于 20×8 年 6 月 30 日支付全部货款。20×8 年 6 月 30 日，由于 B 公司经营困难，无法支付全部的货款，双方协商进行债务重组。下面情况符合债务重组定义的是（　　）。

A. A 公司同意 B 公司以一台设备偿还全部债务的 80%，剩余的债务不再要求偿还

B. A 公司同意 B 公司延期至 20×8 年 12 月 31 日支付全部的债务并加收利息，但不减少其偿还的金额

C. A 公司同意 B 公司以 100000 元偿付全部的债务

D. A 公司同意 B 公司以一批存货偿还全部债务，该存货公允价值为 95000 元

3. 以非货币性资产偿还债务的债务重组中，下列说法正确的有（　　）。

A. 债务人以存货偿还债务的，视同销售该存货，应按照其公允价值确认相应的收入，同时结转存货的成本

B. 债务人以固定资产偿还债务的，固定资产公允价值与其账面价值和支付的相关税费之间的差额，计入营业外收入或营业外支出

C. 债务人以长期股权投资偿还债务的，长期股权投资公允价值与其账面价值和支付的相关税费之间的差额计入投资收益

D. 债务人以无形资产偿还债务的，无形资产公允价值与其账面价值和支付的相关税费之间的差额，计入营业外收入或营业外支出

4. 债务人以非现金资产清偿债务的，非现金资产转让收益计入的科目可能有（　　）。

A. 主营业务收入　　　　　　　　　B. 其他业务收入

C. 营业外收入　　　　　　　　　　D. 投资收益

E. 资本公积

5. 下列关于债务重组中混合重组的说法中，正确的有 （   ）。

A. 债务人应当依次以支付的现金、转让非现金资产的公允价值、债权人享有股份的公允价值冲减重组债务的账面价值，再按照修改其他债务条件的相关规定进行处理

B. 债权人应当依次以收到的现金、接受非现金资产的公允价值、债权人享有股份的公允价值冲减重组债务的账面余额，再按照债权人修改其他债务条件的规定进行处理

C. 债务人应当依次以支付的现金、转让非现金资产的账面价值、债权人享有股份的账面价值冲减重组债务的账面价值，再按照修改其他债务条件的相关规定进行处理

D. 债权人应当依次以收到的现金、接受非现金资产的账面价值、债权人享有股份的账面价值冲减重组债权的账面余额，再按照债权人修改其他债务条件的规定进行会计处理

6. 关于债务重组准则中修改其他债务条件的，下列说法中错误的有 （   ）。

A. 债务重组以修改其他债务条件进行的，债权人应当将修改其他债务条件后的债权的公允价值作为重组后债权的账面价值，重组债权的账面余额与重组后债权的账面价值之间的差额，计入当期损益。债权人已对债权计提减值准备的，应当先将该差额冲减减值准备，减值准备不足以冲减的部分，计入当期损益

B. 修改后的债务条款中涉及或有应收金额的，债权人应当确认或有应收金额，将其计入重组后债权的账面价值

C. 修改其他债务条件的，债务人应当将修改其他债务条件后债务的公允价值作为重组后债务的入账价值。重组债务的账面价值与重组后债务的入账价值之间的差额，计入当期损益

D. 或有应付金额一定计入将来应付金额中

7. 下列属于债务重组的有 （   ）。

A. 以低于债务的账面价值的货币资金清偿债务

B. 修改债务条件，如减少债务本金、降低利率等

C. 债务人借新债还旧债

D. 债务人改组，债权人将债权转为对债务人的股权投资

8. 在混合重组方式下，下列表述正确的有 （   ）。

A. 一般情况下，应先考虑以现金清偿，然后是非现金资产清偿或以债务转为资本方式清偿，最后是修改其他债务条件

B. 如果重组协议本身已明确规定了非现金资产或股权的清偿债务金额或比例，债权人接受的非现金资产应按规定的金额入账

C. 债权人接受多项非现金资产，债权人应按债务人非现金资产的账面价值的相对比例确定各项非现金资产的入账价值

D. 只有在满足债务重组日条件的情况下，才能进行债务重组的账务处理

9. 下列关于债务重组的说法中，正确的有（　　）。

A. 债务重组一定是在债务人发生财务困难的情况下发生的

B. 债务重组一定是债权人按照其与债务人达成的协议或者是法院的裁定做出让步的事项

C. 债务重组既包括持续经营情况下的债务重组，也包括非持续经营情况下的债务重组

D. 只要债务条件发生变化，无论债权人是否做出让步均属于债务重组

10. 下列关于债务重组以现金清偿债务的说法中，正确的有（　　）。

A. 债务人应当将重组债务的账面价值与实际支付现金的差额计入当期损益

B. 若债权人未对应收的债权计提减值准备，债权人应当将重组债权的账面价值与收到现金之间的差额计入当期损失

C. 若债权人已对债权计提减值准备，应先冲减减值准备，减值准备不足以冲减的，计入当期损益

D. 若债权人已对债权计提减值准备，其实际收到的款项小于应收债权账面价值的差额计入当期损益

11. 下列关于债务重组中，将债务转为资本的说法中，正确的有（　　）。

A. 债务人应当将债权人放弃债权而享有股份面值的总额确认为股本或实收资本，股份的公允价值的总额与股本之间的差额确认为债务重组的利得

B. 债务人应当将债权人放弃债权而享有的股份面值的总额确认为股本或实收资本，股份公允价值和股本之间的差额确认为资本公积

C. 重组债务的账面价值与股份的公允价值总额之间的差额计入当期损益

D. 重组债务的账面价值与股份面值总额之间的差额计入当期损失

12. 在债务重组的会计处理中，以下正确的提法有（　　）。

A. 债务人应确认债务重组收益

B. 无论债权人或债务人，均不确认债务重组损失

C. 用非现金资产清偿债务时，债务人应将应付债务的账面价值大于用以清偿债务的非现金资产账面价值的差额，直接计入当期营业外收入

D. 用非现金资产清偿债务时，债务人应将应付债务的账面价值大于用以清偿债务的非现金资产公允价值与相关税费之和的差额计入营业外收入

13. 债务重组是指在债务人发生财务困难的情况下，债权人按照其与债务人达成的协议或者法院的裁定做出让步的事项。其中，债权人作出的让步包括（　　）。

A. 债权人减免债务人部分债务利息

B. 允许债务人延期支付债务，但不减少债务的账面价值

C. 降低债务人应付债务的利率

D. 债权人减免债务人部分债务本金

14. 下列各项中属于债务重组修改其他债务条件的方式有（　　）。

A. 债务转为资本 　　　　　　　　　　B. 降低利率

C. 减少债务本金　　　　　　　　　D. 免去应付未付的利息

15. 某股份有限公司清偿债务的下列方式中，属于债务重组的有（　　）。

A. 根据转换协议将应付可转换公司债券转为资本

B. 以公允价值低于债务金额的非现金资产清偿

C. 债权人做出让步时，延长债务偿还期限并收取比原利率小的利息

D. 以低于债务账面价值的银行存款清偿

16. 以固定资产抵偿债务进行债务重组时，对债务人而言，下列项目中不影响债务重组损益计算的有（　　）。

A. 固定资产的原始价值　　　　　　B. 固定资产的累计折旧

C. 固定资产的减值准备　　　　　　D. 固定资产的公允价值

17. 债务人以现金清偿债务的情况下，债权人进行账务处理可能涉及的科目有（　　）。

A. 银行存款　　　　　　　　　　　B. 营业外支出

C. 营业外收入　　　　　　　　　　D. 应收账款

18. 债务人以非现金资产清偿债务时，债权人收到非现金资产在确认受让资产入账价值时，应考虑的因素有（　　）。

A. 债权的账面价值

B. 债务人转让存货时缴纳的增值税销项税额

C. 债权人支付的其他相关税费

D. 换入资产的公允价值

19. 20×7 年 4 月 8 日，甲公司因无力偿还乙公司的 1000 万元货款进行债务重组。按债务重组协议规定，甲公司用普通股 400 万股偿还债务。假设普通股每股面值 1 元，该股份的公允价值为 900 万元（不考虑相关税费）。乙公司对该应收账款计提了 80 万元的坏账准备。甲公司于 8 月 5 日办妥了增资批准手续，换发了新的营业执照，则下列表述正确的有（　　）。

A. 债务重组日为 20×7 年 4 月 8 日

B. 乙公司因放弃债权而享有股份的面值总额为 400 万元

C. 甲公司计入资本公积——股本溢价为 500 万元

D. 债权人计提的相应的坏账准备 80 万元必须随债务重组一起转平

20. 下列关于债务重组中债务人转让非现金资产公允价值与账面价值的差额的处理表述正确的有（　　）。

A. 非现金资产为存货的，应当作为销售处理

B. 非现金资产为固定资产的，应视同固定资产处置，差额计入营业外收入或营业外支出

C. 非现金资产为无形资产的，视同无形资产处置，差额计入营业外收入或营业外支出

D. 非现金资产为企业投资的，非现金资产的公允价值扣除投资的账面价值（对投资

计提减值准备的，还应将相关的减值准备予以结转）及直接相关费用后的余额确认为转让资产损益，计入投资收益

21. 下列各项中，属于债务重组范围的有（　　）。

A. 银行免除某困难企业积欠贷款的利息，银行只收回本金

B. A 企业同意 B 企业推迟偿还货款的期限，并减少 B 企业偿还货款的金额

C. 债务人以非现金资产清偿债务，同时又与债权人签订了资产回购的协议

D. 银行同意减低某困难企业的贷款利率

22. 修改其他债务条件时，以下债权人可能产生债务重组损失的有（　　）。

A. 无坏账准备时，债权人重组债权的账面余额大于将来应收金额

B. 无坏账准备时，债权人重组债权的账面余额小于将来应收金额和或有应收的合计数

C. 有坏账准备时，债权人放弃的部分债权小于已经计提的坏账准备

D. 有坏账准备时，债权人放弃的部分债权大于已经计提的坏账准备

三、判断题

1. 根据债务重组准则规定，债权人在债务重组过程中可能会得到债务重组收益。（　　）

2. 只要债务重组时确定的债务偿还条件不同于原协议，不论债权人是否做出让步，均属于准则定义的债务重组。（　　）

3. 附或有支出的债务重组，重组债务的账面价值与重组后债务的入账价值之间的差额，计入当期损益（营业外收入）。（　　）

4. 债务人以其生产的产品抵偿债务，应以成本转账而不计入主营业务收入。（　　）

5. 在债务重组中，如果债权人对该项债权计提了坏账准备，应先冲减已计提的坏账准备，再计算其重组的损失。（　　）

6. 以非现金资产抵偿债务的，债务人计入当期损益的金额可划分为资产转让损益和债务重组利得。（　　）

7. 债务人以非现金资产清偿债务，其应付债务大于转让的非现金资产的账面价值的差额，作为债务重组收益，计入当期损益。（　　）

8. 以债权转为股权的，应按应收债权的账面价值为基础作为受让股权的入账价值。（　　）

9. 在债务重组中，债务人的或有应付金额在随后会计期间没有发生的，应在结算时转入营业外收入。（　　）

10. 债务重组方式包括以资产清偿债务、将债务转为资本、修改其他债务条件等，但以上三种方式的组合不属于准则规范的债务重组方式。（　　）

11. 采用修改其他债务条件方式进行债务重组时，债务人应当将修改其他债务条件后债务的公允价值作为重组后债务的入账价值。重组债务的账面价值与重组后债务的入

账价值之间的差额，计入当期损益。 （　　）

12. 债务人发生财务困难是指因债务人出现资金周转困难、经营陷入困境或者其他方面的原因等，导致其无法或者没有能力按原定条件偿还债务。 （　　）

13. 债权人可以确认债务重组收益，债务人只能确认债务重组损失。 （　　）

14. 以现金清偿债务的，债务人应当在满足金融负债终止确认条件时，终止确认重组债务，并将重组债务的账面价值与实际支付现金之间的差额，计入当期损益（其他业务收入）。 （　　）

15. 修改其他债务条件进行债务重组的，债务人不能确认债务重组收益。 （　　）

16. 当债务人出现财务困难，难以按期偿还债务时，债权人只能通过法律程序，要求债务人破产，以清偿债务。 （　　）

17. 以非现金资产偿还债务，非现金资产为长期股权投资的，其公允价值和账面价值的差额，计入营业外收入。 （　　）

18. 债务人在以非现金资产抵偿债务时，如果非现金资产发生跌价或减值，债权人在重组日的账务处理中要考虑相关资产的跌价情况。 （　　）

19. 以现金清偿债务的，债务人应当将重组债务的账面价值与实际支付现金之间的差额，计入资本公积。 （　　）

20. 债务重组是指在债务人发生财务困难的情况下，债权人按照其与债务人达成的协议或者法院的裁定做出让步的事项。 （　　）

四、计算及账务处理题

（一）以低于债务账面价值的现金进行债务重组

1. 乙公司欠甲公司货款 200000 元。由于乙公司财务发生困难。经协商进行债务重组。甲公司同意乙公司支付 150000 元货款，余款不再偿还。乙公司随即支付了 150000 元货款。甲公司对该项应收账款计提 20000 元的坏账准备。

要求：根据上述资料，编制甲、乙公司与债务重组有关的会计分录。

2. 甲公司于 20×9 年 1 月 20 日销售一批材料给乙公司，不含税价格为 200000 元，增值税税率为 17%，按合同规定，乙公司应于 20×9 年 4 月 1 日前偿付货款。由于乙公司发生财务困难，无法按合同规定的期限偿还债务，经双方协商于 7 月 1 日进行债务重组。债务重组协议规定，甲公司同意减免乙公司 30000 元债务，余额用现金立即偿清。甲公司已于 7 月 10 日收到乙公司通过转账偿还的款项。甲公司已为该项应收债权计提了 20000 元的坏账准备。

要求：编制甲公司、乙公司与债务重组有关的会计分录。

（二）以非现金资产（存货）进行债务重组

1. 乙公司欠甲公司购货款 350000 元。由于乙公司财务发生困难，短期内不能支付已于 20×7 年 5 月 1 日到期的货款。20×7 年 7 月 10 日，经双方协商，甲公司同意乙公司以其生产的产品偿还债务。该产品的公允价值为 200000 元，实际成本为 120000 元。

甲、乙公司为增值税一般纳税人。适用的增值税税率为 17%。甲公司于 20×7 年 8 月 10 日收到乙公司抵债的产品，并作为产成品入库。甲公司对该项应收账款计提了 50000 元的坏账准备。

要求：编制上述业务中甲、乙公司与债务重组有关的会计分录。

2. 乙公司欠甲公司货款 800000 元。由于乙公司财务发生困难，短期内不能支付货款。经协商进行债务重组。乙公司以其生产的产品（机器设备）偿还债务，该产品的销售价格 600000 元（不含税），成本为 400000 元。甲、乙公司均为增值税一般纳税人，增值税税率为 17%。甲公司未对该项应收账款计提坏账准备。

要求：

（1）假设甲公司将收到的乙公司的产品作库存商品，根据上述资料，做出甲、乙双方的账务处理。

（2）假设甲公司将收到的乙公司的产品作固定资产，根据上述资料，做出甲、乙双方的账务处理。

（三）以非现金资产（固定资产）进行债务重组

甲公司于 20×5 年 1 月 1 日销售给乙公司一批材料，价值 400000 元（包括应收取的增值税税额），按购销合同约定，乙公司应于 20×5 年 10 月 31 日前支付货款，但至 20×6 年 1 月 31 日乙公司尚未支付货款。由于乙公司财务发生困难，短期内不能支付货款。20×6 年 2 月 3 日，经过协商，甲公司同意乙公司以一台设备偿还债务。该项设备的账面原价为 350000 元，已提折旧 5 万元，设备的公允价值为 360000 元（假设企业转让该项设备不需要缴纳增值税）。甲公司对该项应收账款提取坏账准备 20000 元。设备已于 20×6 年 3 月 10 日运抵甲公司。假定不考虑与该项债务重组相关的税费。

要求：编制上述业务中甲、乙公司与债务重组有关的会计分录。

（四）以债务转为股本方式进行债务重组

20×6 年 7 月 1 日，甲公司应收乙公司账款的账面余额为 60000 元，由于乙公司发生财务困难，无法偿付应付账款。经双方协商同意，采取将乙公司所欠债务转为乙公司股本的方式进行债务重组，假定乙公司普通股的面值为 1 元，乙公司以 20000 股抵偿该项债务，股票每股市价为 2.5 元。甲公司对该项应收账款计提了坏账准备 2000 元。股票登记手续已办理完毕，甲公司对其作为长期股权投资处理。

要求：编制上述业务中甲、乙公司与债务重组有关的会计分录。

（五）以修改债务条件进行债务重组

2005 年 6 月 30 日，甲公司从某银行取得年利率 10%、3 年期的贷款 12500 元，现因甲公司财务困难，于 2007 年 12 月 31 日进行债务重组，银行同意延长到期日至 2011 年 12 月 31 日，利率降至 7%，免除所有积欠利息，本金减至 10000 元。但附有一条件，债务重组后，如果甲公司第二年起有盈利，则利率恢复至 10%，如果无盈利，仍维持 7%。假设银行没有对该贷款计提坏账准备，债务重组后每年年底支付利息。

要求：

（1）编制甲公司有关债务重组日的分录。

（2）假设甲公司第二年起有盈利，编制债务人 2009~2011 年度的会计分录。

（3）假设甲公司第二年起无盈利，编制债务人 2009~2011 年度的会计分录。

（六）混合重组

1. 甲公司和乙公司均为增值税一般纳税人。甲公司于 20×4 年 6 月 30 日向乙公司出售产品一批，产品销售价款 100 万元，应收增值税 17 万元；乙公司于同年 6 月 30 日开出期限为 6 个月、票面年利率为 4% 的商业承兑汇票，抵充购买该产品价款。在该票据到期日，乙公司未按期兑付，甲公司将该应收票据按其到期价值转入应收账款，不再计算利息。至 20×5 年 12 月 31 日，甲公司对该应收账款提取的坏账准备为 5000 元。乙公司由于发生财务困难，短期内资金紧张，于 20×5 年 12 月 31 日经与甲公司协商，达成债务重组协议如下：

（1）乙公司以产品一批偿还部分债务。该批产品的账面价值为 20000 元，公允价值为 30000 元，应交增值税税额为 5100 元。乙公司开出增值税专用发票。甲公司将该产品作为商品验收入库。

（2）甲公司同意减免乙公司所负全部债务扣除实物抵债后剩余债务的 40%，其余债务的偿还期延至 20×6 年 12 月 31 日。

要求：编制上述业务中甲、乙公司与债务重组有关的会计分录。

2. 20×7 年 2 月 8 日，A 公司应收 B 公司应收票据 100000 元、票面年利率 10%、期限 6 个月。由于 B 公司资金周转发生困难，于当年 8 月 8 日，经 A、B 公司协商，进行债务重组。A 公司同意 B 公司支付 30000 元现金，余款用一项专利权清偿。该项专利权的账面余额 200000 元，累计摊销 140000 元，公允价值 80000 元。B 公司因转让专利权缴纳营业税 4000 元。假定 B 公司没有对该项专利计提减值准备，且不考虑其他税费。

要求：根据上述资料，编制 A、B 公司的会计分录。

第二部分　习题参考答案

一、单项选择题

1. D　　2. A　　3. A　　4. D　　5. C　　6. D　　7. B　　8. A　　9. A

10. C　　11. D　　12. C　　13. D　　14. D　　15. D　　16. C　　17. C　　18. D

19. D　　20. D

二、多项选择题

1. ABCD　　2. ACD　　3. ABCD　　4. ABCD　　5. AB　　6. BD

中级财务会计

7. AB   8. AD   9. AB   10. ABCD   11. BC   12. AD

13. ACD   14. BCD   15. BCD   16. ABC   17. ABD   18. BCD

19. BCD   20. ABCD   21. ABD   22. AD

三、判断题

1. ×   2. ×   3. ×   4. ×   5. √   6. √   7. ×   8. ×   9. √

10. ×   11. √   12. √   13. ×   14. ×   15. ×   16. ×   17. ×   18. ×

19. ×   20. √

四、计算及账务处理题

（一）以低于债务账面价值的现金进行债务重组

1. （1）乙公司（债务人）的账务处理：

        借：应付账款——甲公司   200000

              贷：银行存款   150000

                  营业外收入——债务重组利得   50000

（2）甲公司（债权人）的账务处理：

        借：银行存款   150000

             坏账准备   20000

             营业外支出——债务重组损失   30000

               贷：应收账款——乙公司   200000

2. （1）乙公司（债务人）的账务处理：

        借：应付账款——甲公司   234000

              贷：银行存款   204000

                  营业外收入——债务重组利得   30000

（2）甲公司（债权人）的账务处理：

        借：银行存款   204000

             营业外支出——债务重组损失   10000

             坏账准备   20000

               贷：应收账款——乙公司   234000

（二）以非现金资产（存货）进行债务重组

1. （1）乙公司（债务人）的账务处理：

        借：应付账款——甲公司   350000

              贷：主营业务收入   200000

                  应交税费——应交增值税（销项税额）   34000

                  营业外收入——债务重组利得   116000

```
          借：主营业务成本                           120000
              贷：库存商品                                        120000
```
（2）甲公司（债权人）的账务处理：
```
          借：库存商品                               200000
              应交税费——应交增值税（进项税额）      34000
              坏账准备                                50000
              营业外支出——债务重组损失              66000
              贷：应收账款——乙公司                              350000
```
2. 乙公司（债务人）的账务处理：

不管债权人甲公司将收到的产品作为库存商品还是作为固定资产，债务人乙公司的处理相同。
```
          借：应付账款——甲公司                     800000
              贷：主营业务收入                                   600000
                  应交税费——应交增值税（销项税额）             102000
                  营业外收入——债务重组利得                       98000
          借：主营业务成本                           400000
              贷：库存商品                                        400000
```
甲公司（债权人）的账务处理：

甲公司将收到的乙公司的产品作为库存商品：
```
          借：库存商品                               600000
              应交税费——应交增值税（进项税额）     102000
              营业外支出——债务重组损失              98000
              贷：应收账款——乙公司                              800000
```
甲公司将收到的乙公司的产品作为固定资产：
```
          借：固定资产                               600000
              应交税费——应交增值税（进项税额）     102000
              营业外支出——债务重组损失              98000
              贷：应收账款——乙公司                              800000
```
（三）以非现金资产（固定资产）进行债务重组

（1）乙公司（债务人）账务处理：

将固定资产转入清理：
```
          借：固定资产清理                           300000
              累计折旧                                50000
              贷：固定资产                                        350000
```
进行债务重组，并结转债务重组利得：
```
          借：应付账款——甲公司                     400000
              贷：固定资产清理                                   360000
```

营业外收入——债务重组利得	40000	

结转转让固定资产的利得：

借：固定资产清理 60000

　　贷：营业外收入——处置非流动资产利得 60000

（2）甲公司（债权人）的账务处理：

借：固定资产 360000

　　坏账准备 20000

　　营业外支出——债务重组损失 20000

　　贷：应收账款——乙公司 400000

（四）以债务转为股本方式进行债务重组

（1）乙公司（债务人）的账务处理：

①计算应计入资本公积的金额：

股票的公允价值 50000

减：股票的面值总额 20000

应计入资本公积 30000

②计算应确认的债务重组利得：

债务账面价值 60000

减：股票的公允价值 50000

债务重组利得 10000

③应做会计分录如下：

借：应付账款——甲公司 60000

　　贷：股本 20000

　　　　资本公积——股本溢价 30000

　　　　营业外收入——债务重组利得 10000

（2）甲公司（债权人）的账务处理：

①计算债务重组损失：

应收账款账面余额 60000

减：所转股权的公允价值 50000

差额 10000

减：已计提坏账准备 2000

债务重组损失 8000

②应做会计分录如下：

借：长期股权投资 50000

　　坏账准备 2000

　　营业外支出——债务重组损失 8000

　　贷：应收账款——乙公司 60000

（五）以修改债务条件进行债务重组

（1）甲公司 2007 年 12 月 31 日的分录：

借：长期借款 12500

应付利息 3125

贷：长期借款——债务重组 10000

预计负债 900 $[10000 \times (10\% - 7\%) \times 3]$

营业外收入——债务重组收益 4725

（2）假设甲公司第二年起有盈利，甲公司 2009 年年底和 2010 年年底支付利息时：

借：财务费用 700

预计负债 300

贷：银行存款 1000

由于甲公司债务重组后的第二年起有盈利，该公司应按 10% 的利率支付利息，这样，以后的三年甲公司每年需要支付 1000 元（10000×10%）的利息。

2011 年年底支付本息时：

借：长期借款——债务重组 10000

财务费用 700

预计负债 300

贷：银行存款 11000

（3）假设甲公司第二年起无盈利，甲公司 2009 年年底和 2010 年年底支付利息时：

借：财务费用 700

贷：银行存款 700

借：预计负债 300

贷：营业外收入 300

2011 年年底支付本息时：

借：长期借款——债务重组 10000

财务费用 700

贷：银行存款 10700

借：预计负债 300

贷：营业外收入 300

（六）混合重组

1.（1）乙公司（债务人）的账务处理：

①计算债务重组时应付账款的账面余额 =（1000000 + 170000）×（1 + 4% ÷ 2）= 1193400（元）

②计算债务重组后债务的公允价值 = $[1193400 - 30000 \times (1 + 17\%)] \times 60\%$ =（1193400 - 35100）× 60% = 694980（元）

③计算债务重组利得：

应付账款账面余额 1193400

减：所转让资产的公允价值　35100

重组后债务公允价值　694980

债务重组利得　463320

④做出会计分录：

借：应付账款——甲公司　1193400

　　贷：主营业务收入　30000

　　　　应交税费——应交增值税（销项税额）　5100

　　　　应付账款——甲公司　694980

　　　　营业外收入——债务重组利得　463320

借：主营业务成本　20000

　　贷：库存商品　20000

（2）甲公司（债权人）的账务处理：

①计算债务重组损失：

应收账款账面余额　1193400

减：受让资产的公允价值　35100 [30000×（1＋17%）]

重组后债权公允价值　694980 [（1193400－35100）×60%]

坏账准备　5000

债务重组损失　458320

②做出会计分录：

借：库存商品　30000

　　应收账款——乙公司　694980

　　应交税费——应交增值税（进项税额）　5100

　　坏账准备　5000

　　营业外支出——债务重组损失　458320

　　贷：应收账款——乙公司　1193400

2.（1）A公司（债权人）的账务处理：

票据到期时，利息＝100000×（10%÷12）×6＝5000（元）

借：应收账款——B公司　105000

　　贷：应收票据　105000

借：银行存款　30000

　　无形资产——专利权　80000

　　贷：应收账款——B公司　105000

　　　　营业外收入——债务重组利得　5000

（2）B公司（债务人）的账务处理：

借：应付票据等　105000

　　贷：应付账款——A公司　105000

借：应付账款——A公司　30000

　　　　贷：银行存款　　　　　　　　　　　　　　　　30000
　　借：应付账款——A 公司　　　　　　　　80000
　　　　累计摊销　　　　　　　　　　　　140000
　　　　贷：无形资产——专利权　　　　　　　　　　200000
　　　　　　应交税费——应交营业税　　　　　　　　　4000
　　　　　　营业外收入——处置非流动资产利得　　　　16000

第十五章 非货币性资产交换

第一部分 习 题

一、单项选择题

1. 企业对具有商业实质且换入资产或换出资产的公允价值能够可靠计量的非货币性资产交换，在换出库存商品且其公允价值不含增值税的情况下，下列会计处理中，正确的是（ ）。

A. 按库存商品的公允价值确认营业收入

B. 按库存商品的公允价值确认主营业务收入

C. 按库存商品公允价值高于账面价值的差额确认营业外收入

D. 按库存商品公允价值低于账面价值的差额确认资产减值损失

2. 以下交易具有商业实质的是（ ）。

A. 以一批存货换入一项设备

B. 以一项固定资产换入另一项相似的固定资产

C. 以一项长期股权投资换入一项长期股权投资

D. 以一批商品换入另一批相似的商品

3. 甲公司以一项专利权换乙公司一条生产线，同时向乙公司收取货币资金 10 万元。在交换日，甲公司专利权的账面价值为 80 万元，公允价值为 100 万元；乙公司生产线的账面价值为 60 万元，公允价值 90 万元。假定不考虑相关税费，双方交易具有商业实质，且换入换出资产的公允价值是可靠的。甲公司换入生产线的入账价值为（ ）万元。

A. 50   B. 70   C. 80   D. 90

4. 下列资产中，不属于货币性资产的是（ ）。

A. 银行存款   B. 应收票据

C. 准备持有至到期的债券投资   D. 交易性金融资产

5. 甲股份有限公司发生的下列非关联交易中，属于非货币性资产交换的是（　　）。

A. 以公允价值为 260 万元的固定资产换入乙公司账面价值为 320 万元的无形资产，并支付补价 80 万元

B. 以账面价值为 280 万元的固定资产换入丙公司公允价值为 200 万元的一项专利权，并收到补价 80 万元

C. 以公允价值为 320 万元的长期股权投资换入丁公司账面价值为 460 万元的短期股票投资，并支付补价 140 万元

D. 以账面价值为 420 万元、准备持有至到期的长期债券投资换入戊公司公允价值为 390 万元的一台设备，并收到补价 30 万元

6. 甲公司将两辆大型运输车辆与 A 公司的一台生产设备相交换，另支付补价 10 万元。在交换日，甲公司用于交换的两辆运输车辆账面原价为 140 万元，累计折旧为 25 万元，公允价值为 130 万元；A 公司用于交换的生产设备账面原价为 300 万元，累计折旧为 175 万元，公允价值为 140 万元。该非货币性资产交换具有商业实质。假定不考虑相关税费，甲公司对该非货币性资产交换应确认的收益为（　　）万元。

A. 0　　　　　　　B. 5　　　　　　　C. 10　　　　　　　D. 15

7. A 公司以一台设备换入 B 公司的一项专利权。设备的账面原值为 10 万元，折旧为 2 万元，已提减值准备 1 万元，公允价值为 5 万元。A 公司另向 B 公司支付补价 3 万元。假设该交换具有商业实质，A 公司应确认的资产转让损失为（　　）万元。

A. 2　　　　　　　B. 12　　　　　　　C. 8　　　　　　　D. 1

8. 甲公司将其持有的一项固定资产换入乙公司一项专利技术，该项交易不涉及补价。假设其具有商业实质。甲公司该项固定资产的账面价值为 150 万元，公允价值为 200 万元。乙公司该项专利技术的账面价值为 160 万元，公允价值为 200 万元。甲公司在此交易中为换入资产发生了 20 万元的税费。甲公司换入该项资产的入账价值为（　　）万元。

A. 150　　　　　　　B. 220　　　　　　　C. 160　　　　　　　D. 170

9. 下列说法中，不正确的是（　　）。

A. 非货币性资产交换可以涉及少量补价，通常以补价占整个资产交换金额的比例低于 25% 作为参考

B. 当交换具有商业实质并且公允价值能够可靠计量时，应当以公允价值和应支付的相关税费作为换入资产的成本

C. 不具有商业实质的交换，应当以换出资产的账面价值和应支付的相关税费作为换入资产的成本

D. 非货币性资产交换收到补价时应确认收益，支付补价时不能确认收益

10. 甲公司以一栋厂房和一项土地使用权换入乙公司持有的对丙公司的长期股权投资。换出厂房的账面原价为 1000 万元，已计提折旧 300 万元，已计提减值准备 100 万元，公允价值为 700 万元；土地使用权的账面余额为 900 万元，未计提减值准备，公允价值为 700 万元。该交换具有商业实质，且假定不考虑相关税费，甲公司换入的对丙公

司的长期股权投资的入账价值为（　　）万元。

    A. 1400　　　　B. 1500　　　　C. 2000　　　　D. 2100

11. 在确定涉及补价的交易是否为非货币性资产交换时，支付补价的企业，应当按照支付的补价占（　　）的比例低于25%确定。

    A. 换出资产公允价值　　　　　　　　B. 换出资产公允价值加上支付的补价

    C. 换入资产公允价值加补价　　　　　D. 换出资产公允价值减补价

12. 甲股份有限公司发生的下列非关联交易中，属于非货币性资产交换的是（　　）。

    A. 用旧沙发换入公允价值3000元的新沙发，另外支付现金2700元

    B. 用公允价值为30万元的原材料换入设备一台，设备公允价值为38万元，另外支付现金8万元

    C. 用公允价值为100万元的准备持有至到期的债券投资换入公允价值为90万元的长期股权投资，收到补价10万元

    D. 用账面价值为60万元的专利权换取公允价值为100万元机器设备，支付现金40万元

13. 在交换具有商业实质且公允价值能够可靠计量时，下列说法不正确的是（　　）。

    A. 非货币性资产交换不能确认损益

    B. 换出资产为固定资产、无形资产的，换出资产公允价值与其账面价值的差额，计入营业外收入或营业外支出

    C. 换出资产为长期股权投资的，换出资产公允价值与其账面价值的差额，计入投资损益

    D. 收到补价方，应当以换出资产的公允价值减去补价（或换入资产的公允价值）加上应支付的相关税费，作为换入资产的成本

14. A公司以一台甲设备换入D公司的一台乙设备。甲设备的账面原价为80万元，已提折旧30万元，已提减值准备6万元，甲设备的公允价值无法合理确定，换入的乙设备的公允价值为60万元。D公司另向A公司收取补价4万元。两家公司资产交换具有商业实质，A公司换入乙设备应计入当期收益的金额为（　　）万元。

    A. 8　　　　　　B. 0　　　　　　C. 4　　　　　　D. 12

15. 下列有关非货币性资产交换的核算中，核算正确的是（　　）。

    A. 非货币性资产交换的核算中，无论是支付补价的一方还是收到补价的一方，都要解决换入资产的入账价值和确认换出资产的非货币性资产交换利得或损失的问题

    B. 多项资产交换与单项资产交换的主要区别在于，需要对换入各项资产的价值进行分配，其分配方法按各项换入资产的公允价值占换入资产公允价值总额的比例进行分配，以确定各项换入资产的入账价值

    C. 非货币性资产交换具有商业实质且公允价值能够可靠计量的，在发生补价的情况下，支付补价方，应当以换入资产的公允价值和应支付的相关税费，作为换入资产的成本

    D. 不具有商业实质的非货币性资产交换中，一般纳税人的增值税对换入或换出资产

的入账价值一定无影响

二、多项选择题

1. 下列项目中，属于非货币性资产交换的有（　　）。

A. 以公允价值 100 万元的原材料换取一项设备

B. 以公允价值 500 万元的长期股权投资换取专利权

C. 以公允价值 100 万元的 A 车床换取 B 车床，同时收到 20 万元的补价

D. 以公允价值 70 万元的电子设备换取一辆小汽车，同时支付 30 万元的补价

2. 下列各项中，能够据以判断非货币资产交换具有商业实质的有（　　）。

A. 换入资产与换出资产未来现金流量的风险、金额相同，时间不同

B. 换入资产与换出资产未来现金流量的时间、金额相同，风险不同

C. 换入资产与换出资产未来现金流量的风险、时间相同，金额不同

D. 换入资产与换出资产预计未来现金流量现值不同，且其差额与换入资产和换出资产公允价值相比具有重要性

3. 下列交易中，属于非货币性资产交换的有（　　）。

A. 以 100 万元应收债权换取生产用设备

B. 以持有的一项土地使用权换取一栋生产用厂房

C. 以持有至到期的公司债券换取一项长期股权投资

D. 以公允价值为 200 万元的房产换取一台运输设备并收取 24 万元补价

4. 下列交易中，属于非货币性交易的有（　　）。

A. 以市价 400 万元的股票和票面金额 200 万元的应收票据换取公允价值为 750 万元的机床

B. 以账面价值为 560 万元、公允价值为 600 万元的厂房换取一套电子设备，另收取补价 140 万元

C. 以账面价值为 560 万元、公允价值为 600 万元的专利技术换取一套电子设备，另支付补价 160 万元

D. 以账面价值为 560 万元、公允价值为 600 万元的厂房换取一套电子设备，另收取补价 200 万元

E. 以账面价值为 560 万元、公允价值为 600 万元的厂房换取一套电子设备，另交付市价为 120 万元的债券

5. 非货币性资产交换具有商业实质、换入资产或换出资产的公允价值能够可靠地计量的情况下，在不涉及补价的非货币性资产交换中，确定换入资产入账价值应考虑的因素有（　　）。

A. 换出资产的账面价值　　　　　　B. 换出资产的公允价值

C. 换入资产的公允价值　　　　　　D. 换出资产应支付的相关税费

6. 在非货币性资产交换中，以换出资产的公允价值和应支付的相关税费作为换入资

产的入账价值的，其应同时满足的条件有 （　　）。

　A. 该项交换具有商业实质

　B. 换入资产或换出资产的公允价值能够可靠地计量

　C. 换入资产的公允价值大于换出资产的公允价值

　D. 换入资产的公允价值小于换出资产的公允价值

7. 企业进行具有商业实质且公允价值能够可靠计量的非货币性资产交换，同一事项同时影响双方换入资产入账价值的因素有 （　　）。

　A. 企业支付的补价或收到的补价　　　B. 企业为换出存货而缴纳的增值税

　C. 企业换出资产的账面价值　　　　　D. 企业换出资产计提的资产减值准备

8. 下列关于非货币性资产交换的表述中，正确的有 （　　）。

　A. 非货币性交换可以涉及少量的货币性资产，即货币性资产占整个资产交换金额的比例低于 25%

　B. 在交易不具有商业实质的情况下，支付补价的企业，应按换出资产账面价值加上支付的补价和应支付的相关税费，作为换入资产的成本

　C. 在交易具有商业实质的情况下，收到补价的企业，按换出资产账面价值减去补价，加上应支付的相关税费，作为换入资产的入账价值

　D. 在交易具有商业实质的情况下，收到补价的企业，按换出资产公允价值减去补价，加上应支付的相关税费，作为换入资产的入账价值

9. 对于涉及多项资产收到补价的非货币性资产交换 （具有商业实质），在确定换入资产的入账价值时需要考虑的因素有 （　　）。

　A. 换入资产的进项税额　　　　　　　B. 换出资产的销项税额

　C. 收到对方支付的补价　　　　　　　D. 换入资产的公允价值

10. 非货币性资产交换具有商业实质且公允价值能够可靠计量的，在发生补价的情况下，换出资产公允价值与其账面价值的差额，正确的会计处理方法是 （　　）。

　A. 换出资产为存货的，应当视同销售处理，根据《企业会计准则第 14 号——收入》按其公允价值确认商品销售收入，同时结转商品销售成本

　B. 换出资产为固定资产的，换出资产公允价值和换出资产账面价值的差额，计入营业外收入或营业外支出

　C. 换出资产为长期股权投资的，换出资产公允价值和换出资产账面价值的差额，计入投资收益

　D. 换出资产为交易性金融资产的，换出资产公允价值和换出资产账面价值的差额，计入营业外支出

11. 下列说法可以表明换入资产或换出资产的公允价值能够可靠计量的有 （　　）。

A. 换入资产或换出资产存在活跃市场

B. 换入资产或换出资产不存在活跃市场、但同类或类似资产存在活跃市场

C. 换入资产或换出资产不存在同类或类似资产的可比市场交易，应当采用估值技术确定的资产公允价值，采用估值技术确定的公允价值估计数的变动区间很小，视

为公允价值能够可靠计量

D. 不存在同类或类似资产的可比市场交易，在公允价值估计数变动区间内，各种用于确定公允价值估计数的概率能够合理确定，视为公允价值能够可靠计量

12. 在换入资产按照公允价值计量的情况下，根据《企业会计准则第 7 号——非货币性资产交换》的规定，下列项目中，属于非货币性资产的有（　　）。

A. 股权投资　　　　　　　　　　B. 固定资产

C. 可供出售的金融资产　　　　　　D. 投资性房地产

13. 在不具有商业实质、涉及补价的非货币性资产交换中，影响换入资产的入账价值的因素有（　　）。

A. 换出资产的账面价值　　　　　　B. 换出资产的计提的减值损失

C. 换出资产支付的相关税费　　　　D. 换出资产收到的补价

14. 下列各项非货币性资产交换中，其会计处理有可能影响企业损益的项目有（　　）。

A. 该交换具有商业实质，换出资产公允价值大于账面价值且支付补价

B. 该交换具有商业实质，换出资产公允价值小于账面价值且支付补价

C. 该交换不具有商业实质，换出资产公允价值大于账面价值且收到补价

D. 该交换不具有商业实质，换出资产公允价值小于账面价值且收到补价

E. 该交换不具有商业实质，换出资产公允价值小于账面价值且支付补价

15. 在具有商业实质，且换入或换出资产的公允价值能够可靠计量的情况下，以下关于非货币性资产交换会计处理的说法中，不正确的有（　　）。

A. 收到补价的企业，以换入资产的公允价值，减去收到补价，加上应支付的相关税费，作为换入资产的入账价值

B. 支付补价的企业，以换出资产的公允价值，加上支付补价和应支付的相关税费，作为换入资产的入账价值

C. 不涉及补价的企业，以换出资产的公允价值，加上应支付的相关税费，作为换入资产的入账价值

D. 换出资产公允价值与其账面价值的差额计入当期损益

E. 交换中不涉及补价的企业不确认非货币性资产交换利得或损失

16. 关于不具有商业实质的非货币性资产交换，下列项目会影响支付补价企业计算换入资产入账价值的有（　　）。

A. 支付的补价　　　　　　　　　　B. 可以抵扣的进项税额

C. 换出资产已计提的减值准备　　　D. 换入资产的账面价值

E. 换出资产的增值税销项税额

17. 以下资产符合货币性资产条件的是（　　）。

A. 可以给企业带来经济利益　　　　B. 具有流动性

C. 为出售而持有　　　　　　　　　D. 将为企业带来的经济利益是固定的

E. 将为企业带来的经济利益是可确定的

18. 以下不属于《企业会计准则第 7 号——非货币性资产交换》准则所规范的内容的是（   ）。

  A. 政府无偿提供原材料给企业建造固定资产

  B. 企业合并取得被合并方无形资产

  C. 以固定资产偿还债务

  D. 以应收账款交换长期股权投资

  E. 企业发行股票换取固定资产

19. 以下情况属于货币性资产交易的有（   ）。

  A. 支付现金或货币性资产以获取非货币性资产的交易

  B. 一项非货币性资产换取另一项非货币性资产

  C. 非货币性资产销售或处置后获得货币性资产

  D. 一种货币性资产与价值相同的另一种货币性资产交换

20. 在不涉及补价情况下，以下关于非货币性资产交换说法正确的有（   ）。

  A. 非货币性资产交换具有商业实质且公允价值能够可靠计量的，会涉及损益的确认

  B. 增值税不会影响换入存货入账价值的确定

  C. 非货币性资产交换具有商业实质，且换入资产的公允价值能够可靠计量的，应当按照换入各项资产的公允价值占换入资产公允价值总额的比例，对换入资产的成本总额进行分配，确定各项换入资产的成本

  D. 非货币性资产交换不具有商业实质，应当按照换入各项资产的原账面价值占换入资产原账面价值总额的比例，对换入资产的成本总额进行分配，确定各项换入资产的成本

  E. 在确定非货币性资产交换是否具有商业实质时，企业应当关注交易各方之间是否存在关联方关系，关联方关系的存在使得非货币性资产交换一定不具有商业实质

21. 货币性资产交换与非货币性资产性资产交换在（   ）方面存在重大区别。

  A. 交易的客体   B. 交易计量的可靠性

  C. 交易的主体   D. 交易计量的及时性

22. 对于同时换入多项资产并收到补价的非货币性资产交换，在确认换入资产的成本时需要考虑的因素有（   ）。

  A. 换入资产的原账面价值   B. 换出资产的原账面价值

  C. 换入资产的公允价值   D. 换出资产的公允价值

  E. 收到对方支付的补价

23. 以下属于货币性资产的是（   ）。

  A. 无形资产   B. 其他应收款

  C. 长期股权投资   D. 准备持有至到期的债券投资

  E. 不准备持有至到期的债券投资

三、判断题

1. 无论是为换出资产而发生的相关税费，还是为换入资产而发生的相关税费，均计入换入资产的成本。　　　　　　　　　　　　　　　　　　　　　　　　（　　）

2. 在非货币性资产交换中，如果换出资产的公允价值小于其账面价值，按照谨慎性要求采用公允价值作为换入资产入账价值的基础。　　　　　　　　　　　　　（　　）

3. 在非货币性资产交换中，只要该项交换具有商业实质，就可以按照公允价值计量换入资产的成本。　　　　　　　　　　　　　　　　　　　　　　　　　　　（　　）

4. 在不具有商业实质的情况下，涉及补价的多项资产交换与单项资产交换的主要区别在于单项资产交换按照公允价值确定入账价值，多项资产交换按照账面价值确定入账价值。　　　　　　　　　　　　　　　　　　　　　　　　　　　　　　　（　　）

5. 在非货币性资产交换中，按换出资产账面价值计量换入资产成本的，无论是否收付补价，均不确认损益。　　　　　　　　　　　　　　　　　　　　　　　　　（　　）

6. 关联方关系的存在可能导致发生的非货币性资产交换不具有商业实质。　　（　　）

7. 非货币性资产交换具有商业实质且公允价值能够可靠计量的，应按公允价值计量换入资产成本，换出资产公允价值大于其账面价值的差额，均应计入营业外收入。　　　　　　　　　　　　　　　　　　　　　　　　　　　　　　　　　（　　）

8. 非货币性资产交换不具有商业实质，或虽具有商业实质但所涉及资产的公允价值不能可靠计量的，无论是否支付补价，均不确认损益。　　　　　　　　　　（　　）

9. 通过非货币性资产交换换入的多项非货币性资产，在非货币性资产交换具有商业实质，且换入资产的公允价值能够可靠计量的情况下，应先确定换入资产入账价值总额，然后按各项换入资产公允价值占换入资产公允价值总额的比例对该入账价值总额进行分配，以确定各项换入资产的入账价值。　　　　　　　　　　　　　　　　（　　）

10. 在非货币性资产交换中，企业可以自行确定是采用换出资产的公允价值，还是换出资产的账面价值对换入资产的成本进行计量。　　　　　　　　　　　　　（　　）

11. 非货币性资产交换是指交易双方均以非货币性资产进行的交易行为，交易中不涉及货币性资产。　　　　　　　　　　　　　　　　　　　　　　　　　　　（　　）

12. 用存货换入其他非货币性资产，会计上不作为存货销售处理，因而不确认收入。　　　　　　　　　　　　　　　　　　　　　　　　　　　　　　　　　　（　　）

13. 只要非货币性资产交换导致未来现金流量的风险、时间和金额发生变动，就可认为该交易具有商业实质。　　　　　　　　　　　　　　　　　　　　　　　（　　）

14. 采用公允价值计量非货币性资产交换，除了需具有商业实质外，还需换入或换出资产的公允价值能够可靠地计量。　　　　　　　　　　　　　　　　　　　（　　）

15. 关联方之间发生的非货币性资产交换，应按账面价值计量。　　　　　　（　　）

四、计算及账务处理题

（一）不涉及补价的非货币性资产交换

甲公司和乙公司均为增值税一般纳税企业，其适用的增值税税率为17%。甲公司20×5年8月用自产的库存商品交换乙公司生产的商品。甲公司库存商品成本为10万元，公允价值和计税价格均为20万元；乙公司库存商品成本为12万元，公允价值和计税价格均为20万元；甲公司将换入乙公司的商品作为固定资产进行管理和核算（进项税不能抵扣），乙公司将换入甲公司的商品作为原材料核算。假设甲公司和乙公司换出资产均未计提减值准备，并假设在交换过程中除增值税以外未发生其他相关税费。假设该交易符合公允价值计量的条件。

要求：编制甲、乙公司的会计分录。

（二）涉及补价的非货币性资产交换

1. A公司20×5年8月用一设备交换B公司专利权，A公司设备原价400万元，已提折旧150万元，公允价值240万元；B公司专利权的账面余额360万元，累计摊销60万元，公允价值210万元，B公司另支付给A公司30万元现款。A公司将换入的专利权作为无形资产核算，B公司将换入的设备作为固定资产核算。假设A公司和B公司换出资产均未计提减值准备，并假设在交换过程中未发生相关税费。假设该交易符合公允价值计量的条件。

要求：编制A、B公司的会计分录（计量单位为万元）。

2. 甲公司以其一项无形资产与乙公司作为固定资产的货运汽车交换。资料如下：

（1）甲公司换出的无形资产原价为150万元，已提累计摊销为50万元，公允价值为160万元。

（2）乙公司换出的固定资产（货运汽车）原价为200万元，已提折旧为60万元，公允价值为150万元。乙公司向甲公司支付补价10万元。

假设甲公司换入的货运汽车作为固定资产管理。

要求：

（1）假设该项交易具有商业实质，分别做出甲、乙公司的账务处理（计量单位为万元）。

（2）假设该项交易不具有商业实质，分别做出甲、乙公司的账务处理（计量单位为万元）。

3. 甲公司以一项长期股权投资与乙公司交换一台设备和一项无形资产，甲公司的长期股权投资账面余额为250万元，计提减值准备30万元，公允价值为190万元；乙公司的设备原价为80万元，累计折旧40万元，公允价值为50万元；乙公司无形资产账面原价为200万元，累计摊销金额为30万元，公允价值为150万元；甲公司支付给乙公司补价10万元。发生固定资产清理费用5万元，并假设非货币性资产交换具有商业实质且换出资产和换入资产的公允价值均能够可靠计量。

要求：

（1）计算甲公司换入的各项资产的入账价值。

（2）编制甲公司的有关会计分录（计量单位为万元）。

（3）假设上述交易不具有商业实质，编制甲公司的会计分录（计量单位为万元）。

4. 甲公司为增值税一般纳税人，经协商用一批液晶电视交换乙公司的一项长期股权投资。该批库存商品的账面余额 2000 万元，计提存货跌价准备 150 万元，公允价值和计税价格均为 1800 万元；长期股权投资的账面余额为 2000 万元，计提减值准备 50 万元，公允价值为 2000 万元，增值税税率为 17%。乙公司收到甲公司支付补价 200 万元。假定不考虑其他税费，该项交易具有商业实质。

要求：分别甲、乙公司计算换入资产的入账价值并进行账务处理（计量单位为万元）。

5. 甲公司以其离主要生产基地较远的仓库与离甲公司主要生产基地较近的乙公司的办公楼交换。甲公司换出仓库的账面原价为 380 万元，已提折旧为 50 万元；乙公司换出办公楼的账面原价为 450 万元，已计提折旧为 80 万元。甲公司另支付现金 10 万元给乙公司。假定甲公司换入的办公楼作为办公用房，其换入和换出资产的公允价值不能可靠地计量，甲公司未对换出固定资产计提减值准备，甲公司换出资产缴纳相关税费为 5 万元。

要求：编制甲、乙公司的会计分录。

（三）涉及多项非货币性资产交换

甲公司和乙公司均为增值税一般纳税企业，其适用的增值税税率均为 17%。甲公司为适应经营业务发展的需要，经与乙公司协商，将甲公司原生产用的厂房、机器以及库存商品，与乙公司的办公楼、小轿车、大客车交换（均作为固定资产核算）。甲公司换出厂房的账面原价为 150 万元，已提折旧为 30 万元，公允价值为 100 万元；换出机器的账面原价为 120 万元，已提折旧为 60 万元，公允价值为 80 万元；换出原材料的账面价值为 300 万元，公允价值和计税价格均为 350 万元。乙公司换出办公楼的账面原价为 150 万元，已提折旧为 50 万元，公允价值为 150 万元；换出小轿车的账面原价为 200 万元，已提折旧为 90 万元，公允价值为 100 万元；大客车的账面原价为 300 万元，已提折旧为 80 万元，公允价值为 240 万元，另支付补价 40 万元。假定甲公司和乙公司换出资产均未计提减值准备，且在交换过程中除增值税外未发生其他相关税费。甲公司换入的乙公司的办公楼、小轿车、大轿车均作为固定资产核算。乙公司换入的甲公司的厂房、机器、库存商品（设备）作为固定资产核算，且换入的甲公司商品增值税能够抵扣。

要求：编制甲、乙公司的会计分录。

第二部分　习题参考答案

一、单项选择题

1. B　　2. A　　3. D　　4. D　　5. A　　6. D　　7. A　　8. B　　9. D
10. A　　11. B　　12. B　　13. A　　14. D　　15. C

二、多项选择题

1. ABC　　2. ABCD　　3. BD　　4. BCE　　5. BCD　　6. AB
7. AB　　8. ABD　　9. ABCD　　10. ABC　　11. ABCD　　12. ABCD
13. ABCD　　14. AB　　15. AE　　16. ABCE　　17. DE　　18. ABCDE
19. ACD　　20. ACD　　21. AB　　22. BCDE　　23. BD

三、判断题

1. ×　　2. ×　　3. ×　　4. ×　　5. √　　6. √　　7. ×　　8. √　　9. √
10. ×　　11. ×　　12. ×　　13. √　　14. √　　15. ×

四、计算及账务处理题

（一）不涉及补价的非货币性资产交换

（1）甲公司的账务处理：

借：固定资产	234000	
贷：主营业务收入	200000	
应交税费——应交增值税（销项税额）		34000
借：主营业务成本	100000	
贷：库存商品		100000

（2）乙公司的账务处理：

借：原材料	200000	
应交税费——应交增值税（进项税额）	34000	
贷：主营业务收入		200000
应交税费——应交增值税（销项税额）		34000

借：主营业务成本   120000
  贷：库存商品   120000

（二）涉及补价的非货币性资产交换

1.（1）首先确定是否属于非货币性资产交换

A 公司：收到的补价÷换出资产的公允价值=30÷240=12.5%<25%

B 公司：支付的补价÷（支付的补价+换出资产的公允价值）=30÷（30+210）=12.5%<25%

该交换属于非货币性资产交换。

（2）A 公司的账务处理：

借：固定资产清理   250
  累计折旧   150
  贷：固定资产   400
借：无形资产——专利权   210
  银行存款   30
  贷：固定资产清理   240
借：营业外支出——处置非流动资产损失 10
  贷：固定资产清理   10

（3）B 公司的账务处理：

借：固定资产   240
  累计摊销   60
  营业外支出——处置非流动资产损失 90
  贷：银行存款   30
    无形资产——专利权   360

2.（1）该项交易属于非货币性资产交换（具有商业实质）。

甲公司收到补价：10÷160×100%=6.25%<25%，属于非货币性资产交换。

甲公司（收到补价方）的账务处理：

借：固定资产   150（160-10）
  累计摊销   50
  银行存款   10
  贷：无形资产   150
    营业外收入   60

乙公司支付补价：10÷（150+10）×100%=6.25%<25%，属于非货币性资产交换。

乙公司（支付补价方）的账务处理：

借：固定资产清理   140
  累计折旧   60
  贷：固定资产   200
借：无形资产   160

贷：固定资产清理	140
银行存款	10
营业外收入	10

（2）该项交易属于非货币性资产交换（不具有商业实质）。

甲公司（收到补价方）的账务处理：

借：固定资产	90（150 − 50 − 10）
累计摊销	50
银行存款	10
贷：无形资产	150

乙公司（支付补价方）的账务处理：

借：固定资产清理	140
累计折旧	60
贷：固定资产	200
借：无形资产	150（200 − 60 + 10）
贷：固定资产清理	140
银行存款	10

3.（1）支付补价 10 万元占换出资产公允价值与支付补价之和 200 万元的比例为 5%，小于 25%，应按照非货币性资产交换准则核算。

换入资产入账价值总额 = 190 + 10 = 200（万元）

设备公允价值占换入资产公允价值总额的比例 = 50 ÷ (50 + 150) = 25%

无形资产公允价值占换入资产公允价值总额的比例 = 150 ÷ (50 + 150) = 75%

则换入设备的入账价值 = 200 × 25% = 50（万元）

换入无形资产的入账价值 = 200 × 75% = 150（万元）

（2）甲公司编制的有关会计分录：

借：固定资产	50
无形资产	150
长期股权投资减值准备	30
投资收益	30
贷：长期股权投资	250
银行存款	10

（3）假设上述交易不具有商业实质。

支付补价 10 万元占换出资产账面价值与支付补价之和 230 万元的比例为 4.3%，于 25%，应按照非货币性资产交换准则核算。

换入资产入账价值总额 = 250 − 30 + 10 = 230（万元）

设备账面价值占换入资产账面价值总额的比例 = 40 ÷ [(80 − 40) + 170] = 19.05%

无形资产账面价值占换入资产账面价值总额的比例 = 170 ÷ (40 + 170) = 80.95%

则换入设备的入账价值 = 230 × 19.05% = 43.82（万元）

换入无形资产的入账价值 = 230 × 80.95% = 186.18（万元）

编制甲公司的账务处理：

借：固定资产　　　　　　　　　　　　　　　43.82
　　无形资产　　　　　　　　　　　　　　　186.18
　　长期股权投资减值准备　　　　　　　　　30
　　　贷：长期股权投资　　　　　　　　　　　　　250
　　　　　银行存款　　　　　　　　　　　　　　　10

4.（1）甲公司（支付补价方）：

①判断交易类型。

甲公司支付的补价 200 ÷ 2000 × 100% = 10% < 25%，属于非货币性资产交换。

②计算换入资产的入账价值。

甲公司换入资产的入账价值 = 换出资产的公允价值 1800 + 支付补价 200 + 缴纳的增值税 1800 × 17% = 2306（万元）

③做出会计分录：

借：长期股权投资　　　　　　　　　　　　　2306
　　　贷：主营业务收入　　　　　　　　　　　　　1800
　　　　　应交税费——应交增值税（销项税额）　　306
　　　　　银行存款　　　　　　　　　　　　　　　200
借：主营业务成本　　　　　　　　　　　　　1850
　　存货跌价准备　　　　　　　　　　　　　150
　　　贷：库存商品　　　　　　　　　　　　　　　2000

（2）乙公司（收到补价方）：

①判断交易类型。

乙公司收到的补价 200 ÷ 2000 × 100% = 10% < 25%，属于非货币性资产交换。

②计算换入资产的入账价值 = 2000 − 200 − 1800 × 17% = 1494（万元）

③做出会计分录：

借：库存商品　　　　　　　　　　　　　　　1494
　　应交税费——应交增值税（进项税额）　　306
　　银行存款　　　　　　　　　　　　　　　200
　　长期股权投资减值准备　　　　　　　　　50
　　　贷：长期股权投资　　　　　　　　　　　　　2000
　　　　　投资收益　　　　　　　　　　　　　　　50

5.（1）甲公司的账务处理：

①将固定资产净值转入固定资产清理：

借：固定资产清理　　　　　　　　　　　　　3300000
　　累计折旧　　　　　　　　　　　　　　　500000
　　　贷：固定资产　　　　　　　　　　　　　　　3800000

②缴纳营业税等：

借：固定资产清理　　　　　　　　　　50000

　　贷：应交税费——应交营业税　　　　　　　　50000

③换入办公楼：

借：固定资产　　　　　　　　　　　　3450000

　　贷：固定资产清理　　　　　　　　　　　　3350000

　　　　银行存款　　　　　　　　　　　　　　100000

（2）乙公司的账务处理：

①将固定资产净值转入固定资产清理：

借：固定资产清理　　　　　　　　　　3700000

　　累计折旧　　　　　　　　　　　　800000

　　　　贷：固定资产　　　　　　　　　　　　4500000

②换入仓库：

借：固定资产　　　　　　　　　　　　3600000

　　银行存款　　　　　　　　　　　　100000

　　　　贷：固定资产清理　　　　　　　　　　3700000

（三）涉及多项非货币性资产交换

（1）甲公司的账务处理：

第一步，确定甲公司换入资产价值总额：

甲公司换入资产价值总额=换出资产公允价值+应支付的相关税费-收到的补价=100+80+350+350×17%-40=549.5（万元）

第二步，按照公允价值分配确定换入各项资产入账价值：

换入办公楼入账价值=1500000/4900000×5495000=1682100（元）

换入小轿车入账价值=1000000/4900000×5495000=1121400（元）

换入客运大轿车入账价值=2400000/4900000×5495000=2691500（元）

第三步，甲公司的账务处理：

将换出的厂房、机器转入清理：

借：固定资产清理　　　　　　　　　　1800000

　　累计折旧　　　　　　　　　　　　900000

　　　　贷：固定资产　　　　　　　　　　　　2700000

换入的办公楼、小轿车、大客车入账：

借：固定资产——办公楼　　　　　　　1682100

　　　　——小轿车　　　　　　　1121400

　　　　——大轿车　　　　　　　2691500

　　银行存款　　　　　　　　　　　　400000

　　　　贷：固定资产清理　　　　　　　　　　1800000

　　　　　　应交税费——应交增值税（销项税额）　595000

　　　　主营业务收入　　　　　　　　　　　　　　　　3500000

　　结转换出库存商品的成本：

　　借：主营业务成本　　　　　　　　　　　3000000

　　　　贷：库存商品　　　　　　　　　　　　　　　　3000000

　　（2）乙公司处理：

　　第一步，乙公司换入资产价值总额＝换出资产公允价值＋应支付的相关税费＋支付的补价－可抵扣的增值税进项税额＝1500000＋1000000＋2400000＋400000－3500000×17%＝4705000（元）

　　第二步，按照公允价值分配各项换入资产的入账价值

　　换入甲公司厂房应分配的价值＝1000000/5300000×4705000＝887700（元）

　　换入甲公司机器应分配的价值＝800000/5300000×4705000＝710200（元）

　　换入甲公司库存商品（设备）应分配的价值＝3500000/5300000×4705000＝3107100（元）

　　第三步，乙公司的账务处理：

　　将换出的办公楼、小轿车、设备转入清理：

　　借：固定资产清理　　　　　　　　　　　4300000

　　　　累计折旧　　　　　　　　　　　　　2200000

　　　　贷：固定资产　　　　　　　　　　　　　　　　6500000

　　换入的厂房、机器、设备入账：

　　借：固定资产——厂房　　　　　　　　　887700

　　　　　　　——机器　　　　　　　　　　710200

　　　　　　　——设备　　　　　　　　　　3107100

　　　　应交税费——应交增值税（进项税额）595000

　　　　贷：固定资产清理　　　　　　　　　　　　　　4300000

　　　　　　银行存款　　　　　　　　　　　　　　　　400000

　　　　　　营业外收入——非货币性资产交换收益　　　600000

第十六章 资产减值

第一部分 习 题

一、单项选择题

1. 以非现金资产清偿全部或部分债务，属于非现金资产的是 （   ）。

A. 银行存款 　　　　　　　　　　　B. 库存现金

C. 其他货币资金 　　　　　　　　　D. 库存材料

2. 下列资产项目中，每年末必须进行减值测试的有 （   ）。

A. 使用寿命有限的无形资产 　　　　B. 投资性房地产

C. 使用寿命不确定的无形资产 　　　D. 固定资产

3. 下列各项资产减值准备中，在相应资产的持有期间内可以转回的是 （   ）。

A. 固定资产减值准备 　　　　　　　B. 存货跌价准备

C. 商誉减值准备 　　　　　　　　　D. 长期股权投资减值准备

4. 企业对资产未来现金流量的预计，应建立在企业管理层批准的最近财务预算或者预测基础上，但一般情况下预算涵盖的期间最多不超过 （   ） 年。

A. 3 　　　　　B. 4 　　　　　C. 5 　　　　　D. 10

5. 甲公司 20×5 年 5 月初增加无形资产一项，实际成本 360 万元，预计受益年限 6 年。20×7 年年末对该项无形资产进行测试后，估计其可收回金额为 160 万元，则至 20×8 年年末该项无形资产的账面价值为 （   ） 万元。

A. 140 　　　　B. 152 　　　　C. 157 　　　　D. 112

6. 下列关于资产组的说法中，正确的是 （   ）。

A. 资产组确定后，在以后的会计期间也可以根据具体情况变更

B. 只要是某企业的资产，则任意两个或两个以上的资产都可以组成企业的资产组

C. 资产组组合，是指由若干个资产组组成的任何资产组组合

D. 企业难以对单项资产的可收回金额进行估计的，应当以该资产所属的资产组为基

础确定资产组的可收回金额

7. 20×5 年 12 月 31 日甲企业对其拥有的一台机器设备进行减值测试时发现，该资产如果立即出售可以获得 920 万元的价款，发生的处置费用预计为 20 万元；如果继续使用，在该资产使用寿命终结时的现金流量现值为 888 万元。该资产目前的账面价值是 910 万元，甲企业在 20×5 年 12 月 31 日应该计提的固定资产减值准备为 （　　　） 万元。

A. 10　　　　　　　　B. 20　　　　　　　　C. 12　　　　　　　　D. 2

8. 无形资产在计提资产减值准备后，如有充分的证据表明其减值又得以恢复，根据相关准则规定，应该 （　　　）。

    A. 按已恢复部分，在无形资产减值准备的数额内，冲减无形资产减值准备，并确认为当期损益

    B. 按可能恢复部分，在无形资产减值准备的数额内，冲减无形资产减值准备，并确认为当期损益

    C. 按已恢复部分，在无形资产减值准备的数额内，冲减无形资产减值准备，并确认为资本公积

    D. 一律不冲回

9. 在会计期末，企业拥有的无形资产的账面价值高于其可收回金额的差额，应当计入 “（　　　）” 科目。

    A. 管理费用　　　B. 资产减值损失　　　C. 营业外支出　　　D. 其他业务成本

二、多项选择题

1. 下列各项中应计入资产组账面价值的有 （　　　）。

A. 可直接归属于资产组与可以合理和一致地分摊至资产组的账面价值

B. 已确认负债的账面价值

C. 对资产组可收回金额的确定起决定性作用的负债的账面价值

D. 可以合理和一致地分摊到资产组的资产的公允价值

2. 企业对于资产组的减值损失，应先抵减分摊至资产组中商誉的账面价值，再根据资产组中除商誉之外的其他各项资产的账面价值所占比重，按比例抵减其他各项资产的账面价值，但抵减后的各资产的账面价值不得低于以下 （　　　） 中的最高者。

A. 该资产的公允价值

B. 该资产的公允价值减去处置费用后的净额

C. 该资产预计未来现金流量的现值

D. 零

3. 下列各项中，在预计资产未来现金流量的现值时，应当综合考虑的因素有 （　　　）。

A. 资产持续使用过程中预计产生的现金流入

B. 为实现资产持续使用过程中产生的现金流入所必需的预计现金流出

C. 资产的使用寿命

D. 折现率

4. 关于资产可收回金额的计量，下列说法中正确的有（   ）。

A. 可收回金额应当根据资产的销售净价减去处置费用后的净额与资产预计未来现金流量的现值两者之间较高者确定

B. 可收回金额应当根据资产的销售净价减去处置费用后的净额与资产预计未来现金流量的现值两者之间较低者确定

C. 可收回金额应当根据资产的公允价值减去处置费用后的净额与资产预计未来现金流量的现值两者之间较高者确定

D. 资产的公允价值减去处置费用后的净额与资产预计未来现金流量的现值，只要有一项超过了资产的账面价值，就表明资产没有发生减值，不需再估计另一项金额

5. 关于资产减值准则中规范的资产减值损失的确定，下列说法中正确的有（   ）。

A. 可收回金额的计量结果表明，资产的可收回金额低于其账面价值的，应当将资产的账面价值减计至可收回金额，减计的金额确认为资产减值损失，计入当期损益，同时计提相应的资产减值准备

B. 资产减值损失确认后，减值资产的折旧或者摊销费用应当在未来期间做相应调整，以使该资产在剩余使用寿命内，系统地分摊调整后的资产账面价值（扣除预计净残值）

C. 资产减值损失一经确认，在以后会计期间不得转回

D. 确认的资产减值损失，在以后会计期间可以转回

6. 企业确认的下列各项资产减值损失中，以后期间不得转回的有（   ）。

A. 固定资产减值损失　　　　　　　　B. 无形资产减值损失

C. 长期股权投资减值损失　　　　　　D. 持有至到期投资减值损失

7. 下列项目中，属于确定资产公允价值减去处置费用后的净额的处置费用的是（   ）。

A. 与资产处置有关的法律费用　　　　B. 与资产处置有关的相关税费

C. 与资产处置有关的搬运费　　　　　D. 与资产处置有关的所得税费用

8. 企业在计提了固定资产减值准备后，下列会计处理正确的有（   ）。

A. 固定资产预计使用寿命变更的，应当改变固定资产折旧年限

B. 固定资产所含经济利益预期实现方式变更的，应改变固定资产折旧方法

C. 固定资产预计净残值变更的，应当改变固定资产的折旧方法

D. 以后期间如果该固定资产的减值因素消失，那么可以按照不超过原来计提减值准备的金额予以转回

9. 以下资产中属于资产减值准则中所包括的资产的是（   ）。

A. 对联营企业的长期股权投资

B. 商誉

C. 采用公允价值模式进行后续计量的投资性房地产

D. 存货

10. 下列情况中有可能导致资产发生减值迹象的有 (   )。

A. 资产市价的下跌幅度明显高于因时间的推移或者正常使用而预计的下跌

B. 如果企业经营所处的经济、技术或者法律等环境以及资产所处的市场在当期或者将在近期发生重大变化，从而对企业产生不利影响

C. 如果有证据表明资产已经陈旧过时或者其实体已经损坏

D. 资产所创造的净现金流量或者实现的营业利润远远低于原来的预算或者预计金额

11. 下列各项中，可能对固定资产账面价值进行调整的有 (   )。

A. 对固定资产进行大修理

B. 对固定资产进行改扩建

C. 对固定资产进行日常维护

D. 计提固定资产减值准备

12. 对某一资产组减值损失的金额需要 (   )。

A. 抵减分摊至该资产组中商誉的账面价值

B. 根据该资产组中的商誉以及其他各项资产所占比重，直接进行分摊

C. 在企业所有资产中进行分摊

D. 根据该资产组中除商誉之外的其他各项资产的账面价值所占比重，按照比例抵减其他各项资产的账面价值

13. 总部资产的显著特征是 (   )。

A. 能够脱离其他资产或者资产组产生独立的现金流入

B. 难以脱离其他资产或者资产组产生独立的现金流入

C. 资产的账面价值难以完全归属于某一资产组

D. 资产的账面余额难以完全归属于某一资产组

14. 以下可以作为资产的公允价值减去处置费用后的净额的是 (   )。

A. 根据公平交易中资产的销售协议价格减去可直接归属于该资产处置费用后的金额

B. 资产的市场价格减去处置费用后的金额

C. 如果不存在资产销售协议和资产活跃市场的，根据在资产负债表日处置资产，熟悉情况的交易双方自愿进行公平交易愿意提供的交易价格减去处置费用后的金额

D. 该资产的预计未来现金流量现值减去资产负债表日处置资产的处置费用后的金额

15. 下列各项中，体现会计核算谨慎性要求的有 (   )。

A. 对固定资产采用年数总和法计提折旧

B. 计提长期股权投资的减值准备

C. 融资租入固定资产的会计处理

D. 存货期末采用成本与可变现净值孰低计价

三、判断题

1. 企业在对资产组减值损失总额进行分摊时，先冲减该资产组中商誉的账面价值，

然后根据资产组中除商誉之外的其他各项资产的公允价值所占总的可辨认资产公允价值之和的比例抵减其他各项资产的账面价值。　　　　　　　　　　（　　）

2. 企业合并所形成的商誉，至少应当在每年年度终了单独进行减值测试。（　　）

3. 资产组的认定，应当以资产组产生的主要的现金流入是否独立于其他资产或者资产组的现金流入为依据。　　　　　　　　　　　　　　　　　　　（　　）

4. 资产减值损失确认以后，计提减值后的资产的折旧或者是摊销费用应当在未来会计期间做相应的调整。　　　　　　　　　　　　　　　　　　　　　（　　）

5. 企业在预计资产未来现金流量现值时的折现率是反映当前市场货币时间价值和资产特定风险的税后利率。　　　　　　　　　　　　　　　　　　　　（　　）

6. 预计资产的未来现金流量，应当包括筹资活动产生的现金流入或者流出以及与所得税收付有关的现金流量。　　　　　　　　　　　　　　　　　　　（　　）

7. 固定资产在计提了减值准备后，未来计提固定资产折旧时，仍然按照原来的固定资产原值为基础计提每期的折旧，不用考虑所计提的固定资产减值准备金额。（　　）

8. 资产减值准则中所涉及的资产是指企业所有的资产。　　　　　　　（　　）

9. 企业当期确认的减值损失应当反映于利润表中，而计提的资产减值准备应在资产负债表中反映，作为相关资产的备抵项目。　　　　　　　　　　　　（　　）

10. 某资产如果存在减值迹象就必须对该资产计提减值准备。　　　　（　　）

11. 只要是某企业的资产，则任意两个或两个以上的资产都可以组成企业的资产组。
　　　　　　　　　　　　　　　　　　　　　　　　　　　　　　（　　）

第二部分　习题参考答案

一、单项选择题

1. D　　2. C　　3. B　　4. C　　5. D　　6. D　　7. A　　8. D　　9. B

二、多项选择题

1. AC　　2. BCD　　3. ABCD　　4. CD　　5. ABC　　6. ABC

7. ABC　　8. AB　　9. AB　　10. ABCD　　11. BD　　12. AD

13. BC　　14. ABC　　15. ABD

三、判断题

1. ×　　2. ×　　3. √　　4. √　　5. ×　　6. ×　　7. ×　　8. ×　　9. √
10. ×　　11. ×

参 考 文 献

1. 谢明香、刘铮：《中级财务会计》，北京：经济管理出版社，2007 年版。

2. 葛家澍、杜兴强：《〈中级财务会计（第三版）〉学习指导用书》，北京：中国人民大学出版社，2008 年版。

3. 石本仁：《〈中级财务会计〉学习指导与习题解答》，北京：中国人民大学出版社，2007 年版。

4. 中华会计网校：《2010 年度注册会计师全国统一考试会计应试指南》（第二版），北京：人民出版社，2010 年版。

5. 中华会计网校：《中级会计实务应试指南》，北京：人民出版社，2008 年版。

6. 郭建华：《中级会计实务·经典题解》，北京：中国财政经济出版社，2009 年版。

7. 中华人民共和国财政部制定：《企业会计准则》，大连：大连出版社，2006 年版。

8. 企业会计准则编审委员会：《企业会计准则——应用指南》，上海：立信会计出版社，2006 年版。